민들레

법학의 탐색과 실마리

Dandelion

Ever widening horizon of law

제 1 권

Vol. 1

기획

Planning

명순구 | 고려대학교 법과대학 교수

SK MYOUNG | Professor of Korea University

미국계약법입문

[제 2 판]

명 순 구 편저

法 文 社

법학의 탐색과 실마리

Dandelion

Ever widening horizon of law

제 1 권

Vol. 1

기획

명순구 | 고려대학교 법과대학 교수

Planning

SK MYOUNG | Professor of Korea University

A Gentle Introduction to American Contract Law

Second Edition

by

Soon-Koo MYOUNG

Professor of Law
Korea University
Seoul, Korea

2008

Bobmun Sa

Seoul Korea

발간사

아기가 태어나면 그에게 이름을 지어줍니다. 아기에게 주어지는 이름 속에는 부모를 비롯한 많은 사람들의 의지와 희망이 녹아있습니다. 어찌 아기의 이름만 그러하겠습니까? 강, 길, 건물, 강아지, 나무... 이런 것들에게 이름을 붙이는 경우에도 크게 다를 것이 없습니다.

우리 연구실에서는 이번에 저작물 시리즈를 창설하면서 그 이름을 '민들레'라고 정하였습니다. 다른 여느 이름과 마찬가지로 '민들레'라는 이름 속에는 우리의 의지와 희망이 담겨있습니다. 민들레는 들판에서 흔히 볼 수 있는 식물입니다. 민들레는 자신의 주위에 늘 존재하는 바람결의 힘만을 빌려 아주 멀리까지 홀씨를 날려 싹을 내고 꽃을 피워냅니다. 민들레는 척박한 땅에서도 씩씩하게 생명으로서의 고귀한 의무를 수행합니다. 민들레는 한 뿌리에서 여러 송이의 꽃을 피우되 순서를 지킵니다. 민들레는 그 꽃에 꿀이 많아 벌과 같은 다른 생물들을 행복하게 합니다.

언제부터인가 한국 법학도의 법학공부의 범주가 타성과 고정관념에 젖어 시대적 소명을 다하지 못하는 점이 있지 않은가 하는 생각이 들었습니다. 오랜 시간에 걸쳐 내려온 전통적인 법학적 주제에 관한 논쟁에 참여함으로써 법학에 기여하는 것도 필요한 일입니다. 그러나 모든 사람들이 그 일에 매달릴 것은 아니라고 생각합니다. 마땅히 법학적 관심이 주어져야 할 부분임에도 불구하고 소외되어 있는 영역을 발견하고 그에 대한 법적 해결책을 모색하는 일이라든가 혹은 그러한 일을 하기 위한 기초를 마련하는 일도 매우 중요합니다. '민들레' 시리즈를 통하여 우리는 새로운 법학적 과제를 탐색하고 문제해결의 실마리를 찾아보고자 합니다. 그리하여 한국 법학도의 인식의 지평을 조금씩 넓혀가고자 합니다.

'민들레' 시리즈의 제1권에서 다룬 주제는 미국 계약법입니다. 첫 번째 주제를 이렇게 정한 것은, 미국 계약법이 우리의 그것과 실제에 있어서 크게 다를 것이 없다는 사실을 설득하고, 또한 比較私法의 주된 대상을 독일이나 프랑스, 일본 정도로 하는 태도에서 이제는 벗어나야 한다는 점을 강조하고자 함입니다. 현재 우리나라에서 행해지는 거래제도 중에는 우리의 의지와 무관하게 실제적으로 미국의 법에 의하여 규율되는 경우도 있습니다. "우리의 私法體系는 영미법계가 아닌 대륙법계이다."라는 등의 말은 이제 별다른 의미가 없다고 생각합니다. 미국법에 익숙해지기 위하여 우리는 의도적인 노력을 경주하여야 합니다. 미국 법제도에 대한 깊은 인식과 이해 없이는 우리가 우리 자신을 지켜낼 수 없는 것이 현실입니다.

때때로 '이성적(rational)'이라는 것과 '온당한(reasonable)' 것의 관계에 대하여 생각해 보곤 합니다. 법적 분쟁이 벌어진 경우에 그에 대한 법적 해결책은 '온당한' 것이어야 합니다. 그래야만 분쟁의 당사자가 모두 승복할 수 있을 것입니다. 대부분의 경우에는 '이성적'인 것이 동시에 '온당한' 해결책입니다. 그런 이유에서인지, 최종적인 판단기준은 '온당함'이어야 함에도 불구하고 문제에 대한 해결책이 '이성적'이라는 것에 만족하고 마는 경우도 꽤 있는 것 같습니다. '이성적'이라는 것이 '온당함'을 완전하게 담보할 수 없는 것임에도 불구하고, 법학을 하면서 '이성적'이라는 것 위에 '온당함'이라는 고도의 기준이 버티고 있다는 사실 자체를 몰랐던 어리석음은 없었는지, '온당함'이라는 기준이 있다는 것을 알고는 있었지만 그것을 고려하기가 귀찮아 그냥 넘어간 게으름은 없었는지 반성해 봅니다.

'민들레' 시리즈가 세상에 나오기 위하여 여러 사람의 수고를 빌려야 했습니다. 이서현 양은 이 시리즈의 기획취지를 민들레의 이미지에 결합시켜 추상적으로 형상화한 아름다운 엠블럼을 만들어 주었습니다. 조카 정유리 양은 '민들레' 시리즈의 분위기에 합당한 표지 디자인을 해 주었습니다. 두 사람에게 뜨거운 감사의 마음을 전하며, 두 사람의 재능이 많은 사람들에게 행복을 줄 수 있기를 기원합니다.

'민들레' 시리즈의 기획 업무는 일단은 제가 수행합니다. 그러나 이 시리즈의 각 권에 대한 집필자는 제가 될 수도 있고 또 다른 사람이 될 수도 있습니다. 앞으로 우리 연구실은 이 '민들레'에 우리들의 파릇한 의지와 희망을 담아가고자 합니다.

2004년 7월 22일
고려대학교 법과대학 연구실에서
명 순 구 드림

제2판 머리말

『미국계약법입문』을 출간한 것이 4년 전 이맘때였습니다. 민들레 시리즈의 출발이었습니다. 이번에 제2판을 내면서 우선 안도의 한숨을 내쉬어 봅니다. 『미국계약법입문』이 최소한 독자 여러분들께 폐를 끼친 것은 아니라는 생각이 들었기 때문입니다. 우주에 수많은 쓰레기가 떠다니듯 제가 쓴 책이 혹시 출판계의 불순물로 떠다니면서 뜻있는 분들에게 누를 끼쳐서는 안 된다는 걱정이 늘 마음에 있습니다.

초판의 서두에서 미국의 법제도에 대한 인식과 이해가 없이는 우리 자신을 지킬 수 없다고 말했던 것으로 기억합니다. 지금도 이러한 사정에 아무런 변화가 없는 것 같습니다. 오히려 미국법을 공부하여야 할 필요성은 더 커져만 가고 있습니다. 미국법이 세계 곳곳에서 표준법으로서의 역할을 하는 경우를 예전보다 더 자주 목격하게 됩니다. 심지어는 중국의 '中華人民共和國合同法'(즉 중국계약법)조차도 중요 논점에 있어서 코먼로를 계수하였습니다. 계약책임에 관한 원칙으로서 과실책임주의가 아닌 엄격책임주의(Strict Liability)를 채택한 것을 예로 들 수 있습니다. 문화배경에 있어서 한국·일본과 많은 것을 공유하고 있을 뿐만 아니라 법체계에 있어서도 대륙법계의 틀을 기초로 하고 있는 중국의 그 선택에 대하여 의아스럽다고 생각할지 모릅니다. 그러나 중국의 입법적 결단은 그들의 국가비전을 표현하고 있다고 평가하고 싶습니다. 무역대국을 꿈꾸는 중국으로서는 그들의 계약법이 세계와 소통하기에 수월한 것이어야겠지요. 세계와 소통하기 수월한 계약법이 무엇입니까? 국제적 계약법 질서는 이미 코먼로를 중심으로 형성되고 있습니다. 이와 같은 상황은 무역이 경제의 배터리에 해당하는 우리나라에 대해서도 시사하는 바가 결코 적지 않습니다.

『미국계약법입문』 제2판은 책 말미에 색인을 첨가했다는 것을 제외하고는 초판과 비교하여 내용상 크게 달라진 것이 없습니다. 내용이 다소 모호

길을 떠났습니다. 고 이승원 군이 바로 그입니다. 약간 내성적인 성품이지만 친구들에게 가슴을 활짝 열었던 따스한 사람이었습니다. 착하고 순한 사람이었기에 별것도 아닌 조그만 실패에 그렇게도 마음이 상했었나 봅니다. 지도교수로서 그를 지켜주지 못한 것이 못내 미안합니다. 떠나간 아들의 영정 앞에서 슬픔에 지친 그의 어머니의 울음 속에 묻어나온 몇 마디는 저를 너무 슬프게 하였습니다.

"우리 불쌍한 승원이 어찌할꼬..."

"우리 승원이가 선생님이 자기를 좋아한다고 그랬는데..."

"우리 승원이는 고려대학교가 좋다고 그랬는데..."

"우리 승원이 석사학위도 못 받았는데..."

고 이승원 군을 생각하면 아직도 가슴이 저립니다. 이제는 그를 위하여 해줄 수 있는 일을 찾기가 어렵습니다. 고 이승원 군과의 추억이 숨어있는 이 책을 그의 영전에 바치고자 합니다. 그의 친구 이병욱 군의 담백하고 단아한 弔詞와 함께 이제는 그에 대한 안타까운 마음을 날려 보내고자 합니다.

이 책은 미국 계약법의 기초를 쉽게 설명하기 위하여 쓰여 졌습니다. 미국 계약법을 소개하는 자료는 단행본 또는 논문 등의 형식으로 우리나라에도 이미 많은 것들이 있습니다. 미래를 대비하고자 노력했던 선학들의 빛나는 업적입니다. 이런 상황에서 '미국계약법입문'이라는 책을 내는 것은 무용한 일이 아닌가 생각할 수도 있습니다. 그러나 꼭 그렇지는 않다는 조심스런 마음으로 이 책을 준비하였습니다. 한국에서 법학을 공부한 사람이 미국의 계약법을 알고자 한다면 그는 법학을 공부하지 않은 사람보다 훨씬 수월하게 그 목표를 달성할 수 있어야 합니다. 즉 이전의 학습에 의하여 취득한 그의 법학지식이 미국 계약법의 이해를 위한 촉매가 되어야 합니다. 그 반대로 만일 한국 계약법에 대한 식견이 미국 계약법에 대한 이해를 방해하는 요인으로 작용한다면 그것은 매우 안타까운 일입니다. 그런데 이 안타까운 일이 일어나지 않을 것이라는 확신이 저에게는 없습니다. 이 책은 한국에서 법학의 기초를 다진 학생으로 하여금 짧은 시간 안에 미국 계약법의 체계와 기초이론을 습득하도록 기획되었습니다.

이 책은 '민들레' 시리즈의 첫 번째 작품입니다. 나름대로 굳은 의지를 가지고 출범시킨 시리즈인 만큼, 첫 작품으로는 제가 그간 심도있게 연구해 온 것을 주제로 하고 싶었습니다. 그러나 저의 게으름 탓에 그러한 것을 찾기도 어려울 뿐만 아니라, 이 시리즈의 첫 번째 권으로 미국 계약법을 다루는 것도 나름대로 의미를 가진다고 판단하였습니다. 미국법에 익숙한 우리나라의 법학도가 지금보다도 훨씬 더 늘어나야만 우리가 경쟁력을 확보할 수 있다고 생각하기 때문입니다. 저는 아직 미국법에 대한 연구가 깊지 못하고 분야별 균형도 구비하지 못하였습니다. 그러한 상태에서 미국 계약법을 체계를 가지고 소개하자니, 전체적 서술의 균형상 그간 미약하나마 나름대로 연구해 왔던 부분조차도 이 책에 포함시키는 것을 자제할 수밖에 없었습니다. 그러다 보니 이 책의 내용 속에 제가 연구한 부분은 거의 없습니다. 제가 이 책의 저자가 되지 못하고 편저자가 된 것은 이런 연유입니다(미국 Bar/Bri 社의 교재를 주로 참조). 그러나 한국의 법학도의 시각에서 미국의 계약법을 설명하고자 하는 의지는 처음부터 끝까지 관철하고자 애를 썼습니다. 이 책에 독창적인 부분이 있다면 아마 그 정도가 아니겠는가 생각합니다.

이 책의 사용방법에 대하여 간단히 말씀드리겠습니다. 첫째, 이 책을 서술함에 있어서 구체적인 사항별로 한국법과 미국법을 비교하지는 않았습니다. 그러나 한국에서 법학을 공부한 사람이라면 책을 읽어가면서 자연스레 스스로 비교를 할 수 있도록 배려하였습니다. 둘째, 문단번호(Paragraph Number)를 표시하였습니다. 이 책은 독자들의 편의를 위하여 앞 뒤의 서술내용을 서로 연계시켜 주는 상호참조주를 많이 사용하였는데, 상호참조주를 편리하게 매기기 위하여 문단의 맨 앞에 아라비아 숫자로 된 문단번호를 표시하였습니다('PN'으로 표시함). 셋째, 미국 계약법의 법률용어는 가능하면 우리말로 번역하였습니다. 그러나 번역을 하게 되면 너무 어색하게 되는 경우에는 원어를 그대로 사용하였습니다. 넷째, 미국의 법률용어를 우리말로 번역을 한 경우라 하더라도 번역어 뒤에 괄호를 달아 원어를 표시하여 미국 법률용어에 익숙해지도록 배려하였습니다.

이 책이 나오기까지 여러 분들의 가르침과 도움이 있었습니다.

우선, 오늘에 이르기까지 저를 학문의 길로 인도해 주신 崔達坤 선생님(고려대학교 명예교수), 프랑스의 자끄 게스뗑(Jacques GHESTIN) 선생님(Université de Paris I: Panthéon-Sorbonne 명예교수), 두 은사님께 머리 숙여 삼사드립니다. 이 책의 교정작업에 참여하여 수고한 박주영 양, 김석주 군, 김영주 군, 정유선 양, 이아람 양에게 뜨거운 감사의 마음을 전합니다. 대학원 또는 사법연수원에서 미래를 준비하고 있는 위 제자들의 학문적 발전과 인격적 성장을 기원합니다. 이 책의 출판을 맡아 수고해 주신 법문사의 관계자 여러분에게도 감사드립니다. 끝으로, 드러나지 않는 후원자인 아내 박규연과 아들 주현에게 고마움과 미안한 마음을 함께 전합니다.

이 책으로 한국의 법학도가 단시간 내에 미국 계약법에 대한 기초를 다질 수 있었으면 좋겠습니다. 그 토대 위에서 미국법에 정통한 사람이 한국 법학계에 좀 더 늘어났으면 좋겠습니다. 이 책으로 인하여 한국 민법학의 지평이 조금이나마 넓어질 수 있다면 그것은 제게 큰 영광입니다.

2004년 7월 22일
고려대학교 법과대학 연구실에서
명 순 구 드림

차례

제1장 총 설

제2장 계약의 성립

제 3 장 계약의 해석

제 4 장 계약의 이행

제 5 장 계약위반과 그 구제방법

제 6 장 제3자를 위한 계약과 계약관계의 인적 변동

01 총 설

A Gentle Introduction to American Contract Low

제1절 계약(법)의 의의

Ⅰ. 계약법과 계약의 개념

01 계약법(Contract Law)은 불법행위법(Torts)·민사소송법(Civil Procedure)·형사법(Criminal Law)과 함께 미국의 로스쿨에서 가장 기초적이며 필수적인 것으로 다루어지는 교과목이다. 계약법은 말 그대로 계약에 관련된 법규범이다. 미국 계약법에서 다루는 범위는 대체로 우리 민법체계로 보면 민법총칙론 부분에서의 법률행위(대리는 제외), 채권총론 및 계약총론에 해당한다. 한편, 계약법에 인접하는 분야로는 '원상회복법'(restitution)이 있는데, 이는 우리 민법체계로 보면 사무관리·부당이득의 문제에 해당하는 것으로 볼 수 있다.

우리 민법에서는 계약을 대체로 다음과 같이 정의한다: "계약이라 함은 권리의 발생·변경·소멸(즉 권리의 변동)을 목적으로 2인 또는 그 이상의 법률주체의 의사표시의 합치에 의하여 성립하는 법률요건이다." 미국 계약법에서의 계약의 개념이 우리의 그것과 비교하여 본질적인 차이를 가지는 것은 아니다. 그러나 코먼로 법제의 법문화상의 특질로 인하여 미국에서는 계약의 개념을 기능적인 측면에서 정의하는 것이 일반적이다. 미국에서 계약을 간단히 정의할 때에는, 이를 "법적으로 강제할 수 있는(legally enforceable) 합의 또는 약속(agreement or promise)"이라고 한다. 여기에서 "법적으로 강제할 수 있다."라는 것은 계약의 일방 당사자가 합의내용을 이행하지 않을 경우, 타방 당사자의 청구에 따라 법원에 의하여 법에 따른 제재가 가해짐을 의미한다. Restatement[1]는 계약을 다음과 같이 정의하고 있다: "계

---

1) 'Restatement'가 무엇인가에 대해서는 이 책 **06** 참조. 'Restatement'는 이를 우리말로 번

약이라 함은 1個 또는 1組의 약속으로서 그것에 위반하는 것에 대하여 법이 구제하여 주거나 또는 어떠한 형태로든 그 이행을 의무로서 인정하는 것이다."(Second Restatement of Contract §1 참조)

Restatement에 나타난 계약의 개념을 주요 요소별로 구분하여 구체적 의미를 살펴보기로 한다.

① 계약은 약속(promise)이다. 약속이라 함은 상대방에 대하여 장래에 이행의 문제를 남기는 것이다. 만일 약속의 요소가 없다면 계약이라고 할 수 없다.

② 계약은 1個 또는 1組의 약속이다. 일방계약(unilateral contract)에서는 1個의 약속만이 존재할 뿐이지만, 쌍방계약(bilateral contract)은 1組의 약속으로 구성된다.[2)]

③ 약속은 법적으로 강제되는 것이어야 한다. 약속위반에 대하여 법이 구제하여 주거나 또는 어떠한 형태로 그 이행이 의무로 인정된다는 점에서 계약요소로서의 약속은 도덕상의 약속과 구별된다. 강제력을 내포하는 법적인 약속과 단순한 도덕상의 약속을 구별하는 기준은 무엇인가? 이와 관련하여 코먼로 계약법의 중요한 특징이 발견된다. '約因(consideration)'이라는 개념이 그것이다. 간단히 말해서 '약인'이란[3)] 문제의 당사자 사이에 대가적 거래관계가 존재함을 의미한다. 증여의 약속은 우리 민법에 있어서는 분명히 계약에 해당한다. 그러나 미국 계약법에 있어서 증여의 약속은 원칙적으로 계약이 아니다. 계약으로 관념되지 않는 것이 원칙이다. 증여의 약속에는 약인이 결여되어 있기 때문이다.

우리나라와 마찬가지로 미국 계약법도 계약자유의 원칙을 기초로 하고 있다. 계약자유의 원칙에 일정한 예외가 인정된다는 점도 우리와 다를 바가 없다. 예컨대, 계약의 내용이 공익성(public policy)에 반한다거나 비양심성

역하기에 적합한 용어를 찾기 어렵다. 그러므로 이하에서는 번역을 하지 않고 원어를 그대로 사용하기로 한다.

2) 일방계약과 쌍방계약의 개념에 대해서는 이 책 13 ~ 15, 83 등 참조.

3) '約因(consideration)'에 대하여 자세한 것은 이 책 84 이하 참조.

(unconscionability)[4]을 내포하고 있다는 이유로 무효로 될 수 있다. UCC[5]에도 계약당사자의 약정에 의하여 임의로 배제할 수 없는 사항을 정하는 규정이 있다(예: UCC §1-102(3), UCC §1-203, UCC §1-205). 또한 강행규정인 것을 명문화한 경우도 있다(예: UCC §2-318).

Ⅱ. 계약법의 法源

02 대륙법체계를 근간으로 하고 있는 우리나라에서와 마찬가지로 미국에 있어서도 계약법의 法源(즉 법의 존재형식 또는 법의 원천)은 다양하다. 다음에서는 미국 계약법의 법원에 대하여 간단히 살피기로 한다.

1. 코먼로와 형평법

03 미국 계약법의 제1차적 法源(source of law)은 法院의 판례에 의하여 형성된 법원칙인 코먼로(common law)[6]이다. '코먼로'라는 용어는 크게 두 가지의 의미로 사용된다. 하나는, 법체계(legal system)의 차원에서 대륙법체계(civil law system)와 대비되는 영미법체계(common law system)를 가리킬 때 사용된다. 다른 하나는, 영미법체계 자체 내에서 형평법(equity)과 대비되는 용어로서 사용되는 경우이다. 영국에서 코먼로의 문제점을 보완하기 위하여 독자적인 규범체계가 형성되었는데, 그것이 바로 형평법이다. 코먼로와 형평법의 이원적인 규범체계[7]는 영국의 식민지에 그대로 침투되었다. 그리하

4) '비양심성(unconscionability)'의 기초적 의미에 대해서는 이 책 **149** 참조.

5) 'UCC'가 무엇인가에 대해서는 이 책 **05** 참조. 'UCC'는 경우에 따라서는 '통일상법전'이라는 용어로 번역되기도 한다. 그러나 '민법'과 대비되는 용어로서 '상법'이라는 개념을 가지고 있지 않은 미국법에 있어서 '상법전'이라는 용어는 적합하지 않다고 생각한다. 그러므로 이하에서는 번역을 하지 않고 원어를 그대로 사용하기로 한다.

6) 'Common Law'를 '보통법'으로 번역하여 사용하기도 한다. 그러나 'Common Law'를 '보통법'이라고 번역하는 것이 타당한가에 대하여는 의문이다. 그러므로 이 책에서는 단순히 '코먼로'라고 쓰기로 한다.

7) 코먼로와 형평법의 관계에 관한 영국의 상황을 살피기로 한다. 코먼로와 형평법의 대립은 Judicature Acts(1873-1875)에 의해 종지부를 찍게 되었다. 이 법률은 법원의 조직을 새로이 했을 뿐만 아니라, 특히 모든 법원은 코먼로와 형평법 양자 모두를 적용할 권한과 의무를 규정하

여 19세기 초까지 미국에는 코먼로를 다루는 法院과 형평법을 다루는 法院이 따로 존재하였고, 양자 사이에 소송절차도 상이하였다. 그러나 오늘날에는 미국의 모든 州에서 양자가 통합되었다. 그리하여 코먼로 법원에서 필요에 따라 형평법의 문제를 함께 재판하는 형태로 운영한다. 그렇다고 하여 미국에서 형평법이 그 의미를 잃은 것은 아니라는 점에 유의하여야 한다. 왜냐하면 형평법은 코먼로의 약점을 보완하는 독자적 가치를 가질 뿐만 아니라, 형평법을 적용하는 경우에는 재판절차[8]나 내용[9]에 있어서 코먼로를 적용하는 경우와 다른 규칙이 적용되기 때문이다.

2. 제정법

04 입법기관에 의하여 제정된 制定法은 코먼로에 의하여 규율되지 않았던 새로운 부분을 규율하거나 코먼로의 규범을 보완하기 위하여 나타나는 것이 일반적이다. 聯邦法은 聯邦議會에서, 州法은 州議會에서 제정된다. 미국에서는 연방헌법이 제정법의 형태로 존재하며 이것이 최고의 규범력을 가진다. 미국 연방대법원은 의회의 제정법이 연방헌법에 위배되는지 여부를 심사할 수 있는 권한(즉 위헌법률심사권)을 가진다. 그리고 미국 연방대법원의 판례는 不文憲法을 구성하며 제정법은 이에 구속된다.

3. 모델법

05 미국은 연방국가이다. 그러므로 많은 법이 개별 주에서 만들어지고 그에 따라 각 주마다 법이 다른 경우가 많다. 이러한 현상은 법률생활의 수월성에 장애가 될 수밖에 없다. 그리하여 법을 통일하고자 하는 움직임이 생

였다. 그런데 여기에서 한 가지 명확하게 해 두어야 할 것이 있다: Judicature Act가 코먼로와 형평법을 하나의 체계로 통합시키고자 한 것은 아니라는 점이다. 즉 이 법률은 앞으로는 모든 법원에서 양자를 모두 적용해야 한다는 것을 규정하고 있을 뿐이다. 그러므로 코먼로와 형평법은 여전히 다른 법체계와 각각의 고유한 역사를 가지고 있으며, 양자가 서로 독자성을 유지하고 있다는 사실은 현대 영국법에서도 변함이 없다.

8) 예: 형평법의 문제를 재판하는 경우에는 배심원 없이 절차가 진행된다.

9) 예: 계약위반에 대한 구제방법과 항변사유 등에서 코먼로와는 다른 규칙이 적용된다. 이에 대해서는 특히 이 책 **267** ~ **271** 참조.

겨나게 되었다. 그러한 운동의 하나로 추진된 것이 모델법을 만드는 것이었다. 즉 개별 주에서 입법을 함에 있어서 모범이 될 수 있는 규범체계를 생각해 보자는 것이다. 미국변호사회(ABA: American Bar Association)는 뉴욕州와의 협력 아래 법통일 운동을 추진하였는데, 이 작업을 수행하기 위하여 만들어진 것이 'National Conference of Commissioners on Uniform State Laws'이다. 이 위원회에서는 여러 분야에서의 모델법을 채택하였는데, 계약법과 특히 관계되는 것은 UCC(Uniform Commercial Code)이나. UCC는 모두 13개의 편(Article)으로 구성되어 있는데, 제2편(Article 2)은 물품매매(Sale of Goods)[10]에 대하여 규율하고 있다. UCC는 그 자체로서는 구속력이 없는 모델법에 불과하다. 즉 개별 주에서 UCC를 제정법으로 채택하여야만 법으로서의 효력을 가지게 된다. 그리고 UCC를 채택하는 경우에도 그 방법은 다양하게 나타날 수 있다: ① 전면채택; ② 수정채택 등. UCC를 채택할 것인가 하는 것은 각 주의 재량에 맡겨져 있으나, 실제로 거의 모든 주가 채택하고 있다. 주의회에서 UCC의 전체 또는 일부를 채택하게 되면 채택된 규정은 당해 주에서 제1차적 법원으로 된다. 그러므로 만일 어떤 주에서 UCC를 채택하였다면, 물품매매에 있어서는 UCC 제2편이 우선적으로 적용되며 물품매매를 제외한 계약(예: 부동산매매, 서비스공급계약 등) 등에는 코먼로가 적용된다.[11] 반면, 이를 채택하지 않는다 하더라도 제2차적 법원(예: 학설)으로서의 역할을 하는 것이 보통이다.

4. 리스테이트먼트

06 코먼로체계를 채택하고 있는 미국에서 어떤 문제를 해결하기 위하여

---

10) UCC 제2편에서 규율하고 있는 주요 용어의 정의는 다음과 같다.

① '매매(sale)': 매도인은 매수인에게 소유권을 이전하고 매수인으로부터 대가를 지급받는 내용의 계약(UCC §2-106)을 말한다.

② '물품(goods)': 매매의 대상으로서 특정된 시점의 유체동산을 말하고 부동산을 포함하지 않는다(UCC §2-105(1)-(4), UCC §2-501).

11) 서비스공급과 물품매매를 모두 포함하는 계약의 경우에는 계약의 주된 목적이 무엇인가에 따라 코먼로 또는 UCC를 적용한다.

적용할 규범을 발견하기 위해서는 일일이 판례를 찾아보아야 한다. 이러한 작업은 복잡할 뿐만 아니라 법적용의 명확성을 기하기 어려운 측면도 가지고 있다. 이러한 문제를 해결하기 위한 노력의 일환으로 만들어진 것이 리스테이트먼트(Restatement)이다. 이것은 1923년에 설립된 미국법률협회(ALI: American Law Institute)에서 수행한 작업의 결과이다. 이 협회에서는 복잡다기한 판례법을 조문의 형식으로 모아서 재구성하고 거기에 코멘트(comments)와 설례(illustrations)를 붙였다. 이는 그 자체가 구속력을 가지는 것은 아니지만 판례에서 빈번하게 인용될 만큼 실제상의 권위는 매우 높다. 현재 Restatement는 계약법(Contract), 불법행위법(Torts) 이외에, 대리법(Agency), 국제사법(Conflict of Laws), 원상회복법(Restitution), 신탁법(Trust), 형법(Criminal Law) 등 다양한 분야를 아우르고 있다. 계약법의 Restatement는 1932년에 제1차 Restatement가 간행되고, 1981년에는 제2차 Restatement가 각각 간행되었다.

제 2 절 계약의 종류

07 계약은 기준에 따라 다양한 분류가 가능하다. 여기에서는 계약법에 대한 이해에 있어서 중요성을 가지는 분류를 중심으로 설명하기로 한다.

Ⅰ. 성립방식에 의한 분류

08 계약은 성립방식에 따라 '명시적 계약(express contract)'과 '묵시적 계약(implied contract)'으로 구분된다. 명시적 계약과 묵시적 계약은 성립방식에 있어서만 차이를 가질 뿐 계약의 효력에 있어서는 아무런 차이가 없다. 성립방식에 의한 계약분류에 있어서 논자에 따라서는 '명시적 계약', '묵시적

계약'과 더불어 '준계약(quasi-contract)'[12]을 배치시키기도 한다. 그러나 준계약은 실질적으로는 계약이 아니며, 다만 역사적인 이유에서 '계약'이라는 말이 용어 중에 포함되었을 뿐이다. 그럼에도 불구하고 편의상 준계약을 성립방식에 의한 분류에 포함시켜 논의하기로 한다.

1. 명시적 계약

09 '명시적 계약(express contract)'이란 계약의 내용에 대하여 당사자들이 구두 또는 서면[13]과 같은 언어(language)에 의하여 합의하는 계약을 말한다. 명시적 계약은 가장 일반적인 계약이라고 할 수 있다.

2. 묵시적 계약

10 '묵시적 계약(implied contract)'이란 구두 또는 서면과 같은 언어에 의하지 않고 일정한 행위(conduct)에 합의가 존재하는 것으로 의제되는 계약이다. 전통적인 견해에 따르면, 묵시적 계약은 다시 '사실상의 묵시적 계약(implied-in-fact contract)'과 '법률상의 묵시적 계약(implied-in-law contract)'으로 구분된다.

(1) 사실상의 묵시적 계약

11 '사실상의 묵시적 계약'의 개념을 이해하기 위하여 다음과 같은 상황을 생각해 보자: A는 자신의 컴퓨터에 고장이 생기자 이를 들고 수리업자 B를 찾아가 "이 컴퓨터를 수리해 주세요."라고 말했다; 이에 B는 컴퓨터를 수리하였다. 이 사안에서 A・B간에 '컴퓨터의 수리'와 '수리에 대한 보수지급'이라는 내용에 대하여 명시적인 합의는 없었다. 그러나 A와 B의 사실적인 행위에서 그와 같은 합의를 추론하여 계약이 성립한 것으로 다루게 된다.

위와 같은 모습으로 성립되는 계약을 '사실상의 묵시적 계약'이라고 한다. '사실상의 묵시적 계약'은 명시적 계약과 그 효력에 있어서 동일하다.

---

12) '준계약'에 대한 구체적인 설명에 대해서는 이 책 272 이하 참조.

13) 구두에 의한 계약은 'oral contract'라 하고, 서면에 의한 계약은 'written contract'라 한다.

(2) 법률상의 묵시적 계약

12 '법률상의 묵시적 계약'은 '준계약(quasi-contract)'이라고도 한다. 그 실질에 충실하게 생각한다면 이는 계약으로 볼 수 없다는 점을 앞에서[14] 지적한 바 있다. '법률상의 묵시적 계약' 내지 '준계약'은 법률관계 당사자 사이의 합의를 요소로 하는 법률요건이 아니기 때문이다. '법률상의 묵시적 계약' 내지 '준계약'은 피고에게 귀속된 부당한 이익을 원고로 하여금 회복할 수 있도록 함으로써 재산관계의 귀속질서를 정리하는 제도이다.

다음과 같은 사례를 보자: A는 사고를 당하여 의식불명 상태에 있는 B를 치료해 주었다; 이 경우에 A · B간에는 아무런 계약관계도 존재하지 않는다; 그러나 A · B간에는 '법률상의 묵시적 계약'이 성립한 것으로 다루어지고, 이에 따라 B는 A에게 치료비를 지급하여야 할 의무를 부담한다. 이것은 우리 민법상 사무관리에 해당하는 사례이다(한국민법 제734조 이하 참조).

다음과 같은 사례도 생각해 보자: A · B간에 외형적으로는 계약을 체결하였으나 사실 그 계약은 무효였다; 그럼에도 불구하고 A는 B에게 이행을 하였다; 이 때 B는 A로부터 받은 것을 반환하여야 할 의무를 부담한다. 이것은 우리 민법상 부당이득에 해당하는 사례이다(한국민법 제741조 참조).

Ⅱ. 승낙방식에 의한 분류

13 계약은 청약(offer)과 승낙(acceptance)으로 성립한다. 승낙방식에 따라 계약은 쌍방계약(bilateral contract)과 일방계약(unilateral contract)으로 구분된다. 쌍방계약과 일방계약의 구별에 관하여 전통적인 입장과 현대적 변화로 구분하여 살피기로 한다.

1. 전통적 입장

14 청약을 할 때에 승낙의 방법에 관하여 아무런 명시적 의사표시가 없는

---

14) 이 책 08 참조.

경우에는 청약의 내용을 수락하는 내용의 의사표시만으로 승낙이 이루어져 계약이 성립한다. 이러한 계약을 '쌍방계약(bilateral contract)'이라고 하는데, 대부분의 계약은 이에 속한다. 달리 말하자면, 쌍방계약이라 함은 계약당사자의 합의만으로 성립하고 그 효과로서 쌍방이 각각 계약상의 의무를 부담하게 되는 계약을 말한다. 쌍방계약이라는 것이 계약체결 당사자간의 의사표시의 합치만으로 성립하는 계약이라는 점에서 보면, 우리 민법학상의 낙성계약의 개념에 내응되는 것으로 판난할 수 있는 여지가 있다. 그러나 그렇게 대응시키기는 어렵다. 쌍방계약이라는 것은 계약의 성립과정에서는 계약당사자 중에 누구도 이행행위를 한 적이 없으므로 계약의 성립 후에 당사자 쌍방 모두 계약상의 의무를 부담한다는 점에 포커스가 주어져 있기 때문이다. 쌍방계약이 성립하는 모습은 다음과 같다: A는 α를 B에게 10 달러에 매도하기로 약속하였고 B는 α를 10 달러의 가격에 매수하기로 약속하였다.

그렇다면 일방계약이란 어떤 것인가? 청약을 할 때 청약에서 요구한 내용이 현실적으로 실현되어야만 비로소 승낙이 된다는 의사표시를 하는 경우가 있다. 이 경우에는 일정한 현실적 행위가 있어야만 승낙이 있는 것으로 되고 그 때서야 비로소 계약이 성립하게 된다. 이러한 형태의 계약을 '일방계약(unilateral contract)'이라고 한다. 일방계약은 우리 민법상의 요물계약에 대응하는 것으로 판단할 수 있는 여지가 있다. 그러나 그렇게 볼 것은 아니다. 일방계약이라는 것은 계약의 성립과정에서 계약당사자 중의 일방이 이미 이행행위를 하였으므로, 계약의 성립 후에는 그의 상대방만이 계약상의 의무를 부담한다는 점에 포커스가 주어져 있기 때문이다. 일방계약의 예를 보자: A는 B가 α를 C에게 가져다주는 것을 조건으로 하여 그에게 10 달러를 지급하겠다는 의사표시를 하였다; 여기에서 B가 α를 C에게 가져다주어야 할 계약상의 의무가 발생하는 것은 아니다; 그러나 B가 실제로 C에게 α를 배달하게 되면 A·B간에는 계약이 성립하고 A는 계약상 의무의 이행으로서 B에게 10 달러를 지급하여야 한다.

2. 현대적 변화

15 위에서 쌍방계약과 일방계약의 분류에 관한 전통적인 입장을 설명하였다. 그런데 이러한 전통적 입장은 현대에 들어와 상당한 변화를 보이고 있다. 현대적 변화의 모습을 한 마디로 정리한다면 '일방계약의 쌍방계약으로의 편입 경향'이라고 표현할 수 있을 것 같다.

이러한 경향으로서 중요한 것이 일정한 의사표시 또는 이행의 착수를 승낙(acceptance)으로 보는 입장이다. 즉 UCC와 Second Restatement of Contract에서는, 피청약자(offeree)[15]측의 일정한 의사통지 또는 이행의 착수(start of performance)로 쌍방계약이 성립하는 경우를 널리 인정하고 있다(UCC §2-206 참조). 이러한 입장은, 청약이라는 것은 승낙 여부가 피청약자에게 달려있는 것으로 승낙의 방식은 계약의 성립에 있어서 본질적인 요소가 아니라는 관념을 기초로 하는 것이다. 이러한 관념에 따른다면, 언어나 상황에 의하여 추정되는 명시적인 반대의 의사표시가 없다면 의사표시 또는 현실적 이행을 약속하는 행위를 승낙으로 볼 수 있게 된다. 그리고 청약자가 청약의 의사표시를 함에 있어서 현실적 행위를 승낙방식으로 요구했다 하더라도 상황에 따라 그 청약은 일방계약을 구성하기 위한 것이 아니라 쌍방계약을 구성하기 위한 청약이 될 수 있다. 그러므로 현대적 관점에서 본다면, "상호적인 의사표시의 합치만이 쌍방계약을 구성한다."라는 식으로 말할 수 없게 되었다. '일방계약의 쌍방계약으로의 편입 경향'을 고려해 볼 때, 어떠한 계약을 확실하게 일방계약으로 판단할 수 있는 경우는 다음의 두 가지이다: ① 청약자가 명백하게 이행(performance)만이 승낙의 방식이라는 의사표시를 한 경우; ② 현상금의 청약(reward offer) 등과 같은 불특정 다수에 대한 청약으로서 의사표시보다는 현실적 이행만이 승낙의 방식이라고 명백히 예상할 수 있는 경우.

앞에서 말한 현대적 관념에 대한 이해를 돕기 위하여 다음과 같은 사례

---

15) 청약자(offeror)의 청약의 의사표시의 상대방을 'offeree'라고 하는데, 이를 '피청약자'로 번역하여 사용하기로 한다.

를 생각해 보자: A회사는 B회사에 특별제작상품을 주문하였다; 주문내용을 기간 내에 충족시키기 위하여 B회사는 주문이 있은 후 바로 주문상품의 제작에 착수하였다; 이것은 청약에서 요구한 승낙방식의 한 형태로 평가되어야 한다. 즉 B회사가 제작을 완수하겠다는 묵시적 의사표시(즉 승낙)를 한 것이고, 따라서 그 때에 계약이 성립한 것으로 보아야 한다. 주의할 것은, 이와 같은 경우에도 주문한 상품의 제작을 완료한 후에 A회사에 대하여 대금지급의무를 지우기 위하여는 상당한 기간 내에 통지를 하여야 한다는 점이다.[16] 요컨대, 청약자가 정한 행위를 완료하지 않았다 하더라도 피청약자측에 '이행의 착수'에 해당하는 행위가 있었다면 묵시적 의사표시에 의한 계약이 성립한 것으로 보는 것이 현대적 입장인 것이다.

Ⅲ. 계약의 유효성에 의한 분류

16 계약은 그 유효성을 기준으로 하여 '무효인 계약(void contract)', '취소할 수 있는 계약(voidable contract)', '강제력 없는 계약(unenforceable contract)'으로 분류할 수 있다.

① '무효인 계약(void contract)'이란 계약의 형식을 갖추었을 뿐 그 효력발생 요소가 결여되어 있어 그 성립시부터 전혀 법적인 효과를 지니지 못하는 계약이다. 무효인 계약의 개념은 우리 민법과 크게 다를 것이 없다. 무효인 계약의 전형적인 것으로는 불법계약(illegal contract), 본질적 착오(fundamental mistake) 등을 들 수 있다.

② '취소할 수 있는 계약(voidable contract)'이란 계약의 일방 또는 양당사자가 취소하거나 추인할 것을 선택할 수 있는 계약이다(Second Restatement of Contract, §7 참조). 우리 민법상의 '취소할 수 있는 계약'에 대응하는 개념이다. '취소할 수 있는 계약'에 있어서는 계약이 처음부터 법률상의 효력이 없는 것은 아니지만 취소권을 행사하게 되면 당해 계약은 실효된다. 반면에

---

16) 이 문제에 대해서는 이 책 **82** 참조.

추인(ratification)을 하게 되면 당해 계약은 계속적으로 효력을 보유하며 취소권은 상실된다. '취소할 수 있는 계약'이 문제되는 경우로는 다음과 같은 것을 들 수 있다: 부실표시(misrepresentation)[17]; 강박(duress)[18]; 부당위압(undue influence)[19]; 착오(mistake)[20]; 미성년자[21]에 의한 계약 등. 취소권은 당해 하자에 대하여 책임이 없는 당사자에게 부여된다. 그러므로 취소권자가 취소권을 행사하지 않는 한 취소권자의 상대방으로서는 여전히 계약에 의한 구속을 받는다.

③ '강제력 없는 계약(unenforceable contract)'이란 계약 자체는 유효하나 사기방지법(Statute of Frauds)[22], 시효와 같은 법령상의 제한이나 그 밖의 다른 사유로 인하여 계약내용의 실현을 법적으로 강제할 수 없는 계약을 말한다. '강제력 없는 계약'에 있어서는 계약당사자 누구도 법원에 소송을 제기할 권리가 없다. 이러한 의미에서 '강제력 없는 계약'을 'no actionable contract'라고 부르기도 한다. '강제력 없는 계약'은 계약이 유효함에도 불구하고 일정한 결함(소송기한 경과, 서면형식의 결여, 인지 미첨부 등)으로 인하여 소권이 제한되는 경우이다. 따라서 이와 같은 하자가 제거되거나 보정되면 당해 계약은 강제력을 가지게 된다.

---

17) 부실표시에 대해서는 이 책 131 이하 참조.
18) 강박에 대해서는 이 책 137 이하 참조.
19) 부당위압에 대해서는 이 책 141 이하 참조.
20) 착오에 대해서는 이 책 123 이하 참조.
21) 미성년자에 대해서는 이 책 120 참조.
22) 사기방지법에 대해서는 이 책 158 이하 참조.

02 계약의 종류

제1절 서　　설

17 계약의 이행이나 계약의 위반에 대한 제재가 문제되는 경우에 있어서 우선적으로 검토해야 할 것은 계약이 성립하였는가 하는 것이다. 계약의 성립 여부를 판단하기 위해서는 다음의 세 가지 요건이 갖추어져 있는지를 살펴보아야 한다: ① 상호합의(mutual assent)가 존재하는지 여부; ② 약인(consideration)이 있는지 여부; ③ 계약의 성립을 방해하는 요소가 있는지 여부.

다음에서는 이들 사항에 대하여 구체적으로 살피기로 한다.

제2절 상호합의: 청약 · 승낙

I. '상호합의'의 의미와 판단기준

18 '상호합의(mutual assent)'란 '동시에 같은 거래에 동의하는 것(agreeing to the same bargain at the same time),' 즉 '의사의 합치(meeting of the minds)'를 의미한다. 당사자가 의사의 합치에 이르는 과정은 대부분의 경우, 계약의 일방 당사자가 제안을 하면(청약: offer) 타방 당사자가 그 제안에 동의하는(승낙: acceptance) 방식에 의하여 이루어진다.

당사자 사이에 상호합의가 이루어졌는지 여부를 판단하는 기준으로서 '객관적 계약이론(objective theory of contract)'이 적용된다. 객관적 계약이론에 따르면, 계약의 청약 및 승낙의 내용을 합리적인 사람(reasonable person)의 입장에서 객관적으로 판단하여 당사자 사이에 상호합의가 형성되었는가 여부를 판단한다. 객관적 계약이론은 거래관계에서의 안전성과 확정성(security and certainty in business transaction)을 확보하는 것을 그 취지로 한다. 다음과 같은 상황을 생각해 보자: A와 B는 문서로 토지매매계약서를 작성하였다; 그런데 그 후 B는 장난삼아 한 일이라고 하면서 계약이 무효라고 주장한다. 이러한 경우에 객관적 계약이론에 따르면, 이 사안에서 설령 B의 실제의사가 그러했다고 하더라도 B의 주관적인 내부의사는 계약의 성립 여부에 아무런 영향을 미치지 않는다. 즉 합리적인 사람의 입장에서 판단함으로써 당해 토지매매계약은 유효하게 성립한 것으로 본다.[23)]

객관적 계약이론이 적용된다고 하여 계약당사자의 내부의사가 언제나 전혀 고려되지 않는 것은 아니다. 앞의 사례에서 B뿐만 아니라 A도 장난삼아 계약을 체결한 것이었다면 A·B간의 계약은 무효이다. 이와 같은 경우에는 계약을 무효로 한다 하더라도 A·B 누구에게도 불측의 손해를 주는 것이 아니기 때문이다.

Ⅱ. 청 약

1. 청약의 의미

19 '청약(offer)'이란 청약자(offeror)의 실제적 거래설정의사(present willingness to enter into bargain)의 외부적 표시행위를 말한다.[24)] 청약의 의사표시 속에는 청약자가 일정한 약속을 하고 그 약속의 대가(약인)로서 상대방

23) 객관적 계약이론은 우리 민법학에 있어서 계약의 해석방법 중 규범적 해석에 해당하는 것으로 볼 수 있다. 규범적 해석의 의미에 대해서는 명순구, 『민법학기초원리』, 세창출판사, 2003, 450면 참조.

24) Restatement는 청약을 다음과 같이 정의하고 있다: "청약이라 함은 계약을 체결하고자 하는 의사의 표시로서, 당해 계약에 대한 동의를 권유하고 이로써 계약이 체결되리라는 상대방의 이해를 정당화시키는 것이다."(Second Restatement of Contract §24)

에게 요구하는 행위가 지정되어 있다. 여기에서 상대방에게 요구하는 행위라 함은, 문제의 계약이 쌍방계약인 경우에는 상대방의 약속을 말하며[25], 일방계약인 경우에는 상대방측의 현실적 행위를 말한다.[26] 그리고 청약이라고 하기 위해서는 피청약자가 그 청약의 내용에 동의하거나 요구된 행위를 하게 되면 바로 계약이 성립될 수 있는 것이어야 한다.

청약은 피청약자(offeree)에 대하여는 승낙적격(power of acceptance)의 효력을 발생시키며, 청약자 자신에게도 그에 상응하는 책임을 발생시킨다. 청약의 의사표시라고 할 수 있는 정도에 이르기 위해서는, 청약의 상대방의 입장에서 볼 때 청약자가 청약한 내용대로 계약을 성립시키고자 하는 의사가 있음을 기대할 수 있는 정도의 의사표시가 있어야 한다. 이러한 기대가능성이 있는 정도에 이르렀는가 여부를 판단하기 위해서는 다음의 세 가지 사항을 고려해야 한다: ① 계약을 체결하고자 하는 의사(intent)가 있는가; ② 본질적 내용에 있어서 확정성(certainty)을 가지고 있는가; ③ 위의 사항이 피청약자에게 전달되었는가? 이들 문제는 다음에 청약의 요건을 논의하는 부분에서 구체적으로 살피기로 한다.

2. 청약의 요건

(1) 계약체결의사의 존재

20 청약이 있다고 하기 위해서는 청약의 내용에 계약체결의사가 포함되어 있어야 한다. 계약체결의사가 존재하는가 여부는 합리적인 사람의 입장에서 볼 때에 청약자의 언어(words) 또는 행동(conduct)으로부터 계약체결의사를 인식할 수 있는가의 여부를 기준으로 한다(객관적 계약이론). 계약체결의사

---

25) 쌍방계약의 성립을 위한 청약의 예를 들면 다음과 같다: "네가 나를 위하여 이 물건을 다른 사람에게 팔아줄 것을 약속한다면 나는 너에게 10 달러의 금전의 지급을 약속하겠다.": "네가 나에게 100만 달러를 지급한다고 약속한다면 나는 너에게 주택을 신축해 줄 것을 약속하겠다."

26) 일방계약의 성립을 위한 청약의 예를 들면 다음과 같다: "네가 이 물건을 팔아주면 나는 너에게 10 달러의 금전을 지급할 것을 약속하겠다.": "네가 주택을 신축해주면 나는 너에게 100만 달러를 지급할 것을 약속하겠다."

의 존재 여부를 판단함에 있어서 문제되는 것은, 장래의 일정한 의도를 표시하는 말이나 예비협상(preliminary negotiation)과 같은 것을 계약체결의사와 구별하는 것이다. 다음에서는 이 구별에 관하여 좀더 구체적으로 살피기로 한다.

우선, 사용된 언어(language)에 의하여 계약체결의사의 존부를 판단할 수 있다. "청약한다", "약속한다", "매도한다" 등과 같은 기술적인 용어(technical language)가 사용된 경우에는 대부분 청약으로 판단될 가능성이 높다. 그러나 그와 같은 용어를 사용하였다고 하여 청약이라고 단정할 수는 없고, 그 반대로 그러한 용어를 사용하지 않았다 하여 청약이 없었다고 볼 것도 아니다. 예를 들어 보자. "즉각적인 승낙이 있다면 나는 100 달러로 가격을 책정하겠다."라고 하는 말 속에는 청약의 유인(invitation to offer)에 쓰이는 언어가 포함되어 있기는 하다. 그러나 이 의사표시는 청약으로 해석될 가능성이 높다. 왜냐하면 계약체결의사가 명백하게 포함되어 있기 때문이다. 청약의 유인에 쓰이는 언어를 청약에 해당하는 언어와 연결시켜 사용함으로써 모호함을 야기시킨 경우에 그로 인하여 발생하는 불이익은 청약자에게 돌아간다. 즉 계약체결의사의 존부에 대한 판단에 불명확한 점이 있는 때에는 피청약자에게 유리한 쪽으로(in favor of offeree) 해석한다.

주위상황(surrounding circumstances) 역시 청약의 존재(즉 계약체결의사의 존재)를 결정하는 요소로 작용한다. 즉 형식적으로는 청약에 해당하는 언어를 사용했다 하더라도 농담으로 한 말이나 격분하여 한 말 또는 자랑조로 한 말은 법적인 효과를 가지지 못한다. 그러나 주관적으로는 농담으로 한 말이라 하더라도 상대방의 입장에서는 이를 진지하게 받아들일 수 있는 상당한 상황이 있었다면, '객관적 계약이론(objective theory of contract)'에 따라 청약이 있는 것으로 해석한다. 한편, 예비협상이 아닌 청약이 있었는가를 판단함에 있어서 법원은 당사자 사이에 존재하였던 이전의 거래관행이나 관계(prior practice and relationship of the parties)도 고려한다는 점에 유의하여야 한다.

청약의 존재 여부에 대한 판단에 있어서 의사를 표시하는 방법도 기준으로 작용할 수 있다. 전달매체가 광범위한 것일수록(예: 출판) 청약의 유인(invitation to offer)으로 판단될 가능성이 높다. 그리하여 광고·카탈로그·잡지 등에 가격을 매겨서 배포하는 것은 보통의 경우 단순한 청약의 유인으로 해석될 것이다. 이 경우는 매도인으로서 매수의 청약을 받고자 하는 가격을 표시하는 것에 불과한 것이기 때문이다. 그러나 광고에 사용된 언어가 확정적이고 청약의 상대방이 특성되어 있는 경우는 그것이 비록 광고의 형식이라 하더라도 이를 청약으로 해석할 수 있다. 다음과 같은 예를 들어 보자. 어떤 상점이 시가 100 달러의 코트를 1 달러에 내놓으면서 "먼저 오시는 분이 먼저 가져가세요."라는 광고를 한 경우, 먼저 온 사람이 더 이상의 협상 없이 이러한 조건하에 승낙하였다면 그 사람에 대해서는 유효한 청약이 된다.

(2) 청약내용의 확정성

21 어떠한 의사표시를 청약이라고 하기 위해서는 청약자(offeror)가 피청약자에게 제시한 내용이 명확한 것이어야 한다. 즉 청약의 내용은 합리적인 사람이 볼 때에 청약자가 의도하는 내용을 충분히 이해할 수 있을 정도로 확정성(certainty) 내지 명확성(definiteness)을 보유하고 있어야 한다. '청약내용의 확정성'이라는 것은 앞에서 본 계약체결의사의 요건과는 독립된 청약의 요건이다. 그런데 청약내용의 확정성은 계약체결의사의 판단에 대해서도 영향을 미친다. 표시된 의사의 내용이 명확한 것일수록 상대방으로서는 계약체결의사를 추정할 수 있는 가능성이 높아진다. 그러므로 법원으로서는 의사의 표시가 단순히 '예' 또는 '아니오'로 대답할 수 있을 정도로 명확한 것인가를 살피게 된다. 표시된 의사에 대한 질의의 가능성이 높을수록 청약이 아닌 단순한 예비협상으로 판단될 가능성이 높다.

청약이 되기 위한 요건으로서 확정성을 구비하였는가 하는 판단은 문제된 계약이 무엇인가에 따라 차이가 있게 된다. 확정성 요건의 판단에 있어서 필수불가결한 것으로는 다음과 같은 것을 들 수 있다: ① 청약자의 상대방에 대한 확정성; ② 계약의 주된 내용에 대한 확정성(예: 가격, 수량 등). 다음에서는 이들에 대하여 구체적으로 살피기로 한다.

1) 피청약자에 대한 확정성

22 청약이라고 할 수 있기 위해서는 청약의 상대방, 즉 피청약자(offeree)가 누구인가 또는 그가 속해있는 집단이 무엇인가 하는 것을 분명히 함으로써, 승낙만 있으면 계약이 성립될 것이라는 상대방의 기대를 정당화할 수 있는 사유가 있어야 한다.

피청약자에 대한 확정성은 구체적 사정에 따라 합리적으로 판단하여야 한다. 예를 들어 보자. 시가 100 달러의 코트를 1 달러에 내놓으면서 "먼저 오시는 분이 먼저 가져가세요."라고 하는 문구에서는 청약의 상대방에 대한 확정성의 문제는 나타나지 않는다. 그러면 다음과 같은 사례를 생각해 보자: A는 현상수배된 탈주자를 잡아오는 사람에게 사례금을 지급할 것을 약속하였다; 청약이 이루어지는 시기에는 청약의 상대방이 명시되어 있지 않았고, 또한 실제로 명시할 수도 없었다. 이와 같은 경우에는 요구된 행위가 이행되는 때에 청약의 상대방이 확정되어 승낙할 수 있으면 그것으로 족하다.

경매(auction)에 있어서는 당해 경매가 어떤 유형인가에 따라 청약의 상대방에 대한 확정성이 달리 판단될 수 있다. 경매는 *留保競賣*(auction with reserve)와 非留保競賣(auction without reserve)로 구분된다. 留保競賣는 경매참가인(audience)이 경매가격(bid)을 제시한 경우에도 경매인(auctioneer)이 그 조건의 수락 여부를 유보할 수 있는 경매이다. 非留保競賣는 경매인이 제시한 경매가격을 반드시 수락하여야 하는 경매이다.[27] 유보경매의 경우 경매인이 경매참가인에 대하여 행하는 입찰의 제안은 청약의 유인(invitation to offer)에 해당되며, 경매참가인에 의한 경매가격의 제시가 청약에 해당한다. 이와 달리, 비유보경매에 있어서는 경매인의 경매참가인에 대한 입찰의 제안이 청약이며, 경매참가인에 의한 경매가격 제시는 승낙이 된다. 그러므

27) 특별한 의사표시가 없는 한 경매는 留保競賣이다(UCC §2-328).

로 비유보경매에 있어서 일단 경매참가인에 의한 경매가격 제시가 있게 되면 경매자는 경매를 철회할 수 없다.

2) 계약의 주된 내용에 대한 확정성

(가) 의 미

23 청약이라고 할 수 있기 위해서는 거래의 주된 내용(subject matters)이 확정성을 가져야 한다. 법원으로서는 계약에 의하여 합의된 내용이 무엇인가 하는 것을 분명히 알아야만 그에 따라 합의의 내용을 실현시킬 수 있기 때문이다. 그러나 합의 내용이 모든 구체적인 조건(clause)을 포함하여야 할 필요는 없다. 그러한 조건이 표시되지 않았다 하더라도 이를 대체할 수 있을 만한 객관적 기준이 존재하고 있다면 그것으로 충분하다.

(나) 주요한 개별계약에 있어서 청약내용의 확정성 요건

24 청약내용의 확성성은 계약의 유형에 따라 차이가 있게 된다. 아래에서는 몇 가지 주요 유형의 계약을 들어 살피기로 한다.

가) 부동산거래계약과 고용계약

25 우선, 부동산거래(real estate transactions)의 경우에 있어서 청약자는 거래의 대상이 되는 부동산이 어떤 것인가를 쉽게 알 수 있을 정도로 특정하여야 하며, 가격조건을 명시하여야 한다.

다음으로, 고용계약(employment contract)의 경우에 있어서는 고용기간이 명시되어 있어야 한다. 기간을 명시하지 않고 성립한 고용계약은 언제든지 양 당사자 중 어느 일방의 의사에 의하여 종료될 수 있는 것으로 해석된다.

나) 물품매매계약

26 UCC 제2장(Article 2)이 규율하고 있는 물품매매계약(sale of goods)의 경우를 보기로 한다.

코먼로에 있어서 청약은 상대방이 그 청약에 동의하고 요구된 행위를 하면 바로 계약이 성립할 수 있는 것이어야 한다. 그러므로 청약의 내용은 명확하여야 하는 것이 원칙이다. 그런데 UCC는 이러한 원칙에 대하여 상당한

예외를 허용하고 있다. 이와 관련되는 UCC의 규정들은 다음과 같은 법정책적 배려에 기초한 것이다: 계약당사자는 계약을 성립시키고자 하는 의사를 분명히 가지고 있는데, 이러한 의사에도 불구하고 사소한 조건이 명확하지 않다는 이유로 계약의 성립을 부정하는 것은 원활한 계약적 거래에 장애가 된다.

UCC에 따르면, 계약조건의 일부가 정해지지 않은 경우라 하더라도, ① 각 당사자가 계약을 성립시키려는 의사를 가지고 있으며, ② 계약위반에 대비한 구제조치를 합리적으로 확정할 수 있는 충분한 근거가 마련된 경우에는 청약의 내용이 불명확하다는 이유로 이를 무효로 하지 않는다(UCC §2-204). 불명확한 부분에 관해서는 거래상의 표준조건(commercial standard)이 적용된다. 그리고 UCC는 계약조건의 일부를 정하지 않은 경우를 대비하여 그 경우에 적용될 보충규정을 마련하고 있다. 그런데 이러한 입법태도가 UCC만의 특유한 것은 아니라는 점에 유의할 필요가 있다. 우리 민법에 있어서도 계약당사자 사이에 구체적인 세부약정이 없는 경우에 대비하여 많은 보충규정을 두고 있다.[28] 다음에서는 UCC가 정하고 있는 보충규정 중에서 중요한 것들을 보기로 한다.

1) 가격조건에 대하여 보기로 한다. 가격에 관하여 완전히 결정하지 않은 경우, 가격을 별도의 합의로 정하기로 하지 않은 경우 또는 시장가격 그밖에 제3자가 정한 지표에 가격을 연동하기로 하는 합의는 있지만 그러한 지표 등이 없는 경우에는 인도시의 합리적인 가격에 의한다(UCC §2-305(1)); 매도인 또는 매수인이 가격을 결정할 수 있는 때에는 신의성실에 따라 결정하여야 한다; 양당사자의 합의가 아닌 그 외의 방법으로 추후에 가격을 결정하기로 하였는데 당사자 일방의 책임있는 사유로 인하여 가격이 결정될 수 없게 된 경우에, 타방 당사자는 계약을 해제하거나 또는 자신이 합리적인 가격을 결정할 수 있는 선택권을 갖는다(UCC §2-305(3)).

2) 인도조건에 대하여 보기로 한다: ① 물건의 인도장소는 매도인의 영

---

28) 우리 민법상 계약법 규정은 대부분 당사자의 의사를 보충하는 보충규정(내지 임의규정)이다.

업소로 한다(UCC §2-308(a)); ② 인도시기에 관해서는 상당한 때(reasonable time)로 한다(UCC §2-309(1)); ③ 인도방법이 일괄적 인도인 경우에 매도인은 계약내용에 합치하는 물품을 매수인이 처분할 수 있는 상태에 놓고 매수인이 인도받을 수 있도록 필요한 통지를 합리적으로 하여야 한다(UCC §2-307, UCC §2-503(1), UCC §2-328(1)).

3) 대금지급에 대하여 보기로 한다: ① 대금의 지급장소와 지급시기에 관해서는 매수인이 물품을 인도받는 장소 및 시기와 동일한 것으로 한다(UCC §2-310(a)); ② 지급방법에 관해서는 매도인이 법정통화로 지급할 것을 요구하는 경우를 제외하고는 통상 거래에서 일반적으로 행해지는 지급방법으로 하면 된다(UCC §2-511(2)).

4) 계약기간에 대하여 보기로 한다. 계약이 계속적 이행(successive performances)을 규정하고 있으나 그 존속기간이 분명하지 않은 때에는 그 계약은 합리적인 기간 내에서 효력이 있다고 할 것이며, 당사자 쌍방은 언제든지 계약을 해지할 수 있는 지위에 있다(UCC §2-309(2)). 그러나 해지를 함에 있어서는 상대방에게 합리적인 통지를 할 필요가 있다(UCC §2-309(3)).

5) 이행방법에 관한 선택에 대하여 보기로 한다. 물품매매계약에 있어서 물품의 선택에 관한 사항은 매수인의 권한에 속한다. 예를 들어 설명한다. 같은 종류의 동일한 연식의 자동차 30대에 관한 매매계약의 경우에 매수인은 20대는 흰색으로, 10대는 빨간색으로 골라(assortment) 매도인으로 하여금 이행하도록 요구할 수 있다. 그러나 물건의 운송에 관한 구체적인 방법 또는 준비에 관하여는 매도인에게 선택권이 있다(UCC §2-311(1)(2)).

6) 물품매매계약의 특수한 경우라고 할 수 있는 생산전량판매계약(output contract)과 필요전량구입계약(requirement contract)에 대하여 보기로 한다. 'requirement contract'란 수요자가 필요로 하는 모든 수량을 매도하기로 하는 계약을 말하며, 'output contract'란 공급자가 생산하는 모든 수량을 매수하기로 하는 계약을 말한다. 여기에서 '全量'이라는 것은 실제로 성실하

게 생산하고 또한 필요로 하는 양을 말한다. 이와 같은 계약에 있어서는 계약의 대상이 되는 수량이 구체적으로 정해져 있지는 않다. 그러나 '수요자가 필요로 하는 모든 수량' 또는 '공급자가 생산하는 모든 수량'과 같이 계약의 대상을 정할 수 있는 객관적 기준이 있다. 그러므로 계약내용의 확정성 요건을 충족하는 것으로 해석하여야 한다. 계약당사자는 신의칙에 의하여 일정한 수량에 대하여 계약을 이행할 것으로 예상한다. 그러므로 수요나 공급의 내역에 비추어 부적당한 수량을 제공하거나 요구할 수는 없다. 즉 수량을 결정하는 권한을 갖고 있는 당사자는 자신의 생산량 또는 필요량이 합리적으로 예견가능한 범위 내에서 이루어질 수 있도록 그 사업을 성실하게 경영할 의무가 있다(UCC §2-306).

7) 상당한 선택의 범위(reasonable range of choices) 내에서 일방 당사자가 지정할 수 있도록 한 합의도 확정성을 지닌 것으로 본다. 예를 들어 보자. 매도인이 매수인에게 "나는 이 오토바이들 중에서 어떤 것이든 당신에게 1000 달러에 팔겠으니 하나를 선택하라."라고 한 경우, 매수인이 그 중 하나를 선택하여 지정할 때에 계약이 성립한다.[29]

(다) 모호한 조건

27 계약당사자의 의도가 상당한 조건(reasonable terms)을 포함하는 경우라고 추정될 수 있는 경우에는 이러한 계약조건들이 명확하게 표시되지 않은 조건들을 대체할 수 있다. 그러나 계약당사자가 제시한 조건의 내용이 너무나 모호하여 실현시킬 수 없는 정도라면 당사자가 제시한 조건에 나타난 의도가 상당한 조건을 포함하는 것으로 추정할 수 없다. 다음과 같은 것은 모호한 조건(vague terms)의 예에 해당한다: ① 이윤을 '자유로운 기준(on a liberal basis)'에 의해 나누도록 하는 합의; ② 부동산을 '100만 달러 또는 그 이하의 가격'으로 매수한다는 합의.

그런데 모호성은 다음과 같은 사유에 의하여 치유될 수 있다. 첫째, 일부

29) 이와 같은 경우에 대하여 우리 민법은 선택채권관계가 성립하는 것으로 판단할 것이다. 우리 민법에서는 지정하기 전에 이미 계약이 성립하는 것으로 본다는 점에서 미국법의 태도와 차이가 있다.

의 이행(part performance)이 계약조건의 명확화를 대체할 수 있다면 모호성(vagueness)은 치유될 수 있다. 둘째, 모호성이 승낙에 의해 치유되는 경우가 있다. 모호성이 청약의 상대방에게 주어진 대체적 이행의 선택가능성에서 비롯된 것이라면, 청약의 상대방이 선택의 의사를 표시하는 순간 청약은 확정적인 것으로 본다. 예를 들어 보자. 매도인이 매수인에게 “나는 이 오토바이들 중에서 어떤 것이든 당신에게 1000 달러에 팔겠으니 하나를 선택하라.”라고 한 경우, 매수인이 그 중 하나를 선택하여 지정할 때에 계약이 성립한다.

(3) 청약내용의 피청약자에 대한 전달

28 청약이 승낙적격(power to accept)의 효력을 지니기 위해서는 피청약자는 청약의 내용에 대하여 인식하고 있어야 한다. 즉 청약의 내용이 피청약자에게 전달되어야 한다. 그리고 청약이 효력을 발생하는 시점은 청약의 의사표시가 피청약자에게 도달한 때이다.

예를 들어 보자. B는 자신의 서류가방을 분실하였다. B는 서류가방을 찾아주는 사람에게 100 달러의 사례금을 지급하겠다는 내용의 광고를 하였다. A는 B가 그러한 광고를 했다는 사실을 모르고 B가 잃어버린 서류가방을 찾아주었다. 이때 청약은 상대방에게 전달되지 않았다. 그러므로 상호간의 합의가 있었다고 볼 수 없고, 따라서 계약은 성립하지 않는다.

3. 청약의 종료

29 청약자에 의하여 부여된 승낙적격(power of acceptance)의 효력은 청약이 종료되고 나면 상실되는 것으로 본다. 청약의 효력보유기간이 종료된 후에 행해진 승낙은 유효한 승낙이 될 수 없고, 새로운 청약으로 간주될 뿐이다. 이와 같이 청약의 효력이 종료된 상황을 ‘청약의 종료(termination of offer)’라고 한다. 청약의 종료는 우리 민법상의 승낙적격의 문제로 볼 수 있다.

다음에서는 청약이 종료되었는가 여부에 대한 판단 및 청약이 종료되는 방식에 대하여 살피기로 한다. 청약의 종료사유는 크게 다음의 두 가지로 분류할 수 있다: ① 계약당사자의 행위에 의한 청약의 종료; ② 법률의 규정에 의한 청약의 종료. 아래에서는 이 구분을 기초로 청약의 종료에 대하여 살피기로 한다.

(1) 당사자의 행위에 의한 종료

30 당사자의 행위에 의한 종료(termination by act of parties)에 대하여 다음의 두 가지 방향에서 검토하기로 한다: ① 청약자의 행위에 의한 종료; ② 피청약자의 행위에 의한 종료.

1) 청약자의 행위에 의한 종료: 청약의 철회

31 청약자(offeror)는 피청약자에 의한 승낙이 있기 전까지는 자신이 행한 청약을 자유롭게 철회(revocation)할 수 있는 것이 코먼로의 원칙이다. 그러나 일정한 경우에는 청약자의 철회권이 제한된다. 다음에서는 이 청약철회자유의 원칙과 이에 대한 제한으로 나누어 설명하기로 한다.

(가) 청약철회자유의 원칙

가) 원칙의 의의와 근거

32 청약철회자유의 원칙은 미국의 계약법과 한국의 계약법이 큰 차이를 보이는 부분이다. 한국 민법은 "계약의 청약은 이를 철회하지 못한다."(한국 민법 제527조)라고 하여 청약에 구속력을 인정하고 있기 때문이다. 미국 계약법에 있어서 청약철회자유의 원칙은 공평의 관념에 기초하는 것이다. 만일 청약자에게 청약철회권을 인정해 주지 않는다면 피청약자는 계약 성립 여부를 자유롭게 선택할 수 있는 상태에 있는 반면, 청약자만이 일정기간 동안 일방적으로 구속되는 지위에 있게 된다는 점을 고려한 것이다.

나) 철회의 방식

33 철회의 방식에 특별한 제한은 없다.

가장 원칙적인 철회의 방법은 청약자가 상대방에게 직접적으로 철회의 의사를 전달하는 것이다(직접적 전달방식에 의한 철회).

청약자에 의한 청약의 철회는 직접적으로 상대방에 대하여 행해질 필요가 없다. 즉 청약자가 청약의 내용과 모순되는 것과 같은 행동을 하고 상대방이 그것을 신뢰할 수 있는 정보원으로부터 알게 된 경우에도 청약철회의 효력은 발생한다(간접적 전달방식에 의한 철회). 간접적인 방법에 의하여 청약이 종료된 것으로 보기 위해서는 다음과 같은 요건이 충족되어야 한다: ① 청약자의 상대방이 믿을 만한 출처로부터 철회에 관한 정보를 얻었을 것; ② 합리적인 보통의 사람이라면 청약자가 더 이상 청약의 의사를 가지고 있지 않다고 믿을 수밖에 없는 청약자의 행위가 있었을 것; ③ 정보가 정확한 것일 것. 예를 들어 보자. 피청약자가 승낙을 하기 전에 제3자로부터 청약자가 이미 거래의 대상이었던 토지와 건물을 다른 사람에게 매도하였다는 정보를 제공받은 경우, 청약은 철회된 것으로 볼 수 있다. 그러므로 그 청약에 대하여 승낙을 하더라도 계약은 성립하지 않는다.

신문과 같은 언론매체를 통해 청약하는 경우가 있다. 이러한 청약을 '공개청약(public offer)'이라고 한다. 이와 같은 청약에 있어서는 청약의 방법과 동일한 방법으로 철회한 경우에만 청약이 종료된 것으로 본다. 예를 들어 보자. 'New York Times'를 통해 청약을 한 경우, 그 청약은 'New York Times'를 통해서만 철회될 수 있다. 즉 'Readers Digest' 또는 다른 매체를 통해서는 철회될 수 없다.

다) 철회의 효과의 발생 시기

34 일반적으로 철회의 효과는 청약자의 상대방이 철회의사를 수령한 때에 발생한다(Second Restatement of Contract §42). 언론매체를 통하여 철회가 이루어질 경우에는 출간된 때에 철회의 효력이 발생한다. 또한 청약의 철회는 피청약자가 승낙을 하기 전에 이루어져야 한다. 청약자에 의한 청약철회의 의사가 상대방에게 도달하기 전에 상대방에 의한 승낙이 행해지는 경우에는 계약이 성립하는 것으로 된다. 이때에는 상대방의 기대권을 보호하고자

하는 것이 코먼로의 관념인 것이다.

청약자가 청약철회의 의사표시를 우편에 의하여 발송한 경우, 철회의 의사표시가 효력을 발생하기 위해서는 우편이 도착하는 시점에서 피청약자가 아직 승낙의 의사표시를 발송하지 않고 있어야 한다.[30] 이 경우에 피청약자의 입장에서 우편물 수령 사실을 모르고 승낙의 의사표시를 하더라도 계약은 성립하지 않는다는 점에 유의하여야 한다. 왜냐하면 청약의 철회는, 피청약자가 그러한 우편물이 도착했다는 사실을 실제적으로 알게 되는 시점과는 상관없이 우편물이 객관적으로 피청약자에게 도달한 시점에서 그 효력이 발생하기 때문이다.

(나) 청약자의 철회권에 대한 제한

35 청약의 철회는 청약자의 자유의사에 따라 이루어지는 것이 원칙이다. 그러나 모든 청약에 있어서 이 원칙이 적용되는 것은 아니다. 다음에서는 청약철회권이 제한되는 경우를 보기로 한다.

가) 옵션계약의 경우

36 청약자가 청약을 하면서 이를 철회하지 않을 것이라는 사실을 미리 못박아 놓는 경우가 있다. 이와 같은 경우에 대해서도 코먼로는 청약을 철회할 수 있는 것으로 해석하는 것이 일반적이다. 왜냐하면 "철회할 수 없다."라는 단서 자체를 철회한다고 보면 되기 때문이다. 한편, "철회할 수 없다."라는 단서에 약인(consideration)이 부여된 경우에는 어떠한가? 이러한 경우에 있어서 약인은 일반적으로 일정액의 금전인 경우가 많다. 이와 같은 계약은 옵션계약(option contract)[31]으로 볼 수 있는데, 옵션계약에 있어서 청약자는 청약을 철회할 수 없다. 피청약자가 청약자의 청약을 승낙하여 계약

30) 다음에서 보는 바와 같이, 승낙은 'mailbox rule'이 적용되어 의사표시를 발송한 때에 그 효력이 발생한다. 이는 우리 민법상 도달주의의 원칙(한국민법 제111조 제1항)에 대한 예외를 정하고 있는 제531조와 유사한 면이 있다.

31) Restatement가 규정하고 있는 옵션계약의 일반적 개념은 다음과 같다: 옵션계약이라 함은 계약성립요건을 구비하고 있으면서 청약자의 청약철회권을 제한하는 내용의 약관이 포함된 계약이다(Second Restatement of Contract §25).

을 체결할 것인가 아니면 계약의 체결을 포기할 것인가를 생각할 수 있는 고려기간을 일정한 대가를 주고 구입한 것으로 보아야 하기 때문이다.

Restatement는 옵션계약이 서면으로 행해지고 그 서면에 청약자의 서명이 있으며 약인이 표시되어 있는 경우에, 계약의 내용이 공정하며 옵션기간이 상당한 것이라면 비록 현실적으로 금전을 지급하지 않았다 하더라도 계약으로서 구속력을 가지는 것으로 규정하고 있다(Second Restatement of Contract §87(1)).

나) 확정청약의 경우

37 상인(merchant)[32]이 청약을 하면서 서명된 문서로(in a signed writing) 청약을 철회하지 않겠다는 약속을 한 경우에는 약인의 지급이 없다 하더라도 철회가 허용되지 않는데, 이와 같은 청약을 '확정청약(firm offer)'이라고 한다(UCC §2-205 참조). 상인이 현재 유효한 청약을 일정한 기간 동안 철회하지 않겠다는 의사를 표명한 경우 그것에 법적 구속력을 부여하겠다는 것이다. 확정청약에 따라 청약을 철회할 수 없는 기간을 특정한 때에는 그 기간에 한하여 철회할 수 없으며, 특별한 기간을 두고 있지 않은 때에는 상당한[33] 기간 동안 철회할 수 없다. 그러나 청약불철회특약의 기간이 명시되어 있든 그렇지 않든 상관없이 어떤 경우에도 철회할 수 없는 기간이 3개월을 넘을 수는 없다. 물론 약인이 부여된 확정청약의 경우에는 이 3개월의 제한을 받지 않는 것으로 해석하여야 한다.

다) 손해유발신뢰

38 피청약자가 청약의 의사표시를 수령하고 그 청약을 신뢰함에 따라, 만일 청약이 철회되면 피청약자에게 손해를 초래할 수 있는 상황이 있을 수

---

32) UCC가 정의하고 있는 '상인(merchant)'의 개념은 다음과 같다(UCC §2-104(1)): "상인이라 함은 일정한 종류의 물건을 거래하는 자 또는 그러한 자의 직업상 그 거래에 관계된 관행 또는 물건에 특유하는 지식 또는 기술을 가지고 있는 것으로 자기를 표명하는 자 또는 이러한 지식 또는 기술을 가지고 있는 것으로 자기를 표명하는 대리인(agent), 중개인(broker) 또는 기타의 매개자(intermediary)를 고용함으로써 이러한 지식 또는 기술을 가지고 있다고 하는 자를 말한다."

33) 상당성 여부는 구체적인 사정에 따라 법원이 정하게 된다.

있다. 이와 같이 청약자에 의한 청약철회가 피청약자에 대하여 손해를 발생시킬 수 있는 경우를 손해유발신뢰(detrimental reliance)라 하며, 이 경우에는 청약을 철회할 수 없다. 즉 청약이 철회되면 상대방에게 손해가 일어날 것이라는 사실을 청약자가 합리적으로 예견(reasonably foreseeable)할 수 있는 경우라면 그 청약은 옵션계약에서와 마찬가지로 상당한 기간 동안 철회할 수 없다. 그러므로 손해유발신뢰로 인한 손해를 입은 피청약자는 그가 신뢰한 부분에 대하여 법적 구제를 받을 수 있는 권리를 지닌다(Second Restatement of Contract §87(2)). 이것은 금반언법리의 한 모습으로 볼 수 있다.

하나의 사례를 들어보기로 한다.[34] 사실관계는 다음과 같다: 1955년 7월 28일 종합도급업자인 원고는 학교의 건축공사에 관하여 317,385 달러에 낙찰을 받았다; 그 지방의 관습에 따르면, 입찰 당일 종합도급업자는 하도급업자의 입찰을 받은 후 전체공사비를 계산하고 입찰하는 방법을 채택하고 있었다; 입찰 당일 원고는 포장공사를 위하여 50개 이상의 하도급업자로부터 전화에 의한 입찰을 받았다; 여러 업자 중에서 피고의 입찰액이 7,131 달러로서 최저였으므로 그에게 그 공사부분이 낙찰되어 원고는 포장하도급업자란에 피고의 이름을 기재하고 학교의 건축공사의 입찰을 행하였다; 그런데 다음날 아침 피고는 자신의 입찰에 계산상 착오가 있었다면서 15,000 달러 이하의 가격으로는 포장공사를 할 수 없다고 말하였다; 이에 따라 원고는 다른 포장업자를 찾았고 그 포장업자와 10,948 달러로 포장공사계약을 체결하였다; 그리고 원고는 피고에게 3,817 달러(10,948 달러와 7,131 달러의 차액)의 손해배상을 요구하였다. 법원의 판결요지는 다음과 같다: 포장업자가 종합도급업자에 대해 포장공사의 입찰을 하고, 그 입찰에서는 포장도급업자의 철회권에 관하여 아무런 언급을 하고 있지 않았으며, 종합도급업자가 주된 계약에 관하여 낙찰을 받았던 입찰을 할 당시에 포장업자의 입찰가격을 고려하여 자신의 입찰가격을 정했을 것이다; 그리고 포장업자를 신뢰한 종합도급업자는 돌이킬 수 없는 입찰을 행하였다; 따라서 피고의 입찰이

34) Drennan v. Star Paving Co. (1958)

착오의 결과라고 하는 사실은 계약을 취소할 수 있는 항변으로 인정되지 않는다; 그러므로 피고는 원고에게 손해를 배상하여야 한다.

라) 일부이행

(A) 일방계약에서의 일부이행

A) 의 의

39 일방계약은 피청약자의 현실적 이행행위가 승낙에 해당한다. 피청약자 측에서 청약자가 요구한 행위를 개시한 후 청약자가 그 청약을 철회한다면 어떻게 처리하여야 할까? 이에 관한 리딩케이스로서 'Blue Clean Bridge' 사안이 있다. 이 사안의 사실관계는 다음과 같다: A가 B에 대하여 "당신이 블루크린 다리를 건너간다면 나는 당신에게 100 달러를 지불하겠다."라고 약속하였다; B는 그 약속을 믿고 다리를 건너가기 시작하였다: 반 정도 건너갈 무렵 A는 B에게 자신의 청약을 철회한다고 말하였다. 청약철회자유의 원칙에 따라 판단한다면, 철회가 허용되는 것으로 보아야 한다. 다리를 완전히 건너야만 승낙이 있는 것으로 되는 것이므로 다리를 반 정도 건넌 상황에서는 청약자는 자유로이 철회할 수 있다고 하여야 한다. 그러나 법원은, 상대방이 일단 이행에 착수한 경우에는 비록 이행행위를 완성하기 전이라 하더라도 청약을 철회할 수는 없다고 판시하였다. Restatement도 같은 취지의 규정을 두고 있다(Second Restatement of Contract §45(1)): "청약자가 상대방의 '이행을 통한 승낙'을 요구하는 경우에 피청약자가 요구된 이행행위를 제공 또는 개시하거나 그 개시를 제공한 때에는 옵션계약이 성립한다."

이와 같이 일방계약에 있어서 일부이행(part performance)은 청약철회의 자유를 제한하는 요소로 작용한다. 그런데 이러한 법리는 단순한 이행의 사전준비행위(mere preparation)의 경우에는 적용되지 않는다. 문제의 행위가 일부이행인가 아니면 사전준비행위인가 하는 구별은 구체적 사정에 따라 법원에서 판단할 수밖에 없다. 주의할 것은 이행의 사전준비행위라도 위에서 말한 손해유발신뢰(detrimental reliance)의 요건을 충족시키는 경우에는 청약의 철회가 허용되지 않는다는 것이다.

피청약자가 이행제공에 해당하는 행위를 하였으나 청약자가 이를 거부한 경우에는 어떻게 되는가? 만일 피청약자의 이행을 위하여 청약자의 협조가 반드시 필요한 경우라면 이행행위의 수령을 거절하는 행위는 일부이행이 된 것과 동일한 것으로 본다.

B) 구체적인 법기술

40 일방계약에 있어서 일부이행의 개념을 가지고 청약자의 철회자유를 제한하고, 그 결과 계약당사자의 이익을 조정하기 위하여 법원이 어떠한 법기술을 활용하고 있는가 하는 것을 보기로 한다.

(a) 상당한 기간 안에서 묵시적 계약으로 추정

41 일방계약은 피청약자에 의한 이행이 완료된 때에야 비로소 성립하는 것이 원칙이다. 그러나 피청약자가 일단 이행에 착수하면 그에게는 이행을 완료하기까지 상당한 기간이 부여되며 그 기간 동안에는 청약자가 청약을 철회할 수 없다. 청약자가 청약을 철회할 수 없다고 하여 피청약자가 청약자의 청약에 구속되는 것은 아니라는 사실에 유의하여야 한다. 이행이 완료되기 전까지 피청약자는 언제든지 행위를 중지할 수 있다.

예를 들어 보자. A는 B에게 자신의 집에 페인트 칠을 해주면 500 달러를 주겠다고 청약하면서, 반드시 페인트 칠을 완료해야 계약이 성립된다는 조건을 붙였다. B는 A의 집에 페인트를 칠하기 시작하였는데, A는 그의 청약을 철회하고자 한다. 그러나 B가 페인트 칠을 하는 순간부터 B에게는 그 일을 완료하기 위한 상당한 기간이 부여되므로 A는 청약을 철회할 수 없다.[35] 만약 B가 계속하여 페인트 칠을 하는 것을 허용하지 않고자 한다면 A는 계약위반을 이유로 하여 손해를 배상할 책임을 지게 된다.

35) 만일 이 계약이 쌍방계약이었다면, 페인트를 칠하기 시작하는 행위가 묵시적인 승낙의 의사표시로 간주될 것이다. 그러므로 이 경우에는 특별한 원칙을 고려할 필요도 없이 청약자는 청약을 철회할 수 없다. 왜냐하면 계약은 이미 성립한 것이기 때문이다. 이와 같이 문제의 계약이 일방계약이든 아니면 쌍방계약이든 간에 일단 일부의 이행이 있으면 청약을 철회할 수 없다는 점은 동일하다. 그러나 청약의 상대방이 계약내용의 일부를 이행한 이후 더 이상 이행을 원하지 않는 경우에 이행을 중지할 수 있는지의 여부에 있어서는 차이가 있다. 일방계약의 경우에는 이행을 중지할 수 있다. 왜냐하면 아직 승낙이 이루어지지 않았기 때문이다. 그러나 쌍방계약의 경우에는 이미 승낙이 이루어진 것이므로 계약을 계속 이행하여야 한다.

이 문제에 대한 규범내용은 First Restatement of Contract와 Second Restatement of Contract에서 약간의 차이가 있다. First Restatement의 태도는 다음과 같다(First Restatement of Contract §45 참조): 피청약자가 이행에 착수하는 순간 계약은 성립된 것으로 본다; 그러나 청약자의 이행의무는 피청약자에게 요구된 행위가 상당한 기간 내에 또는 청약에 명시된 기간 내에 완료되는 것을 조건(condition)으로 하여 발생한다. Second Restatement의 태도는 다음과 같다(Second Restatement of Contract §45 참조): 피청약자가 이행에 착수하는 때에 옵션계약이 성립된 것으로 보아 청약자는 상당한 기간 동안 청약을 철회할 수 없다. Second Restatement는 마치 피청약자가 청약자에게 약인을 제공하고 상당한 기간 동안 청약을 철회할 수 없도록 하는 내용의 특약을 맺은 경우와 유사한 것으로 본다.

(b) 연속적 행위에 있어서의 가분성

42 양 당사자에게 부과된 약인이 가분성(divisibility)을 가지는 경우에 대하여 법원은 당해 일방계약이 수 개의 독립된 계약으로 구성된 것으로 본다. 그리하여 피청약자가 수 개로 구분된 청약 중 하나에 응하여 이행행위를 함으로써 승낙을 하게 되면 청약자는 그 부분의 계약에 구속되고 그 특정 부분에 대하여 계약상의 의무를 부담하게 된다. 물론 청약자는 연속된 행위 중에서 피청약자가 아직 이행에 착수하지 않은 장래의 행위에 대하여는 청약을 철회할 수 있다.

(c) 피청약자가 행한 기이행 부분에 대한 보상

43 피청약자가 청약을 신뢰하여 이미 이행한 부분이 있는 경우에 대하여 법원은 청약자가 대가를 지급하는 것을 조건으로 하여 청약자로 하여금 청약을 철회할 수 있도록 한다. 보상범위는 피청약자의 신뢰가 얼마나 합리적인 것이었는가에 따라 달라진다. 이 때 피청약자의 신뢰이익(reliance interest)은 청약자가 제공하기로 한 이익의 가치를 초과할 수도 있다.

(B) 쌍방계약에서의 일부이행

44 쌍방계약에 있어서 청약은 특별한 승낙의 방식을 요구하지 않는다. 그

러므로 쌍방계약은 피청약자가 이행에 착수하는 순간 성립할 수도 있다. 즉 이행의 착수가 묵시적 승낙으로 되어 계약이 성립하게 된다. 따라서 청약자에 의한 청약의 철회는 불가능한 것으로 된다.

2) 피청약자의 행위에 의한 종료

(가) 승낙의 거절

가) 의미와 분류

45 승낙의 거절(rejection)이란 청약자의 청약에 대하여 피청약자가 계약을 성립시킬 의사가 없음을 밝히는 의사표시이다. 승낙의 거절이 있게 되면 청약의 효력이 종료되므로 그 후에 다시 거절의 의사를 철회하여 승낙하여도 계약은 성립하지 않는다. 다만 옵션이 부가된 청약의 경우에는 일단 거절의 의사표시를 했다 하더라도 옵션이 적용되는 기간 동안에는 다시 승낙할 수 있는 것으로 해석된다.[36] 거절은 청약자가 그 의사표시를 수령한 때에 효력을 발생한다. 그러므로 거절의 의사표시를 우편으로 발송하는 경우에는 청약자가 그 우편을 접수한 때에 거절의 효력이 발생한다.

청약이 거절된 경우라 하더라도 청약자는 같은 내용의 청약을 다시 함으로써 새로운 승낙적격의 효력을 발생시킬 수 있다. 일부 법원은 이를 '청약의 반복(revival of offer)'[37]이라고 한다.

승낙거절의 방식은 명시적일 수도 있고 간접적인 것일 수도 있다. 명시적인 거절에 대해서는 이론상 특별한 문제가 없다. 그러므로 다음에서는 간접적인 거절의 경우를 살피고자 한다. 승낙의 거절로 인정되는 간접적인 행위에는 반대청약과 조건부승낙이 있다.

나) 반대청약

47 반대청약(counter-offer)이란 피청약자가 청약과 다른 내용의 새로운 청

---

36) 그러나 청약자가 거절의 의사표시를 신뢰하여 계약의 목적물을 타인에게 매도한 경우 등에 있어서는 '손해유발신뢰(detrimental reliance)'가 발생하므로 다시 승낙할 수 없는 것으로 본다.

37) 그러나 비록 청약의 내용이 본래의 청약의 내용과 동일하다 하더라도 이는 새로운 청약으로 보는 것이 이론적으로 정확한 태도일 것이다.

약을 하는 것이다. 이것은 한국민법 제534조의 규정내용에 상응한다. 예를 들어 보자. A가 특정물건을 200 달러에 매도하겠다고 B에게 청약을 하였는데, B가 100 달러의 가격이라면 매수하겠다고 하는 경우이다. 이와 같은 경우에는 A의 B에 대한 청약의 효력이 상실되고 B가 A에게 새로운 청약을 한 것으로 해석한다. 그러므로 A가 B의 새로운 청약에 대하여 승낙을 하면 100 달러에 계약이 성립한다.

반내청악과 구벌하여야 할 섯 중에 'ınquiry'와 'grumbling acceptance'가 있다.

'inquiry'란, 문자 그대로 상대방의 의사를 탐색하는 것으로 좀 더 유리한 계약을 성립시키기 위하여 새로운 조건을 제시하는 교섭행위이다. 즉 피청약자가 청약자의 청약을 그대로 받아들여 계약을 성립시킬 수도 있지만 부수적 사항이나 계약에 의해 부과된 의무에 대하여 청약자에게 질문을 하는 것이다. 예를 들어 보자. A가 특정물건을 200 달러에 매도하겠다고 B에게 청약을 하였고, B는 100 달러로 매매대금을 인하할 의향이 없는가 하는 것을 단순히 탐색하고 있다. 이 경우에는 청약이 여전히 효력을 보유하고 있다. 그러므로 B로서는 200 달러에 물건을 매수하겠다는 승낙을 할 수 있다. 다음과 같은 사례도 생각해 보자. "나는 아직도 생각 중이다. 그러나 당신이 만약 가격을 좀 낮춰 준다면 지금이라도 당장 답을 줄 수 있다."라는 말은 단순한 inquiry에 불과하고 승낙의 거절로 볼 수 없다.

'grumbling acceptance'란 청약자가 제시한 조건을 결국 승낙하기는 하되, 계약조건에 대하여 단순히 불만을 토로하는 것이다.

구체적인 경우에 있어서 그것이 반대청약인가 아니면 'inquiry' 또는 'grumbling acceptance'인가 하는 것이 언제나 명확한 것은 아니다. 이들의 구별에 대한 판단은 합리적인 보통사람의 기준에 의한다. 반대청약과 'inquiry' 또는 'grumbling acceptance'의 구별은 상대적인 것으로서 청약을 거부할 의사가 확정적인가 여부에 따라 판단할 문제이다.

다) 조건부승낙

'조건부승낙(conditional acceptance)'이란 청약에 대하여 피청약자가 승낙을 하기는 하되, 계약내용에 부가적인(additional) 또는 계약내용과 상이한(different) 조건을 붙이면서 이 조건이 받아들여지지 않으면 계약이 성립되지 않음을 명시적으로 표시하는 것이다. 예를 들어 보자. 컴퓨터 판매자가 특정 컴퓨터를 품질보증(warranty) 없이 1000 달러에 팔 것을 구매자에게 제시하여 청약하였는데, 구매자가 컴퓨터 구매제안을 받아들이기는 하되 1년간의 품질보증이 있어야만 사겠다고 하면서 이러한 조건이 받아들여지지 않으면 계약이 성립할 수 없다고 명시한 경우이다. 이와 같은 조건부승낙은 반대청약과 실제상 아무런 차이가 없는 것이다. 그러므로 청약의 효력은 상실되고 청약자가 새로운 조건에 동의하지 않는 한 어떠한 경우에도 계약은 성립하지 않는다.

피청약자가 새로운 조건을 제시하면서 그 조건이 받아들여지지 않으면 계약이 성립하지 않는다는 사실을 명백하게 표명한 경우에 대해서는 위에서 본 바와 같이 이해하면 된다. 그런데 그 조건이 받아들여지지 않으면 계약이 성립하지 않는다는 사실을 명시적으로 표현하지 않은 경우는 어떻게 처리하여야 하는가? 이 문제에 대해서는 코먼로가 적용되는 경우와 UCC가 적용되는 계약(물품매매계약) 사이에 차이가 있다. 다음에서는 이에 대하여 살피기로 한다.

(A) 코먼로가 적용되는 계약

48 코먼로가 적용되는 계약(즉 물품매매 이외의 계약)에 있어서는 'mirror image rule'이 적용된다. 'mirror image rule'이란 승낙과 청약의 내용이 마치 거울 이미지(mirror image)와 같이 동일하여야만 계약이 성립하는 것으로 하는 원칙이다. 그러므로 이 원칙이 적용되는 계약의 경우에는, 조건이 받아들여지지 않으면 계약이 성립하지 않는다는 사실을 명시적으로 표현하였는가 여부와 상관없이, 아무리 사소한 조건이라도 청약에 없는 조건을 부가하게 되면 자동적으로 청약의 효력이 상실되고 계약은 성립하지 않는다.

(B) UCC가 적용되는 계약

49 조건이 받아들여지지 않으면 계약이 성립하지 않는다는 것을 명시적으로 표현하지 않은 경우 중에서, UCC가 적용되는 물품매매에 대하여 보기로 한다. UCC의 규정에 따라, 다음과 같은 두 가지 경우로 나누어 살피기로 한다(UCC §2-207 참조): ① 청약자의 청약에 대하여 피청약자가 제시한 조건이 단순히 부가적인(additional) 경우; ② 청약자의 청약에 대하여 피청약자가 제시한 조건이 상이한(different) 경우.

A) 조건이 단순히 부가적인 경우

50 청약에서 아무런 언급이 없는 부분에 대하여 피청약자가 조건을 부가한 경우이다. 이 경우는 다시 두 가지로 세분된다: ① 계약당사자 일방만이 상인[38]인 경우; ② 계약당사자 쌍방이 상인인 경우.

(a) 계약당사자 일방만이 상인인 경우

51 계약당사자 중에서 일방이 상인(merchant)이 아닌 때에는, 피청약자가 제시한 새로운 조건을 제외한 부분에 대해서만 계약이 성립한다. 다음과 같은 예를 들어 보자: 소비자가 일정 수량의 물품의 구매를 판매자에게 청약하였다; 피청약자인 판매자는 계약이행의 과정에서 발생하는 분쟁의 해결에 관한 조항을 삽입하여 승낙하였다. 이 경우에 청약자가 그 분쟁해결 조항에 대하여 명시적으로 동의하지 않는 한 이 조항을 제외한 나머지 부분에 대해서만 계약이 성립한다.[39]

(b) 계약당사자 쌍방이 상인인 경우

52 계약당사자 쌍방이 모두 상인인 경우에는 다음과 같은 요건이 충족되는 경우에 한하여 청약의 상대방이 제시한 것도 계약의 내용이 된다: ① 청약자가 상당한 기간 내에 피청약자가 제시한 조건에 대하여 반대의사를 표시하지 않을 것; ② 부가된 조건이 계약의 내용을 본질적으로(materially) 변경시키는 것이 아닐 것.

예를 들어 보자. 도매상이 물품생산자에게 일정물품의 매수를 청약하였

38) 상인의 의미에 대해서는 이 책 37 참조.
39) 즉 청약의 상대방이 제시한 새로운 조건은 별도의 청약으로 간주되는 것이다.

다; 피청약자인 생산자가 물품배달 수단을 지정하여 승낙하였다; 이에 대하여 청약자는 상당기간이 지나도록 반대의사를 표시하지 않았다. 이때에는 청약의 상대방이 제시한 대로 계약이 성립한다. 그러나 생산자가 품질보증(warranty)을 부정하는 조항을 삽입한 때에는, 계약의 내용을 본질적으로 변경하는 것으로 간주되어 도매상이 상당기간 내에 반대의 의사를 표시하지 않는다 하더라도 계약내용에 포함되지 않는다.

B) 조건이 상이한 경우

53 피청약자가 제시한 조건이 원래의 청약내용과 다른 경우에 그 부분을 제외한 나머지 합의사항을 내용으로 하는 계약이 성립함은 UCC의 규범취지상 의문의 여지가 없다. 그러나 청약의 내용과 상이한 부분의 효력이 어떠한가에 대하여 UCC는 침묵하고 있다. 다음과 같은 예를 들어 보자: A가 물품매매계약의 체결을 위한 청약을 하면서 그 계약에 관한 분쟁은 뉴욕州 법원에서 해결할 것을 명시하였다; 피청약자는 나머지 사항에 대해서는 완전히 동의하면서 다만 분쟁의 해결은 청약자의 제안과 달리 중재(arbitration)에 의할 것을 제시하였다. 이 경우의 분쟁해결에 대하여 UCC에는 명확한 규정이 없다.

이와 같은 경우에 다수의 법원은 'knockout rule'을 적용한다. 'knockout rule'이란 청약자의 제안내용과 피청약자의 제안내용에 있어서 상충되는 부분은 서로를 계약으로부터 knockout시켜 이에 대해서는 아무런 합의내용도 없는 것으로 하는 것이다. 앞의 사례에 대하여 이 원칙을 적용하면, 결국 분쟁의 해결에 대해서는 계약상으로는 아무런 조항도 없는 것으로 되고, 따라서 이 계약의 분쟁에 대한 해결은 일반원칙상 재판관할권(jurisdiction)을 가지는 법원의 관할에 속하게 된다.

(나) 시간의 경과

54 시간의 경과(lapse of time)로 인하여 청약은 승낙적격을 상실한다. 피청약자는 승낙을 위하여 제시된 명시적 기간 내에 승낙을 하여야 한다. 만일 기간이 명시되지 않은 경우에는 상당한 기간 내에 승낙을 하여야 한다. 그

러한 기간 내에 승낙을 하지 않은 경우에는 피청약자가 청약의 종료를 허락한 것으로 본다. 청약자가 제시한 승낙기간이 명료하지 않은 경우에는 합리적인 보통사람을 기준으로 하여 판단한다.

청약자는 청약을 함에 있어서 청약의 효력이 일정 기간의 만료로 종료할 수 있다는 점과 그러한 기간은 피청약자가 청약을 접수한 때로부터 기산된다는 점을 명백히 할 수 있다. 청약이 연착되었다는 사실을 피청약자가 알거나 알 수 있었을 경우에는, 그러한 연착이 없었더라면 만료되었을 시점에 청약은 종료하는 것으로 본다. 피청약자가 연착의 사실을 알고 있었는지, 알 수 있었는지의 여부는 존재하는 관련사항을 모두 고려하여 판단한다. 이러한 판단요소로는 편지를 쓴 날짜, 우편소인, 청약자가 한 실질적인 발언 내용 등을 들 수 있다.

앞에서의 설명을 사례를 들어 설명하면 다음과 같다.

① A가 B에게 10일간의 승낙기간을 정한 청약을 9월 1일에 우편으로 발송하고 통상적인 예에 따라 9월 3일에 편지가 B에게 도착하였다면 그 청약은 9월 3일에 효력을 발생하고, 9월 13일에 승낙적격을 상실한다.

② 만약 우편이 연착하고 피청약자가 그 사실을 알았거나 알 수 있었던 때에는 청약자의 청약의 승낙기간은 우편이 통상 도달할 수 있는 때로부터 기산한다. 따라서 편지에 9월 1일의 소인이 압날되어 있고 통상적으로는 2일이면 도착할 것이었다면, 비록 그 편지가 9월 12일에 도착한다 하더라도 그 청약은 9월 3일에 효력을 발생하고 9월 13일에 소멸한다. 그러나 피청약자가 그 편지의 연착사실을 몰랐던 경우에는 그 편지의 내용으로부터 만들어지는 피청약자의 합리적인 기대는 보호되며 피청약자의 도착한 날로부터 10일간의 승낙기간을 갖게 된다.

(2) 법률의 규정에 의한 종료

55 다음에서는 법률의 규정에 의하여 청약의 효력이 종료되는 경우를 보기로 한다.

1) 당사자의 사망 또는 무능력에 의한 종료

56 계약의 일방 당사자가 청약을 한 후 승낙이 있기 전에 사망하거나 법원으로부터 무능력(insanity) 판결을 받게 되면 청약의 효력이 종료된다. 이 경우에 사망의 사실이나 무능력판결 사실이 타방 당사자에게 전달되어야 할 필요는 없다. 그러므로 청약자의 사망 또는 무능력판결 사실을 모르고 승낙한다 하더라도 계약은 성립하지 않는다.[40] 청약자가 사망한 경우 그 청약자의 상속인이 같은 계약을 체결하기를 원한다면 다시 청약을 하여야 한다.

그러나 청약자가 원래 철회할 수 없는 청약의 경우에는 사망이나 무능력으로 인해 청약의 효력이 종료하지 않는다. 예컨대, 옵션계약에서는 상대방이 청약불철회에 대한 약인(consideration)을 지급하였으므로 청약은 철회할 수 없는 것이 된다.

2) 청약의 본질적인 내용의 파괴

57 청약의 본질적인 내용의 파괴(destruction of subject matter)는 승낙적격의 효력을 종료시킨다. 본질적인 내용의 예로는, 계약의 이행에 불가결한 자의 사망 또는 계약의 목적물의 멸실과 같은 것을 들 수 있다.

예를 들어 보기로 한다: A가 B에게 특정의 승마용 말을 매도하고자 하는 청약을 하였다; 그러나 B로부터의 승낙이 있기 전에 그 말이 죽어버렸다면 그 청약은 효력을 잃는다.[41]

3) 청약이 추구하는 계약의 내용이 법적으로 금지된 경우

58 청약과 그에 대한 승낙을 통하여 성립시키고자 하는 계약의 주된 사항이 불법인 경우, 청약의 효력은 종료된다.

예를 들어 보자. A는 B에게 그의 카지노 사업의 주식을 인수할 것을 청약하였다. 그러나 승낙이 있기 전에 카지노를 금하는 법이 통과되었다면, 그 청약의 효력은 자동적으로 종료된다.

---

40) 청약자가 정신이상의 증세를 보이고 있으나 법원에 의하여 무능력 판결이 없는 경우에는 피청약자가 청약자의 정신이상 사실을 인식한 때에 한하여 청약의 효력이 종료된다.

41) 만약 그 말이 승낙 후에 죽었다면 이는 이행불능의 문제로 되는데, 이에 대해서는 계약의 이행을 논의할 때 살피기로 한다(이 책 222 이하 참조).

Ⅲ. 승 낙

1. 승낙의 개념

59 승낙(acceptance)이라 함은 청약에 의해서 요구되는 방법으로 청약의 내용에 대하여 피청약자가 행하는 동의의 표시이다(Second Restatement of Contract §50(1)). 이러한 동의의 표시를 통해 피청약자는 청약자가 그에게 제시한 내용의 계약을 성립시킬 수 있는 권한을 행사하게 된다. 단순히 청약의 내용에 대하여 문의하거나 확인하는 것은 승낙이라고 할 수 없다.

동일한 내용의 청약이 우편으로 서로 교차한 교차청약(crossing offers)의 효력은 어떠한가? 이 경우에는 비록 의사가 합치되는 것처럼 보이기는 하지만 계약이 성립하지는 않는다. 왜냐하면 청약이 있었다는 인식 없이는 승낙을 할 수가 없기 때문이다.[42]

쌍방계약의 성립을 위한 승낙은 '피청약자의 약속'이며, 일방계약의 성립을 위한 승낙은 '피청약자의 행위'이다. 어떤 경우이든 청약자가 청약에서 요구한 방법으로 승낙이 이루어져야 한다. 이와 같이 승낙은 청약에 의해 그 수단과 방법이 규율된다는 의미에서 "청약자는 청약의 주인이다(The offeror is the master of his offer)."라는 표현을 쓰기도 한다.

2. 승낙의 주체

60 일반적으로 청약의 상대방인 피청약자만이 승낙을 할 수 있는 권한을 지닌다. 이는 청약이 피청약자 자신에 의한 이행이나 피청약자의 특별한 재정적 능력을 고려한 경우가 아니라 하더라도 마찬가지이다. 또한 청약의 대상이 된 집단의 구성원도 역시 승낙의 권한을 가질 수 있다. 청약이 일반 대중을 대상으로 한 경우에는 누구든지 청약의 상대방이 될 수 있다. 한편, 청약이 불특정 다수인에 대한 것이고 특정 행위의 이행을 요구하는 것인 때에

42) 우리 민법의 태도와는 상당한 차이를 보이는 부분이다(한국민법 제533조 참조).

는, 한 사람의 이행행위가 있으면 그 후 다른 사람의 승낙권한은 사라진다. 단, 청약자가 하나의 이행만을 원하며 두 번째 이상은 대가를 지급할 의사를 가지고 있지 않음을 명시하지 않았다면, 한 사람에 의한 이행이 있다고 하더라도 다른 사람이 승낙할 수 있다.

승낙할 수 있는 권한의 양도 또는 상속이 가능한가? 기존에 이미 성립된 계약에 의하여 발생된 권리와 달리, 피청약자가 지니는 승낙할 수 있는 권한은 상속 또는 양도의 대상이 되지 않는다. 그러나 옵션계약에서의 승낙할 수 있는 권한은 그렇지 않다고 해석하여야 한다. 옵션계약의 경우에는 승낙할 수 있는 권한 자체가 계약상의 권리를 구성하는 것으로 보아야 하기 때문이다.

3. 승낙의 내용: 승낙의 명백성

61 전통적인 계약법은 청약에 대응하여 행해지는 승낙이 무조건적이고 명백할 것을 요구하였다. 이에 관해서 코먼로의 원칙과 UCC의 규율내용으로 구분하여 살피기로 한다.

(1) 코먼로가 적용되는 경우

62 코먼로에서는 승낙의 의사표시에서 계약내용과 상이한 또는 부가적인 조건을 붙인 경우 거절의 의사표시 내지는 반대청약(counter-offer)으로 해석한다. 반대청약과 구별하여야 할 것 중에 'inquiry'와 'grumbling acceptance'가 있는데 이에 대해서는 이미 설명하였다.[43)]

(2) UCC가 적용되는 경우

63 물품매매계약에 적용되는 UCC의 규정에 의하면, 피청약자가 청약의 내용과 상이하거나 부가적인 조건을 붙이는 경우라 하더라도, 그것이 명확하고 승낙적격 기간 내에 행해진 것이라면 거절이나 반대청약으로 보지 않

43) 이에 대해서는 이 책 46 참조.

는다.[44] 즉 상대방이 새로운 조건을 제시하면서 그 조건이 받아들여지지 않으면 계약이 성립하지 않음을 명시적으로 표시하는 경우를 제외하고는 이 역시 단순한 승낙의 의사표시로 본다. 부가적(additional) 또는 상이한(different) 내용의 조건이 계약의 일부를 이루는가 여부는 계약당사자가 상인인가 여부에 따라 달라진다.

1) 계약당사자 일방만이 상인인 경우[45]

64 계약의 일방 또는 쌍방 당사자가 상인이 아닌 경우, 피청약자가 새로운 내용 내지는 상이한 내용의 조건을 붙였다 하더라도 이는 계약의 내용을 수정하려는 단순한 제시에 불과한 것이지 계약내용의 일부를 구성하지 않는다. 단, 청약자가 동의하는 경우에는 계약내용의 일부를 구성할 수 있다.

2) 계약당사자 쌍방이 상인인 경우[46]

65 계약의 쌍방 당사자가 상인인 경우, 피청약자가 제시한 새로운 내용 내지는 상이한 내용의 조건은 자동적으로 계약내용의 일부를 이룬다. 단, 다음의 경우는 예외로 한다: ① 청약의 본질적인 내용을 수정하는 경우(예: 당사자의 위험부담의 내용을 수정하는 경우); ② 청약자가 명시적으로 승낙의 내용을 청약자 자신이 제시한 청약의 내용에 한정한 경우; ③ 청약자가 청약을 함에 있어서 이미 피청약자가 제시하는 특정조건에 대하여 반대의 의사를 표명했거나 또는 새로운 조건이 붙은 승낙의 통지를 받고 상당한 기간 내에 상대방이 제시한 그 조건에 대하여 반대의사를 표명한 경우.

4. 승낙의 의사표시의 전달

66 승낙의 의사표시는 청약자에게 명시적으로 전달되어야 하는 것이 일반적인 원칙이다. 그러나 이러한 원칙에는 예외가 있다. 그러므로 원칙과 예외로 구분하여 살피기로 한다.

---

44) 이에 대해서는 이 책 49 이하 참조.
45) 이 책 51 의 설명과 동일한 내용이다.
46) 이 책 52 의 설명과 동일한 내용이다.

(1) 원칙적인 경우

1) 전달 여부의 판단기준: 객관적 기준

67 청약의 경우에서와 마찬가지로 승낙의 의사표시가 상대방에게 전달되었는가 하는 것은 객관적인 기준에 의하여 판단하며 승낙의 의사표시의 수령자(즉 청약자)의 주관적인 상태는 고려하지 않는다.[47)]

2) 승낙의 효력발생 시기

68 청약자는 청약의 의사표시를 하면서 승낙의 효력발생 시기를 특정할 수 있다. 예컨대, 청약자가 "승낙의 의사표시가 내가 있는 곳에 실제로 도달되었을 때에야 비로소 승낙의 효력이 발생한다."라고 하였다면 승낙이 청약자에게 도달함으로써 계약이 성립한다. 그러나 청약에서 이러한 규율을 하지 않은 경우로서 특히 격지자간의 계약에 있어서 승낙의 효력발생 시기에 대해서는 유의하여야 할 부분이 있다.[48)] 코먼로가 적용되는 경우, 승낙의 의사표시를 발하는 시기에 승낙의 효력이 발생되는지, 아니면 도달하는 시기에 효력이 발생되는지 하는 것은 청약의 상대방이 적절한 전달수단(authorized mode of communication)을 사용하였는지 여부에 따라 달라진다.

(가) 적절성을 구비한 전달방법에 의한 승낙의 경우

69 적절한 전달수단을 사용한 때에는 승낙의 의사표시를 발신한 때에 승낙의 효력이 발생한다. 대부분의 경우, 청약자가 청약의 의사표시를 전달한 수단과 동일한 방법에 의한 승낙의 의사표시는 적절한 전달수단에 의하여 한 것으로 본다.

이와 관련된 Restatement의 규정을 살펴보자. Restatement의 내용은 다음과 같다(Second Restatement of Contract §63): "청약에서 달리 정함이 없는

---

47) 우편에 의한 의사표시의 경우에 우편이 청약자에게 도달했으면 되는 것이지, 청약자가 실제로 그 우편물의 내용을 이해하였는지는 문제되지 않는다.

48) 대화자간의 계약에 있어서는 승낙이 있었는가 여부에 대한 분쟁은 가능하지만, 승낙의 효력발생시기가 문제되지는 않는다.

한, (a) 청약에서 제시한 방법과 전달수단에 의하여 행해진 승낙은 그것이 청약자에게 전달되었는가 여부를 불문하고 피청약자의 수중을 떠난 즉시 효력을 발생하여 계약을 완성시킨다; (b) 그러나 옵션계약에 있어서의 승낙은 청약자가 그것을 수령할 때까지 효력을 발생하지 못한다." Restatement는 승낙전달 수단의 적절성에 대하여 규정하고 있다(Second Restatement of Contract §65): "피청약자에게 알려진 상황에 달리 특별한 사정이 없는 한, 승낙의 전달방법이 청약자에 의해서 사용된 것이거나 청약을 수령한 시간과 장소에서의 유사한 거래에서 관행적인 것이면 그 전달방법은 적절한 것이다." 또한 Restatement는 다음과 같은 사항도 규정하고 있다(Second Restatement of Contract §66): "원격지로부터 우편 기타의 수단에 의해 보내지는 승낙은, 주소가 적절하게 기재되고 유사한 우편물의 안전한 전달을 보장하기 위하여 일반적으로 준수되고 있는 주의를 다한 경우에 한하여 발송시에 효력을 발생한다."

이와 같이, 우편이나 이와 유사한 수단(즉 적절한 전달수단)을 통해 승낙의 의사표시가 이루어졌다면 승낙의 의사표시는 발송된 때에 효력을 발한다는 내용의 원칙을 'mailbox rule'이라고 한다. 즉 우편 및 이와 유사한 수단에 의하여 의사표시를 하는 경우에는 그 의사표시를 우편함에 넣은 때(즉 발신시)에 의사표시의 효력이 발생한다는 것이다. 우편 및 이와 유사한 수단에 의하여 의사표시를 하는 경우란 격지자간의 관계에서 행해지는 의사표시의 경우이다. 이러한 면에서 볼 때, 'mailbox rule'은 우리 민법 제531조의 규범내용과 상당한 유사성을 띠고 있다.[49]

효력발생 시기와 관련하여 검토하여야 할 문제 중에 승낙과 청약철회의 상호관계가 있다. 대부분의 州에 있어서 청약철회의 의사표시는 상대방에게 도달한 때에 효력이 생기는 것으로 하고 있다. 한편, 'mailbox rule'이 적용되

49) 'mailbox rule'을 취한다는 것은 승낙의 의사표시의 부도달에 대한 위험을 청약자에게 부담시키는 결과가 된다. 또한 'mailbox rule'을 취하게 되면 청약자의 철회가능성이 협소해지는 효과를 보게 된다. 한국민법 제531조의 규범취지에 대하여 일설은 계약의 성립시기를 앞당기기 위한 것이라고 한다. 그러나 한국민법 제531조의 취지를 그렇게 추상적으로 볼 것이 아니라 부도달에 대한 위험부담의 방향에서 접근하는 것이 바람직하다고 생각한다.

는 경우에 승낙은 피청약자가 의사표시를 발송하는 때에 효력이 발생한다. 그러므로 청약자에 의한 청약철회가 피청약자에게 도달하기 전에 피청약자가 승낙의 의사표시를 발송하였다면 계약의 성립에는 지장이 없다.

그렇다면 피청약자가 승낙의 의사표시와 거절의 의사표시를 모두 발송한 경우에 계약의 성립 여부는 어떻게 판단하여야 할 것인가? 몇 가지 경우로 구분하여 살피기로 한다.

① 피청약자가 승낙의 의사표시와 거절의 의사표시를 동시에 발송한 경우이다. 이 때에 계약은 성립하는가? 거절의 의사표시는 도달시에만 효력이 생기는 것이다. 그러므로 'mailbox rule'이 적용되는 경우에 있어서 피청약자가 승낙의 의사표시와 거절의 의사표시를 모두 하는 때에는 청약자에게 문제가 발생한다. 그러나 거절의 의사표시가 승낙의 의사표시보다 먼저 청약자에게 도달한 경우라 할지라도 승낙의 의사표시는 발송되는 때에 효력이 생기고 계약은 성립하는 것으로 된다.

② 피청약자가 승낙의 의사표시보다 거절의 의사표시를 먼저 발송한 경우이다. 이때에는 'mailbox rule'이 적용되지 않는 것으로 본다. 그러므로 승낙과 거절 중에서 먼저 도달하는 것이 무엇인가에 따라 계약의 성립 여부가 결정된다.

③ 피청약자가 상대방이 거절의 의사표시보다 승낙의 의사표시를 먼저 발송한 경우이다. 이때에는 'mailbox rule'이 적용된다. 그리하여 계약은 승낙의 의사표시가 발송되는 때에 성립한다. 그러나 거절의 의사표시가 먼저 청약자에게 도달하고, 청약자가 이에 기초하여 그의 지위를 변경한 경우라면, 금반언의 원칙에 의하여 상대방이 계약의 성립을 주장할 수는 없다.

(나) 적절성이 없는 전달방법에 의한 승낙의 경우

70 승낙이 승낙적격의 기간 내에 발송되었음에도 불구하고 피청약자가 청약에서 제시하지 않은 전달수단을 사용하였거나 안전한 전달을 보장하기 위하여 상당한 주의를 기울이지 않은 경우는 어떻게 되는가? Restatement

에 따르면, 그러한 경우에는 적절하게 발송된 승낙이, 통상적으로 청약자에게 도달하였을 기간 안에 도착하였다면 당해 승낙을 발송한 때에 승낙의 효력이 발생한다(Second Restatement of Contract §67). 적절성이 없는 전달방법에 의한 승낙 중에서 Restatement §67이 적용되지 않는 경우에는 승낙적격의 기간 내에 승낙이 청약자에게 도달하는 때에 효력이 발생한다.

(2) 예외적인 경우: 의사표시의 전달이 없는 승낙

71 승낙의 의사표시는 그것이 청약자에게 명시적으로 전달되지 않은 경우라 하더라도 특별한 상황에서는 승낙이 있었던 것으로 다루어질 수 있다. 이에 해당하는 경우로는 다음과 같은 것을 들 수 있다: ① 청약에서 명백하게 승낙의 의사표시를 면제한 경우; ② 승낙의 의사표시와 같은 행위를 하는 경우; ③ 승낙의 의사표시로 간주되는 침묵. 이들에 대하여 차례로 살피기로 한다.

1) 청약에서 명백하게 승낙의 의사표시를 면제한 경우

72 청약을 하면서 청약의 내용을 통해 명백하게 승낙의 의사표시가 전달되어야 하는 요건을 면제시킬 수 있다.

2) 승낙의 의사표시와 같은 행위를 하는 경우

73 청약에서 처음부터 명시적으로 승낙을 나타내는 일정한 행위가 있을 것을 요구하는 수도 있다. 노란 손수건을 손에 드는 행위를 승낙으로 보겠다는 내용의 청약과 같은 것이 그 예이다. 이 때에는 청약의 상대방이 승낙을 나타내는 행위로 지정된 행위를 한 때에 계약이 성립한다. 이러한 형태로 쌍방계약이 성립하는 것(즉 승낙의 의사표시를 나타내기 위하여 일정한 행위를 하는 것)과 청약자가 지정한 행위의 이행이 승낙 그 자체가 되는 일방계약을 혼동하여서는 안 된다.

3) 승낙의 의사표시로 간주되는 침묵

74 미국 계약법에서 적용되어 온 기본원칙은 침묵은 승낙을 구성하지 않는다는 것이다. 그러나 일정한 상황에서는 단순한 침묵이라도 승낙으로 될

수 있다. 청약자가 제공한 이익을 피청약자가 수인하면서 침묵한 경우에는 보통 승낙이 있는 것으로 간주한다. 이미 동일한 거래를 해왔던 당사자 사이라든지 양 당사자 모두가 알고 있는 거래관습이 있는 경우에는 청약자가 피청약자의 침묵을 승낙으로 간주할 만한 거래상의 합리적인 기대가 존재하는 것으로 판단할 수 있다.

Restatement에서 제시한 사례를 들어 보기로 한다(Second Restatement of Contract §69).

① 사안 1: A와 B 사이에서는 지금까지 몇 번의 거래가 있었고, 그 동안 B가 A의 세일즈맨의 권유에 응하여 주문을 하는 때에는 특별히 통지를 하지 않아도 A는 바로 B에게 물품을 송부해 왔다. 이번에도 종래와 같은 방법으로 주문을 받으면서 A는 그것에 대하여 아무런 이의도 제기하지 않았다. B는 그 동안 A를 믿고 다른 사람에게 주문도 하지 않고 시일을 보냈다. 이 경우 A는 B의 주문에 응할 계약상의 의무를 부담한다.

② 사안 2: A는 B에게 책 한 권을 보내면서, "이 책을 구입하고자 한다면 1주일 이내에 10 달러의 수표를 송부해 주세요. 구입하지 않고자 하는 때에는 그 뜻을 통지하여 주시면 반환(답장)용 우표를 송부하겠습니다."라고 쓰여진 편지를 첨부했다. 이 책을 받은 B가 그 책을 책장에 넣어두고 A로부터 연락을 기다리고 있는 것만으로는 계약이 성립하지 않는다. 반면, B가 이 책을 그의 아내에게 선물하는 경우에는 승낙으로 간주된다.

Ⅳ. '상호합의' 요건의 계약유형에 따른 차이: 일방계약과 쌍방계약

75 계약의 성립요건으로서 청약과 승낙을 통한 상호합의의 요건을 살펴보았다. 그런데 청약과 승낙의 구체적 모습은 체결하고자 하는 계약이 쌍방계약인가 아니면 일방계약인가에 따라 차이가 있다. 일방계약에 있어서는 청약자가 요구한 행위를 이행하는 것만이 승낙이 될 것이다. 반면에 쌍방계약

에 있어서 청약자는 상대방이 요구된 이행행위를 할 것을 약속할 것을 조건으로 자신도 계약상의 의무부담행위를 이행할 것을 약속하게 된다.

다음에서는 일방계약과 쌍방계약에 있어서의 '상호합의'의 모습을 살피기로 한다.

1. 일방계약의 경우

(1) 일반론

76 일방계약(unilateral contract)은 청약자에게 유리하다. 왜냐하면 그의 청약에 대하여는 그가 지정한 행위를 계약상 이행하는 경우에만 승낙이 이루어질 수 있기 때문이다.

일방계약으로 판단하는 기준은 무엇인가? 계약의 성립시에 청약자에게만 미이행의(아직 이행되지 아니한) 의무가 있다면 이는 일방계약이다. 다음과 같은 예를 들어 보자: A는 잃어버린 반지를 찾아주는 대가로 10 달러를 지불하기로 하는 청약을 하였다; A의 계약상 대가지불의무는 지정된 물건이 인도될 때까지는 발생하지 않는다; 피청약자가 반지를 제공하는 때에 계약은 성립하고 동시에 청약자의 대가지급의무만이 미이행 부분으로 남는다.

일방계약에 있어서는 피청약자의 불이익에 대한 배려를 도모할 필요가 있다. 즉 이행에 착수는 하였으나 아직 완료하지는 못한 피청약자에 대한 보호조치이다. 피청약자의 보호를 위해서 법원은 청약자의 철회권과 관련하여 앞서 본 바와 같이 많은 제한을 두고 있다.[50)]

(2) '상호합의' 요건에 관한 특유문제

1) 일방계약에서의 승낙

77 일방계약에서 청약자가 요구한 행위를 함에 있어서 피청약자는 청약의 존재에 대한 인식(knowledge)이 있어야 하며, 그것이 동기가 되어(motivated) 행위를 하여야 한다.

---

50) 이에 대해서는 이 책 35 ~ 44 참조.

이와 관련하여 다음과 같은 사례를 살펴보자.

① A는 신문에 자신이 잃어버린 시계를 찾아주는 사람에게 사례금을 지급한다는 내용의 청약을 하였다. B는 신문을 보지 않았으며 청약의 존재에 대한 인식이 없는 상태에서 시계를 찾아 A에게 돌려주었다. B는 사례금에 대하여 계약상의 권리를 가지지 못한다.51)

② B는 신문광고를 보고 자신이 며칠 전에 습득한 시계가 A의 분실물임을 알았다. 형사처벌이 두려웠던 B는 이를 A에게 돌려주었다. 이 경우에 B도 계약 성립의 전제요건인 청약에 의한 동기유발 요건이 결여(lacks the requisite motivation)되어 있으므로 사례금에 대한 계약상의 권리를 가지지 못한다.52)

소수의 법원에서는 비록 B가 청약에 대한 인식이나 이에 의한 동기유발 요건을 결여했다 하더라도 A가 이미 그가 제시한 이득을 취했으므로 계약상의 의무를 이행할 책임이 있다는 이론을 바탕으로 B의 사례금에 대한 계약상의 권리를 인정하기도 한다.

2) 이행에 대한 통지를 하여야 할 의무

78 일방계약에서 청약에 대한 승낙은 대부분의 경우 청약자에 대한 별도의 통지 없이 지정된 행위를 이행함으로써 이루어진다. 그러나 다음과 같은 상황에 있어서는 이행사실을 통지하여야 할 의무(duty to give notice of performance)가 부과되기도 한다.

① 청약자가 통지를 요구한 경우이다. 이 경우에 있어서 피청약자는 청약자에게 이행사실을 통지하여야 한다.

② 이행행위가 청약자에 의하여 인식되지 않는 경우이다. 지정된 이행행위가 보통 상당한 기간 내에 청약자에 의하여 인식되지 않는 것인 때에는, 피청약자는 이행행위를 한 후 상당한 기간 내에 청약자에게 이를 통지할 의무를 부담한다. 왜냐하면 통지가 없을 경우, 청약자는 같은 내용의 청약을

51) 그러나 준계약(quasi-contract)에 의한 권리주장은 가능하다(이 책 272 이하 참조).
52) 그러나 준계약(quasi-contract)에 의한 권리주장은 가능하다(이 책 272 이하 참조).

다른 사람에게 반복할 가능성이 있기 때문이다. 이와 관련하여 다음과 같은 사례를 보자. 보증계약(guaranty)에 대한 청약에서 A는 B에게 "X에게 1000 달러를 빌려주어라; 기일 내에 X가 이를 갚지 않으면 내가 대신 당신에게 갚겠다."라고 하였다. B는 A를 보증인(guarantor)으로 신뢰하고 X에게 금전을 대여해 주었다. 이 때 만일 B가 A에게 승낙의 통지를 하지 않았다면 A는 B에게 의무를 부담하지 않는다.

2. 쌍방계약의 경우

(1) 일반론

79 청약의 상대방이 의무부담행위를 할 것을 약속하는 것에 불과하다면 이는 쌍방계약(bilateral contract)이다. 이 경우에는 청약에 의하여 요구된 사항을 이행하겠다는 의사를 청약자에게 전달하는 것만으로 승낙이 있는 것으로 된다.

예를 들어 보자. A는 B에게 편지로 "당신이 500 갤런의 난방용 기름을 나의 주소로 11월 1일 전까지 배달하는 것에 동의하는 조건으로 당신에게 1000 달러를 지불하겠다."라는 내용의 의사를 전달하였다. B는 500 갤런의 난방용 기름을 배달할 것을 약속하는 의사표시를 A에게 전달함으로써 쌍방계약을 성립시킬 수 있다. 계약 성립시에 양당사자 모두가 미이행의 의무를 지고 있으므로, 이 계약은 쌍방계약이다. 계약의 효력에 의하여 B는 기름을 인도할 의무를 지며, A는 이에 대한 대가를 지급할 의무를 부담한다.

(2) '상호합의' 요건에 관한 특유문제: 쌍방계약을 위한 승낙

80 피청약자가 반대약속(counterpromise)을 하였다는 것이 객관적으로 드러나면 그것이 언어(words)이든 행위(acts)이든 승낙으로서 쌍방계약을 성립시킬 수 있다. 예를 들어 살피기로 한다.

A는 B의 자동차를 1000 달러에 매수할 것을 청약하였다; 이 때에 B에게 요구하기를, B는 화요일 점심 때 노란 셔츠를 입는 것으로서 이 청약에

대한 승낙을 할 수 있다고 특정하였다. B는 지정된 행위를 하는 방법으로써만 승낙할 수 있다. 여기에서 A의 B에 대한 의사표시는 B로 하여금 자기에게 자동차를 매도할 것을 약속할 것을 교섭한 것에 불과하다. 그리고 승낙방법으로서 지정된 행위를 하는 것은 B의 반대약속(counterpromise)인 것이지 일방계약을 성립하게 하는 것은 아니다.

B는 승낙의 대상이 되는 청약에 대한 인식이 있어야 한다. 만약 A의 청약에 대한 인식 없이 노란 셔츠를 입는 것에 불과하다면 승낙이 있다고 볼 수도 없을 뿐더러 쌍방계약이 성립한 것으로 볼 수도 없다.

1) 주관적인 의도는 무관함

81 쌍방계약은 피청약자가 자신의 행동에 대한 충분한 인식을 하면서 합리적인 보통사람이 승낙으로 여길 만한 단계의 행위를 하면 성립한다. 청약의 상대방의 마음속에 있는 주관적인 조건들은 계약의 성립과 무관하다.

2) 승낙으로서의 이행(performance as acceptance)

82 UCC와 Restatement 하에서는 다음과 같은 원칙이 지배한다: "모든 청약은 '(승낙 여부가) 불확실하고(ambiguous)', '(승낙방식에 의하여) 구애받지 않는(indifferent)' 요소이다." 그러므로 일방계약이든 쌍방계약이든 간에 청약은 주어진 상황에서 합리적인 방식이라 판단된다면 어떠한 방식으로도 승낙할 수 있다. 이와 같은 경우에는 승낙이 이행행위 그 자체이더라도 쌍방계약이 성립하는 것으로 본다.

UCC §2-206(2)는 다음과 같이 규정하고 있다: "지정된 이행행위의 착수가 합리적인 승낙의 방식에 의한 것이라 하더라도, 상당한 기간 내에(within reasonable time) 이행사실의 통지(notice)를 받지 아니한 청약자는 청약의 효력이 승낙 이전에 만료한 것과 같이 다룰 수 있다."

Restatement에 따르면, 이행의 착수(beginning of performance)가 승낙을 이루며 청약자가 별도의 통지 없이는 이행의 착수에 대하여 알 수 없는 상황이라고 인정되는 때에는 피청약자가 이행의 착수 사실을 청약자에게 통지하여야만 청약자의 의무를 발생시킬 수 있다(Second Restatement of Contract §54).

3. 일방계약과 쌍방계약의 구별

83 청약자가 제안한 청약의 의사표시가 일방계약(unilateral contract)의 성립을 목적으로 하는 것인지 아니면 쌍방계약(bilateral contract)의 성립을 목적으로 하는 것인지를 구분하기 어려운 경우도 있다. 하나의 예를 들어 보자. "내 내시의 풍경을 그려주는 대가로 1000 달러를 지급하겠다."라고 한 경우에 있어서, 풍경을 그리는 행위를 하는 것만이 승낙이 되는 것처럼 보일 수 있다. 그러나 그렇게 해석하게 되면 피청약자가 모든 위험을 부담하게 된다. 따라서 법원들은 일반적으로 청약에서 승낙을 위해서는 일정행위를 할 것이 명시되어 있는 경우만을 일방계약의 성립을 위한 청약으로 해석한다. 다음에서는 이러한 결과에 이르기 위하여 사용되는 몇 가지 방법을 보기로 한다.

① 모호한 청약은 쌍방계약으로 해석한다는 원칙이다. 청약이 일방계약으로 해석될 수도 있고 쌍방계약으로도 해석될 수 있는 경우, 대부분의 법원들은 이를 쌍방계약으로 해석한다. 쌍방계약으로 해석함으로써 양 당사자에게 공평하게 권리와 의무를 부여할 수 있기 때문이다.

② 실제적 행위는 물론이거니와 행위를 할 것을 약속하는 방법으로도 승낙이 가능한 것으로 해석한다. 청약자가 승낙의 방법을 일정한 행위(act)로 명시적으로 제한하지 않는 한, UCC 또는 Restatement는 지정행위를 이행하거나 또는 지정된 기간 내에 그와 같은 행위를 할 것이라는 약속을 하는 것 중 하나의 방법으로 승낙할 수 있다고 규정하고 있다(UCC §2-206(1)(b)).

제3절 약 인

Ⅰ. 서 설

1. 약인의 의미

84 대륙법과 비교해 볼 때, 영미법에 있어서 가장 독특한 개념 중의 하나가 '約因(consideration)'이다. 약인이란 계약당사자가 계약을 체결함에 있어서 원칙적으로 서로 주고받는 것(give and take)이 있어야 한다는 것이다. 어원적으로 보면, 'consideration'은 "something given in consideration for a promise"라는 뜻에서 유래한다. 예를 들어 보자. A가 B로부터 어떤 물건을 100 달러에 구매할 것을 청약하고 B가 이를 승낙하는 경우에, A는 B에게 100 달러를 지급하는 대신 B는 A에게 물건에 대한 소유권을 이전해 주어야 한다. 이 때에 A와 B는 서로 주고받는 것이 있으므로 A・B간의 상호합의(mutual assent)에는 약인이 존재하는 것이다. 약인은 계약당사자 중의 일방에게만 요구되는 것이 아니라 쌍방 모두가 약인요건을 충족하여야 하는데, 이를 '상호의무의 원칙(mutuality of obligation doctrine)'이라고 한다.

약인은 사람들의 수많은 약속(promise) 중에서 어떤 것을 법에 의하여 보호되는 약속으로 할 것인가에 관한 하나의 기준이라 할 수 있다. 약인을 계약의 성립요건으로 한다는 것은, 약속에 의하여 구속되고자 하는 의사의 강도 등과 같은 약속자의 주관적인 측면이 아니라 약속에 따르는 대가가 있는가 하는 객관적인 면을 중심으로 그 약속의 법적 구속력을 판단하는 것이다. 즉 대가가 있는 때에는 그 약속에 의하여 구속받고자 하는 의사가 강한 것으로 간주되는 것이고, 따라서 법에 의한 보호가 따르는 계약으로 보는 것이다. 이와 같은 관점에서 볼 때, 증여(gift)의 약속은 약인이 없는 것으로 법적 보호의 대상이 되지 않는다.

약인에 있어서 교환되는 대가는 반드시 경제적·금전적으로 대등하고 공평한 가치를 가질 것이 요구되는 것은 아니다. 당사자가 서로 주고받는 대가가 법적 관점에서 적합하다고 판단되면(legally adequate) 약인요건은 충족된 것으로 본다. 다음과 같은 사례를 보자. 고용계약의 사용자 A는 근로자 B에게 "다른 회사에 취직하지 않고 나의 회사에서만 일한다면 은퇴 후 사망시까지 1달에 100 달러씩 연금을 지급하겠다."라고 청약하였고, B가 이를 승낙하였다; 이 경우에 A·B간에는 약인이 존재한다. 즉 "100 달러를 지급한다."라는 것과 "다른 회사에 취직하지 않는다."라는 것은 약인이 될 수 있다.

약인을 논할 때에는 약속(promise)을 그 분석의 단위로 한다. 약속이란 어떤 일을 하겠다든가 또는 하지 않겠다는 의사를 표명하는 것이다. 청약이나 승낙도 하나의 약속이다. 약속을 하는 사람을 '약속자(promisor)'라고 하고 약속을 받는 사람을 '수약자(promisee)'라고 한다.

2. 약인의 판단방식

85 약인의 판단방식에는 다음과 같은 방식이 있다.

① '이익·손실 접근방법(benefit-detriment approach)'이다. 이 방법에 따르게 되면, 약인이란 약속자가 이익(benefit)을 받음과 동시에 수약자가 손실(detriment)을 보는 것과 같이 계약당사자가 서로 이익과 손실을 함께 입는 것을 의미하는 것으로 된다.

② '교환교섭 접근방법(bargained-for exchange approach)'이다. 이 방법에 따르게 되면, 약인이란 약속자와 수약자 사이에 특정의 행위(acts) 또는 약속(promise)을 하는 내용의 의사표시를 서로 교환(exchange)하는 것을 의미하게 된다. 이 방법에 의하게 되면, 반드시 이익 또는 손실이 없는 경우에도 약속자와 수약자 간의 특정행위 또는 약속의 교환만으로 약인이 존재하는 것으로 본다.

③ '강제가능성 접근방법(enforceability approach)'이다. 이 방법에 따르게 되면, 약인이란 계약이 강제성을 가지도록 하는 계약당사자의 의사표시의 요소(element)를 가리키게 된다.

약인의 판단에 관한 위의 세 방법이 서로 배척관계에 있는 것은 아니다. 일반적으로 미국 계약법에 있어서 약인의 요소로서 중요하게 다루어지는 것은 다음의 두 가지이다: ① 당사자간에 '거래된 교환(bargained-for exchange)'이 있어야 한다; ② 거래의 대상이 '법적 가치(legal value)'를 가져야 한다(즉 약속자에게는 이익(benefit)이, 수약자에게는 손해(detriment)가 있어야 한다).[53] 하나의 예를 들어 보자. A는 그의 TV를 B의 대금지급약속과 교환으로 B에게 100 달러에 매도하기로 약속하였다. 이 경우에서는 약인의 두 요소가 모두 존재한다. 그 이유를 살펴보자. 우선 ①의 측면이다: 약속자 A의 약속은 수약자 B의 손해를 야기시킨다; 또한 B의 손해는 A가 약속할 것을 권유하고 있다; 그러므로 A의 약속은 '거래된 교환'이 된다. 다음으로 ②의 측면이다: 양 당사자 모두 손해를 입고 있다; A의 손해는 TV의 소유권을 이전하는 것이며, B의 손해는 A에게 100 달러를 지급하는 것이다.

다음에서는 약인의 두 기본요소인 ① '거래된 교환(bargained-for exchange)'과 ② '법적 가치(legal value)'에 대하여 구체적으로 살피기로 한다.

3. 약인의 제공자 · 수령자

86 약인은 수약자로부터 제공될 필요가 없고 또한 약속자가 수령할 필요도 없다(Second Restatement of Contract §71(4)). 예를 들어보자. A · B · C간에 "C가 에베레스트산에 오르면 A는 B에게 10만 달러를 주겠다."라는 내용의 약속을 한 경우에, 약인의 제공자는 C이며, 약속자겸 약인의 수령자는 A, 그리고 수약자는 B이다. A · B · C · D간에 "B가 책의 대가로서 10 달러를 C에게 지불하면 A가 D에게 그 책을 배달하겠다."라는 약속을 한 경우에, 약인의 제공자는 B, 약속자는 A, 수약자는 D, 그리고 약인의 수령자는

---

53) 현대에 들어와서는 손해의 요소만이 교환이 법적 가치 판단에 있어서 결정적으로 작용한다.

C이다.

요컨대, 약인은 수약자로부터 제공될 필요도 없고 약속자가 수령할 필요도 없다.54)

Ⅱ. 약인의 요소

87 앞에서 살펴본 바와 같이, 약인은 '수약자의 거래된 법적 손해(bargained-for legal detriment of promisee)'이다. 이와 같이 약인은 두 가지 요소로 구성되는데, 거래와 법적 손해가 그것이다. 법적 손해가 '거래된' 것이라 함은 약속과 법적 손해가 서로 대가관계로 교환(exchange)되는 것을 말한다.

다음에서는 '거래된 교환(bargained-for exchange)'의 판단에 있어서 문제되는 사항을 보기로 한다.

1. 거래된 교환

(1) 증 여

88 당사자 중에 일방이 증여(gift)를 할 의도로 의사를 표시하였다면 약인이 존재하지 않는 것으로 된다. 예를 들어 보자. A가 B에게 TV를 증여하려는 의사를 표시하면서 "우리 집에 오면 TV를 주겠다."라고 한 경우, 수약자는 약속자의 집에 가는 수고를 해야 하는 손해가 있다. 그러나 TV에 대한 약속 자체가 수약자를 약속자의 집에 오게 하려는 의도에서 비롯된 것은 아닐 것이다. 그러므로 약인이라 볼 수 없다. 즉 B가 A의 집에 오는 행위는 TV를 증여하겠다는 약속과 대가관계로 교환되는 노력이 아니므로 약인이라 할 수 없는 것이다. 그러나 A가 자기 집에 오기 싫어하는 B를 자신의 집에 오도록 하기 위한 수단으로 TV를 준다고 한 경우에는, B가 오는 것과 A의 증여약속이 서로 대가관계에 있다고 볼 수 있다.

결국, 순수한 증여는 미국 계약법에서는 구속력 있는 계약이 아니다.

---

54) 약인의 제공자·수령자에 관해서는 제3자를 위한 계약(이 책 278 이하)도 참조할 것.

(2) 과거약인 또는 도덕적 약인

1) 일반원칙: 약인 요건 결여

89 다음과 같은 예를 생각해 보자: 느슨한 조형물이 건물에서 떨어져 B를 덮칠 것 같은 상황에서 A는 B를 밀어내고 대신 자신이 그 조형물에 맞아 심각한 부상을 입었다; B는 A에게 일생동안 매달 100 달러씩 지급하기로 약속하였다. 이 때에 B의 약속에 있어서 A의 희생이 약인으로 작용하는 것으로 생각할 여지가 있다. 그러나 A의 희생은 B의 약속의 약인이 아니다. 비록 수약자에게 법적 손해가 발생하기는 하지만(하지 않아도 되는 구조행위로 인한 희생), 그것은 약속을 하는 시점에서 존재하는 손해가 아니라 이미 이루어진 과거의 행위로서 '거래(bargained-for)'라는 요건을 충족하지 않기 때문이다. 과거의 행위는 변경할 수 없는 하나의 사실로서, 앞의 예에서 B는 이 사실을 기초로 증여약속을 한 것에 불과한 것이다. 그러므로 B는 A에게 약속을 이행할 법적 의무를 부담하지 않는다.

이와 같이 약속이 있기 전에 이미 무엇인가가 주어지거나 행해진 경우를 '과거약인(past consideration)' 또는 '도덕적 약인(moral consideration)'이라고 한다. 과거약인 또는 도덕적 약인에는 '약인'이라는 용어가 들어 있기는 하나 '거래(bargain)'의 요건을 충족시킨다고 볼 수는 없다. 즉 약속을 하는 시점에 있어서 그것이 교환관계를 형성시킨다고 할 수 없다. 그러므로 약인이 아니다.

도덕적 약인에 관한 사례를 하나 더 들어 보자.[55] 사실관계는 이러하다. 메사추세츠 州에 사는 피고 Wyman에게는 장기간 피고의 가족과 떨어져서 생활하고 있던 25세의 아들이 있었다. 이 아들은 코네티컷 州의 하드포드 항으로부터 항해를 하고 돌아와 돌연 병을 얻었고 게다가 생활형편도 좋지 않았다. 원고는 일정기간 동안 그에게 주거와 식사를 제공하고 간병까지 하였지만 그는 결국 사망하고 말았다. 원고가 이 소식을 사망자의 아버지 Wyman에게 알리자 피고 Wyman은 원고에게 편지를 보내 자기 아들을 위

55) Mille v. Wyman (1825)

하여 지출한 비용을 지급해 주겠다고 하였다. 원고는 피고가 그의 약속에 따라 금전을 지급할 것을 요구하는 소송을 제기했다. 이에 대한 법원의 판단은 다음과 같았다: "단순한 구두약속은 약인 없이는 소송에 의하여 강제될 수 없다는 원칙은 일반적으로 적용되며 예외가 있을 수 없다. 본 건에 있어서 행하여진 약속은 법적 약인 없이 행하여진 것이 명백하다. 피고의 병든 자식에 대한 원고의 친절과 서비스는 자식의 요청에 의한 것이 아니었다. 자식은 완전히 피고의 보호 아래 있지도 않았고 게다가 25세에 달했으며 장기간 가족과 떨어져서 살았다. 외국에서 돌아온 때 그는 병에 걸렸고 원고는 그가 죽을 때까지 보호와 위로를 해 주었다. 그리고 그의 아버지는 이런 사실을 듣고 원고가 지출한 비용에 관하여 지불을 하겠다는 뜻을 서면으로 약속한 것이다. 그러나 이 약속은 원고가 단순한 도덕적 의무를 다했다는 점에 대하여 행해진 것일 뿐, 그것만으로는 약인이 아니다."

2) 예 외

90 앞에서 살핀 일반원칙에 대하여 법원은 일정한 경우에 예외를 인정하고 있다. 다음에서는 원칙에 대한 예외를 살피기로 한다.

예외로서 우선 '제도적인 항변사유로 인한 실현장애'를 들 수 있다. 즉 과거의 의무(past obligation)가 제도적인 항변사유(technical defence)로 인하여 실현되지 못한 경우라면(예: 시효), 법원은 약속이 서면으로(in writing) 이루어질 것 또는 과거에 부분적으로 이행되었을 것(partially performed)을 조건으로 하여 이를 새로운 약속(new promise)이 있는 것으로 보아 약인을 인정한다.

다음으로 '과거에 요구된 행위에 대한 대가지급의 약속'을 들 수 있다. 현대적 경향에 의하면, 약속자의 요구(promisor's request)에 따라 수약자가 과거에 일정한 행위를 이행한 경우에도 이를 새로운 약속으로 보고 구속력을 인정한다. 일부의 州와 Restatement는, 비상시에는 약속자의 요구가 없었던 때에도 이 법리를 확장하여 적용한다. 즉 약속자가 수약자로부터 받은 과거의 이익에 대하여 무엇인가를 약속한 경우, 그 약속은 정의에 반하는 결과가 되지 않게 하기 위하여 필요한 한도에서 구속력을 갖는다(Second Restatement of Contract §86(1)).

앞의 두 경우에는 예외적으로 계약이 성립하는 것으로 된다. 이 때 당사자를 구속하는 계약의 내용을 과거의 것으로 할 것인가, 아니면 새로운 것으로 할 것인가 하는 문제가 있다. 이에 대하여 대부분의 법원은, 과거의 약속조건에 구속되는 것으로 하지 않고 새로운 약속의 조건에 구속되는 것으로 한다.

2. 법적 가치의 요소

(1) 약인의 등가성

91 **코먼로의 원칙에 의하면 약인의 등가성(adequacy of consideration) 여부는 문제되지 않는다. 예를 들어, 매우 고가의 물건을 염가에 매도한다 하더라도 약인이 존재하는 것으로 인정된다. 대가적이라는 것은 등가를 의미하는 것은 아니다. 즉 그것은 객관적으로 보아 충분한 대가일 필요는 없다는 것이다. 그 근거는, 계약은 본래 계약 당사자가 자유로이 정할 수 있는 것이며 당사자가 결정한 거래내용의 합리성에 관하여 법원이 관여해서는 안 된다는 것이다. 따라서 법원으로서는 약인의 등가성에 대하여는 판단하지 않는 것이 원칙이다. 약인은 단순한 도덕적인 약속을 법적인 약속으로 승격시키는 요소이다. 그리고 약인은 아무리 사소한 것이라도 무방하다는 의미에서 '후추열매의 이론(Peppercorn Theory)'이라고도 한다.**

약인의 등가성은 문제되지 않는 것이 원칙이라는 사실은 앞에서 본 바와 같다. 그러나 구체적인 사정에 따라서는 사기(fraud)·강박(duress)·착오(mistake)·비양심성(unconscionability) 등이 인정되어 계약이 무효로 될 수는 있다. 한편, 형평법 법원에서는 상대적 등가성(relative values exchanged) 자체를 문제 삼기도 하며, 계약의 내용이 심히 비양심적이라고(unconscionable) 판단되는 때에는 계약의 구속력을 부정하기도 한다.

다음에서는 약인의 등가성과 관련하여 문제되는 사항을 보기로 한다.

1) 명목적 약인

92 약인이 어떤 징표(token)에 불과한 것일 경우(즉 가치가 전혀 없는 것)에는 법적으로는 아무런 의미가 없다. 이와 관련하여 '명목적 약인(nominal consideration)'이 문제된다. 법원에서는 이것이 증여약속은 될 수 있으나 거래된 약인은 될 수 없다고 한다. 예를 들어 100층짜리 건물을 10 달러에 팔기로 하는 계약을 생각해 보라.

'명목직 약인'의 개념을 형성하게 된 원래의 취시는, 증여약속은 약인이 결여되어 있어 유효한 계약이 되지 못하므로 이에 형식적으로 약인의 외형을 갖추도록 함으로써 계약의 성립을 충족시키고자 하는 것이다. 그러나 그러한 취지에도 불구하고 명목적 약인에 대하여는 이를 유효한 약인으로 인정하지 아니하여 계약의 강제가능성을 부인하는 것이 일반적인 경향이다. 다만, 선택구매특약(option) 또는 품질보증(guarantee) 등의 경우에는 명목적 약인이라도 유효한 약인으로 인정하는 것이 일반적인 견해이다. 그 이유는 이러하다: 선택구매특약(option) 또는 품질보증(guarantee) 등은 그 자체가 하나의 독립적인 계약이라기보다는 원계약(main contract)의 판촉을 위하여 부수적으로 제공되는 경우가 대부분이기 때문이다. 예컨대, 자동차를 구매하면서 자동차용 무선전화기를 1 달러에 제공하겠다는 계약이 이에 해당한다.

2) 가장약인

93 당사자가 문서에서는 1 달러 내지는 거의 가치 없는 금액에 대한 약인을 지급하겠다고 하였으나, 실제로는 쓰여진 대로의 금액이 전혀 지불되지 않거나 혹은 처음부터 전혀 지불할 의사가 없는 경우가 종종 있다. 이 경우에 가장약인(sham consideration)이 문제된다. 대부분의 법원은 이 경우에 약인이 지급되지도 않은 것으로 보며, 또한 이를 대체할 수 있는 다른 약인의 존재도 인정하지 않고 있다.

3) 가치의 가능성

94 거래된 행위(bargained-for act)에 있어서 가치의 가능성이 있는 경우에

는 비록 그 가치가 실제로 실현되지 않았다 하더라도 가치의 가능성(possibility of value)에 기초하여 약인으로서의 등가성(adequacy)을 지니는 것으로 본다.

(2) 법적 이익 및 법적 손해의 이론

1) 견해의 대립

95 다수의 법원은 일정행위의 이행이나 약속을 하는 데에 있어서 법적 손해(legal detriment)의 존부를 약인의 결정적인 요소로 파악하고 있다. 즉 법적 이익(legal benefit)은 존재하지 않는다 하더라도 법적 손해(legal detriment)가 발생하면 약인이 있는 것으로 본다.

한편, 소수의 법원과 First Restatement는 법적 이익과 법적 손해를 선택적인 것으로 하고 있다(First Restatement에서 직접적으로 이익・손해라는 용어를 사용하고 있지는 않음). 즉 일방의 손해 또는 타방 당사자의 이익이 존재하는 것만으로 족하다고 본다.

Second Restatement는 이익・손해 존재 여부에 대한 판단은 논외로 하고 단지 무엇인가가 거래되고 교환되어 주어졌느냐(또는 주어지기로 하는 약속이 있는가) 하는 것만을 가지고 약인을 판단한다.

2) 논의의 정리

96 수약자가 법적으로 강제되지 않는 일을 하거나, 할 권리가 있는 일을 하지 않을 때 법적인 손해가 있다고 본다. 그러나 여기에서 말하는 손해라는 것이 수약자측의 실질적인 손해(actual loss), 약속자측의 실질적인 이익을 의미하는 것이 아니라는 점에 유의하여야 한다. 예를 들어 보자. 삼촌은 조카에게 술을 마시지 않고, 담배도 피우지 않고 욕을 하지 않는다면 5000 달러를 주겠다고 약속하였다. 조카가 이를 삼가하는 것은 법적인 손해다. 또한 이것은 거래이므로 삼촌은 조카가 이들 사항을 삼가한다면 5000 달러를 지급하여야 한다. 여기서 약속자인 삼촌이 이익을 가지는가 여부는 약인의 존부와는 상관이 없다는 사실에 주의하여야 한다.

약속자의 법적 이익은 법적 손해의 또 다른 일면에 불과하다. 즉 법적 이익이란 약속자가 원래 법적으로는 면제·이행받을 수 없는 행위를 면제·이행받는 것이라 할 수 있다. 다음과 같은 예를 생각해 보자. A는 C를 위해 25만 달러에 아파트 건물을 지어줄 계약상의 의무에 구속되어 있다. A는 어려운 문제에 봉착하여 이를 그만두기로 하였는데, 인접부지의 소유자인 B는 C의 건물이 완공되면 자신의 부지의 가치도 상승하여 이익을 얻을 수 있으므로 A에게 그가 건물을 완공시키는 것을 조건으로 하여 그에게 10000 달러를 지급하기로 약속하였고, 이에 A는 건물을 완공시켰다. 약인을 '손해(detriment)' 요소만으로 파악하는 다수의 견해에 의하면, 이 경우 약인은 존재하지 않는다. A는 이미 C에게 건물 완공에 대한 의무를 부담하고 있으므로 건물 완공이라는 의무를 이행한다고 하여 법적 손해를 입는다고 할 수는 없기 때문이다. 그러나 '이익 또는 손해' 요소를 약인으로 보는 소수견해에 의하면, 약속자인 B에게 분명히 이익이 존재하므로 A는 10000 달러를 지급받을 수 있다고 하여 A의 권리를 인정한다.

(3) 특수한 상황

1) 선존하는 법적 의무

(가) 일반원칙

97 '선존의무약속'이라 함은 법규범 또는 계약에 의하여 이미 특정의 의무를 부담하는 자가 그와 동일한 내용의 의무를 이행하기로 하는 내용의 계약을 체결하는 것을 말한다. 전통적 견해에 의하면, 이미 발생하고 있는 법적 의무를 이행하는 것이나 이행할 것을 약속하는 것은 약인이 될 수 없다. 이를 '선존의무의 원칙(pre-existing legal duty rule)'이라고 한다. A가 B의 차고를 5000 달러에 지어 주기로 하는 계약이 성립한 후, A가 5000 달러로는 수지가 맞지 않는다는 이유로 계약금액을 6000 달러로 인상할 것을 주장하여 B가 사정상 어쩔 수 없이 이를 받아들였다고 하자. 차고 완성 후 B가 5000 달러만을 지급한다 하더라도 A로서는 나머지 1000 달러에 대하여는 법적

보호를 받을 수 없다. 계약금액을 6000 달러로 올려준다고 하는 약속은, 기존의 계약에 따라 이미 발생하고 있는 의무인 차고 완성을 대가로 하는 것이어서, 약인이 있다고 볼 수 없기 때문이다. 선존의무의 원칙은, 어떤 계약의 당사자들이 계약성립 후에 일방당사자에게만 유리한 내용으로 부당하게 계약을 수정(modify)하려는 것을 방지하기 위한 법리이다.

다음과 같은 예를 생각해 보자.

① A는 B에게 콘서트에서 노래를 불러주는 대가로 6000 달러를 지급하기로 약속하였다. 그런데 만일 B가 같은 공연에 대하여 이미 A와의 계약에 구속되어 있는 상황이라면, B에게는 법적으로 아무 손해가 없으며(B는 이미 법적인 이행의무를 지고 있는 상황이기 때문이다), A 역시 이익을 얻게 되는 것은 아니다(이미 공연에 대한 권리를 보유하고 있기 때문이다). 그러므로 B의 이행은 새로운 약속에 대한 약인으로 볼 수 없다.

② A는 자신의 유괴 당한 딸을 찾아주는 사람에게 1000만 달러의 사례금을 지급하겠다는 청약을 하였다. 그런데 이 사건을 담당하고 있던 경찰관 B가 딸을 찾아주었다. 이 경우에 B의 이행은 그의 직업상 의무를 다한 것에 불과한 것이다. 그러므로 약인이라 볼 수 없다.

(나) 예 외

98 선존의무의 원칙(pre-existing legal duty rule)에도 예외가 존재한다. 다음에서는 선존의무의 원칙에 대한 예외에 해당하는 경우를 보기로 한다.

첫째, 새롭거나 혹은 다른 내용의 약인을 약속하는 경우이다. 수약자가 기존의 약속에 대한 대가로 제공하기로 한 것에서 더 나아가 그 이상의 무언가를 제공한 경우 혹은 자신의 기존의무를 변동시키는 것에 동의한 경우(예: 이행기를 앞당기는 것)는 약인이 존재하는 것으로 본다. 변동사항이 아무리 경미하다 할지라도 약인이 존재하는 것으로 본다는 점에 주의하여야 한다. 이는 법원이 선존의무의 원칙의 적용범위를 축소하려는 입장을 취하므로 거래된 교환(bargained-for exchange)의 요소를 엄격하게 요구하지 않는다는 점에 기인한다. 계약의 수정(modification)에 있어서는 유의하여야 할 부분이 있다. 계약의 양당사자 모두가 계약의 수정에 동의하였다 하더라도 약인의 존재를 인정하지 않으며, 양 당사자의 의무가 변경되는 때에만 약인의 존재를 인정한다. 즉 계약의 수정이 일방 당사자의 이익만을 위한 수정인 때에는 타방의 동의가 있다 하더라도 수정된 계약내용은 구속력이 없다. 그러나 UCC가 적용되는 물품매매계약의 경우에는 원래의 계약내용을 수정하기 위하여 약인이 요구되지 않고 신의성실(good faith)의 원칙에 따라 해결된다. 즉 UCC가 적용되는 계약을 수정하는 때에는 약인이 요구되지 않는다(UCC §2-209(1)). 결국, 계약당사자가 신의성실의 원칙에 따라 행동하는 경우에는 특별한 약인이 없더라도 수정된 대로 계약이 강제력을 가진게 된다.

둘째, 제3자로 인하여 계약내용이 수정되는 경우이다. 제3자가 나타나서 계약내용을 수정하는 경우에는 기존의 계약에 따라 이미 발생하고 있는 의무라 하더라도 약인이 될 수 있다. 앞에서 제시한 '차고사안'[56]에서 A가 계약금액을 6000 달러로 인상할 것을 주장할 때 B가 아닌 제3자가 나타나서 'B의 차고가 완성되면 자신이 1000 달러를 추가로 지급할 것'을 약속했다면 이 약속은 약인이 있는 것으로서 강제력이 인정된다.

셋째, 예견할 수 없었던 사정이 발생한 경우이다. 예상외의 상황(unforeseen circumstances)이 발생하여 의무이행을 완수함에 있어서 예상했던 것 이상의 부담이 있는 경우에는, 원래의 계약내용을 수정한 추후의 계약내용을 강제할 수 있는 것으로 본다. 그러나 대부분의 법원의 입장에 의하면, 선존의무의 원칙에 대한 예외를 구성하기 위한 '예상외의 상황'이라고 하기 위해서는 그러한 상황으로 인하여 계약의 실행이 불가능하여 무효화될 정도로 심각할 것을 요구한다.

선존의무의 원칙에 대한 예외에 관한 Second Restatement의 규정을 보기로 한다(Second Restatement of Contract §89). "당사자가 완전하게 이행을 완료하지 않은 계약상의 의무를 변경하는 약속은 다음의 경우 또는 다음의

---

56) 이 책 **97** 참조.

한도 내에서 구속력을 가진다: ① 당해 변경이 원래의 계약체결시에 당사자가 예측할 수 없었던 사정에 비추어 공정하고 형평에 부합하는 경우; ② 제정법이 정한 한도에서; ③ 당해 약속에 대한 신뢰에서 비롯된 중대한 지위의 변경에 비추어 볼 때 약속을 강제하는 것이 정의에 합당하게 되는 한도 내일 것."

(다) 잔존채무

99 선존의무의 원칙과 관련하여 논의하여야 할 것 중에 '잔존채무(existing debts)'라는 것이 있다. 다음과 같은 예를 생각해 보자: A는 B에게 빚을 지고 있다; A·B는 A가 채무의 일부만을 지급함으로써 모든 채무를 종결시키기로 합의하였고, 이에 따라 A는 금전채무의 일부지급(part payment of debt)을 완료하였다; 이 경우에 B는 약속을 어기고 A에게 나머지 금액도 모두 변제하라는 내용의 소를 법원에 제기할 수 있겠는가? 이에 대한 해결책은 다음과 같은 두 가지 경우로 나누어서 생각하여야 한다. 만일 그 빚이 "변제기가 도래하고 다툼이 없는(due and undisputed)" 것이라면 추후의 약속에는 아무런 약인이 없는 것으로 되어 원래의 빚을 모두 받을 수 있다. 그러나 변제기보다 일찍 지급하는 대가로 또는 다툼이 있는 빚을 최종적으로 해결하기 위하여 그 일부만을 지급하는 경우에는 추후의 약속에 약인(기한의 이익의 포기 또는 분쟁의 일부양보)이 있는 것으로 되어 나머지 빚은 반환받을 수 없다.

2) 부제소의 특약

100 부제소의 특약(forbearance to sue)도 약인이 될 수 있다. 즉 주장하려는 권리가 유효한 경우라면 부제소의 특약도 충분한 약인이 될 수 있는 것이다. 그러나 애초부터 주장하려는 권리가 무효인 경우이고 당사자도 이를 알고 있었다면, 소를 제기할 수 있는 권리가 존재하지 않는다; 이러한 경우의 소의 제기는 단지 잘못된 권한 행사에 불과한 것이다. 그러나 법적으로 또는 사실적으로 무효인 경우라 하더라도 당사자가 그에 대하여 선의·무과실인 경우라면, 권리의 주장에 대한 판결을 받을 수 있는 법적 권리를 제한

하는 것 자체를 손해로 보아 약인의 존재를 인정할 수도 있다.

3) 약인의 부분적 결함

101 약인으로서 제시된 약속이 모두 충분한 약인으로서 인정되어야 하는 것은 아니다. 다음과 같은 예를 생각해 보자. 아버지는 딸에게 지난 학기의 성적이 좋고, 변호사 시험을 준비하는 동안 술을 끊는다는 약속을 약인으로 하는 조건으로 딸에게 1000 달러를 지급하겠다고 약속하고, 딸이 요구된 반대약속(counterpromise)을 하였다면 계약은 성립하게 된다. 비록 약인 중 일부가 결함이 있기는 하지만[57], 약인의 부존재를 이유로 당해 계약이 무효로 되는 것은 아니다.

Ⅲ. 상호적 약속: 상호성의 요건

102 약인은 계약당사자 쌍방 모두에게 존재하여야 한다. 즉 교환되는 약속은 서로 상호간에 의무를 지우는 것이어야 한다. 일방 당사자만을 구속하고 타방 당사자는 구속하지 않는 내용의 합의는 상호성을 흠결하고 있으며, 교환되는 약속 중 최소한 어느 하나는 허구의(illusory) 약속에 불과한 것이다. 이러한 경우에는 약인의 존재를 인정하지 않는다.

하나의 예를 들어 보자: A회사는 B회사에게 다음과 같은 약속을 하였다: "우리 회사가 원하는 만큼의 아이스크림을 구매하겠다." 이 때 A사의 약속은 허구이다(illusory). 왜냐하면 A사는 여전히 다른 회사로부터 아이스크림을 구매하고 B사로부터는 전혀 구매하지 않을 수도 있기 때문이다. 이와 같이 계약의 성립 여부가 일방 당사자의 자의적인 선택에 달려 있는 경우를 '허구의 약속(illusory promises)'이라고 한다.[58] 허구약속은 상호의무의 원칙(mutuality of obligation)에 반하는 것으로 유효한 약인이 될 수 없다.

---

57) 지난 학기의 성적은 과거약인(past consideration)이다.

58) 허구의 약속의 예도 다음과 같은 것을 들 수 있다: ① "내가 원하는 경우(if I want to)": ② "당신이 제시한 조건으로 계약을 체결하겠다.": ③ "내가 원하는 경우 언제든지 계약을 철회할 수 있는 조건으로 계약을 체결하겠다."

그러나 약속자가 선택권(choice) 또는 재량권(discretion)을 지니는 경우라 하더라도 일정한 요건 하에서는 상호성의 요건이 충족되는 것으로 본다. 다음에서는 이러한 경우 중 유의하여야 할 것을 항목별로 살피기로 한다.

1. 생산전량판매계약과 필요전량구입계약

103 생산전량판매계약(output contract)과 필요전량구입계약(requirement contract)은 강제력(enforceable)이 인정되는 계약이다. 약속자는 자신이 제작한 (또는 필요한) 물품을 다른 곳으로(또는 다른 곳에서) 판매(또는 구매)할 수 있는 법적 권리를 포기한 것이므로 이는 곧 법적 손해로 인정되고, 약인도 존재하는 것으로 된다(UCC §2-306). 다음에서는 생산전량판매계약과 필요전량구입계약과 관련하여 문제되는 사항을 보기로 한다.

첫째, 물품의 양이 합리적인 한도를 초과하는 경우이다. UCC에 의하면, 생산전량판매계약과 필요전량구입계약에서 제시되는 양(quantity)은 일정 기준의 한계가 정해져 있는 경우라면 그 기준을 한계로 하며, 그러한 한계가 정해져 있지 않은 경우라면 일반적인 기준 내지는 종래의 거래관계에서의 양을 한계로 하여 이를 비합리적으로 초과할 수 없다. 이와 같은 UCC의 규정은 약속자가 예상할 수 없는 방법으로 양을 변경하는 경우에 수약자를 보호하기 위한 것이다.

둘째, '사업중지(going out of business)'의 문제이다. 생산전량판매계약 또는 필요전량구입계약의 당사자가 사업을 그만두게 되면 기존의 약속이 허구의 약속(illusory promises)으로 되는 것인가? 부정하는 것이 지배적인 견해이다.

셋째, 약속자에게 기존의 사업이 존재하지 않는 경우이다. 다수의 법원들은 약속자에게 기존에 성립된 사업(business)이 존재하지 않는 경우, 생산전량판매계약 또는 필요전량구입계약에 대하여 구속력을 인정하지 않는다. 즉 다수의 법원들은 예측할 수 있는 양의 기초가 없다는 사실에 근거하여 합의는 허구였으며, 손해 역시 확정적인 것이 아니라고 한다. 그러나 UCC는 이러한 문제를 '신의성실의 원칙에 따른 합의'인가 하는 해석의 문제로

귀착시킨다. 즉 약속자가 신의성실의 원칙과 공정한 거래의 상업적 기준에 따라 그의 공장을 가동시키거나 사업을 수행하여 그의 공급 내지는 수요를 합리적 예측 가능의 범위로 근접시킨 경우에는 계약에 강제력을 인정한다.

2. 조건부 약속

104 성취가능성을 불문하고, 조건부 약속(conditional promises)도 강제력 있는(enforceable) 것으로 본다. 단, 조건이 약속자가 전적으로 지배 가능한 경우는 그러하지 아니하다. 예를 들어 보자. A는 그의 아들이 일을 시작하는 것을 조건으로 하여 B에게 물품을 배달해 주기로 하였다. 이 경우는 유효한 약인이 존재하는 것으로 인정된다. 그러나 "내가 내 아들에게 일을 시키는 결정을 하는 것을 조건으로 하여"라고 하였다면 법원은 이 경우에 약인이 흠결된 것으로 본다.

물품에 만족하는 것을 조건으로 하여 구매하기로 하는 약속도 허구적 약속(illusory promises)으로 보지 않는다. 왜냐하면 만족하지 못하는 경우가 아니라면 물품을 꼭 구매하여야 하며, 당사자는 신의성실에 따라 행동할 것이 요구되므로 '만족'을 완전히 임의적인 것으로 볼 수는 없기 때문이다.

3. 취소권 · 철회권

105 언제든지 취소권(right to cancel) 내지는 철회권(right to withdraw)을 제한없이 행사할 수 있게 하는 것은 허구의 약속(illusory promises)으로 본다. 그러나 취소권 내지는 철회권에 제한이 있는 경우(예: 60일 내의 취소권)라면 유효한 약인이 존재한다고 본다.

4. '최선의 노력'의 추정

106 법원은 독점판매의 합의 등과 같이 일방 당사자의 의무만이 존재하는 것처럼 보이는 상황에서도 특별한 사정이 있는 경우에는 약속의 상호성(mutuality)을 추정한다. 즉 법원은 의무를 지지 않는 것처럼 보이는 당사자가 최선의 노력(best efforts)을 기울일 것이라는 약속을 한 것으로 추정하는

방법으로 그의 의무를 인정함으로써 유효한 계약으로 해석한다.

예를 들어 보자. A회사가 수익의 절반을 대가로 하여 B의 옷을 독점적으로 판매할 수 있는 권리가 있다고 해보자. 이 합의에는 A회사의 의무에 관한 사항이 명시되어 있지 않으나, 법원으로서는 A회사가 판매에 있어서 최대한의 노력을 기울일 것을 약속한 것으로 추정하여 상호성을 인정하고 계약을 유지시킨다(UCC §2-306(2)).

5. 취소할 수 있는 약속

107 취소할 수 있는 약속(voidable promises)이라 하더라도 상호성 요건에서 배척되는 것은 아니다(Second Restatement of Contract §80).

예를 들어 보자. A는 유아인 B와 계약을 맺고자 한다. B가 자신의 계약상의 의무를 취소할 수 있는 권리를 지니고 있다 하더라도, 이는 그의 약속이 약인으로 취급되는 것까지 금하는 것은 아니다.

6. 일방계약 · 옵션계약

108 일방당사자가 이행을 완료한 후에만 성립하는 일방계약이나, 일방당사자가 대가를 지급하고 결정을 내릴 시간을 부여받는 옵션계약에 있어서도 약인의 상호성 요건이 긍정된다.

7. 보증의 약속

109 보증계약(suretyship contracts)은 제3자의 채무를 변제해 주는 약속을 포함하는 계약이다.[59] 보통 보증계약의 문제는 한 사람(채무자 혹은 주채무자)이 채권자로부터 금전을 차용하는 과정에서 채권자가 채무자 이외에 채무의 변제를 담보할 수 있는 제3자를 요구하는 때에 일어난다. 보증의 약속은 채권자가 채무자에게 약인을 제공하기 이전에 이루어진 것이기만 하면 강제가능한 것으로 인정된다. 이와 같은 해결책의 이론적 근거는, 상호성의 요건은 약인이 약속자에게 제공되는 것까지 요구하고 있지는 않으므로 약속

---

59) 보증계약에 대해서는 이 책 **161** 부분도 참조.

자의 약속에 대한 교환으로서의 약인이 제3자에게 제공되어도 충분하다는 것이다.[60] 예를 들어 생각해 보자. 매수인은 매도인과 신용거래 형태로 자동차를 매수하는 계약을 체결하였다. 매수인과 매도인은 매매가액에 대해서는 합의를 하였으나 매도인은 다음과 같은 부가적 제안을 하였다: "매수인과 함께 지불약속문서에 서명할 보증인이 없는 한 지급기한을 연장하지 않겠다." 이에 매수인은 아버지에게 자신과 함께 지불약속문서에 서명할 것을 부탁하였고 아버지는 그 부탁을 들어주었다. 이 경우 비록 아버지(promisor)가 자동차(약인)를 받는 것은 아니지만, 그 역시 매수인과 함께 지불약속문서에 대한 책임을 부담(약인)하게 되는 것이다.

만약 보증인이 이미 약인이 채권자로부터 채무자에게 제공된 후에 약속한 경우에는 다음의 경우를 제외하고는 보증인은 의무에 구속되지 않는다고 본다: ① 채권자가 보증인의 제공을 조건으로 한 계약에 기하여 이행을 한 경우; ② 보증인(surety)이 직접 계약서(negotiable instrument)에 서명하는 경우. 이와 관련하여 다음과 같은 예를 생각해 보자.

1) 매수인(buyer)과 매도인(seller) 사이의 협상과정에서 매도인은 매수인이 보증인을 세우면 좋겠다는 언급을 하였다. 그러나 실제 계약의 서면(writing)상에는 보증인에 대한 언급은 없었다. 이 경우에 매도인과 매수인이 서명한 후에는 매수인의 친구 S가 서면으로 보증약속을 하였다 하더라도 S의 약속에는 구속력이 없다.

2) 매수인과 매도인은 다음과 같은 서면상의 계약을 체결하고자 한다: "매수인은 매도인이 인정하는 보증인을 세울 것이며, 매도인은 그러한 보증인이 세워지기 이전에는 이행을 하여야 할 의무가 없다." 계약에 서명한 후에 매수인은 그의 친구 S로부터 계약의 보증인이 되겠다는 서면상의 약속을 받았다. 매도인은 S를 보증인으로 승인하였고, S의 약속을 신뢰하고 계약내용을 진행시켰고 물품을 송달하였다. 이 경우에 S의 약속은 구속력이 있다.

---

60) 이에 대해서는 이 책 86 도 참조.

3) 매수인과 매도인은 매매계약을 체결하고자 한다. 매도인은 물품을 송달하였으나 매수인은 대금을 지급하지 못하였다. 매도인은 소를 제기하겠다는 의사를 표시하였고 매수인은 매도인에게 이행기를 6개월 연장해 준다면 자신의 친구인 S의 보증약속을 받아내겠다고 제시하였다. 매도인은 이에 동의하였고 매수인은 S가 매수인을 보증한다는 서면상의 약속을 받아냈다. 이 경우에 S의 약속은 구속력이 있다.

8. 이행방법에 대한 선택권

110 이행수단 중에서 하나를 선택하게 하는 약속은 모든 선택사항이 법적 손해의 요소를 갖추고 있지 않는 한 허구적인(illusory) 것으로 취급한다. 그러나 약속자의 지시를 받지 아니하는 제3자가 선택권을 가지고 있는 경우에는 선택사항 중의 일부가 법적 손해의 요소를 지니고 있지 않다 하더라고 약속자가 선택권을 포기한 그 자체를 손해로 보아 약인 요건을 충족한 것으로 본다.

다음과 같은 예를 생각해 보자. 대학교의 영어교수인 A는 그 학교의 학생인 B에게 B가 250 달러를 지불한다는 약속에 대한 대가로 ① B에게 수영을 교습해 주는 것, ② B의 초상화를 그려 주는 것, ③ B에게 영어를 강의하는 것 중 하나를 하기로 약속하면서, 이들 중 어느 일을 할 것인가에 대해서는 전적으로 A 자신의 선택에 의하도록 하였다. 선택사항 중 ③은 A에게 법적 손해가 존재하지 않는다. 왜냐하면 A와 대학교 사이에는 고용계약관계에 있는데, A가 강의를 한다는 것은 선존의무(preexisting duty)이기 때문이다. 그러므로 A의 약속은 B가 250 달러를 지급하기로 한 약속에 대한 약인이 되지 못한다. 그러나 이 사안에서 B의 어머니가 이행사항 중에서 하나를 선택하기로 되어 있다면 법적 손해가 존재하는 것으로 인정되어 유효한 약인이 된다. 이러한 결과는 B의 어머니가 ③을 선택한 경우에도 마찬가지이다.

한편, A가 법적 손해가 없는 선택권을 보유하는 경우라 하더라도, 그가 실질적으로 선택하는 사항이 법적 손해를 포함하고 있는 경우라면(예: 선택사항 중 ① 또는 ②) 허구의 약속(illusory promises)은 치유될 수 있다. 즉 법적 손해를 지니는 사항을 선택함으로써 허구약속이 치유될 수 있다.

Ⅳ. 약인의 대체물

111 미이행의 쌍방계약은 유효한 약인을 전제로 해서만 실현시킬 수 있는 것이 원칙이다. 그러나 약인의 대체물(substitute for consideration)이 존재한다면 최소한 계약의 일부를 강제가능한 것으로 할 수 있다.

1. 금반언의 원칙 또는 손해유발신뢰[61)]

112 다수의 견해에 의하면, 약인이 없다 하더라도 금반언의 원칙(Promissory Estoppel)에 의하여 약속자의 이행이 강제되는 경우가 있다.

금반언의 원칙이 적용되기 위한 요건에 대하여 First Restatement of Contract §90은, 다음의 요건들이 충족되는 때에는 부당함(injustice)을 방지하기 위하여 필요한 한도에서는 문제의 약속을 강제가능한 것으로 하고 있다: ① 합리적인 기준에서 볼 때 약속자의 입장에서 일정한 작위(action)나 부작위(forbearance)가 일어날 것을 예상할 수 있어야 한다; ② 그러한 작위나 부작위가 명확하고 실질적인 성질을 띠어야 한다; ③ 또한 그러한 작위나 부작위가 실제로 일어나야 한다.

한편, Second Restatement of Contract §90은 작위나 부작위가 직접적으로 명확하고 실질적인 성질을 띨 것을 요구하지는 않고 "정당성이 요구하는 한도 내에서 제한될 수 있는 범위일 것"이라는 포괄적인 규정으로 대체하였다.

다음과 같은 예를 생각해 보자.

① A는 K대학교의 문과대학이 새 건물을 지을 수 있도록 K대학교에

---

61) 대부분의 州는 금반언의 원칙이라는 용어를 사용하나, 일부 州에서는 '손해유발신뢰(detrimental reliance)'라는 용어를 사용한다.

50000 달러를 유증(bequeath)하기로 약속하였다. K대학교는 당해 약속을 신뢰하고 새 건물의 기공식까지 치렀다. 이 경우 K대학교는 A에게 50000 달러를 요구할 수 있다.

② A는 B에게 B가 새 자동차를 장만한다면 15000 달러를 주기로 약속하였다. A의 약속이 동기가 되어 B는 13000 달러에 새 자동차를 매수하였다. A는 적어도 13000 달러를 B에게 지급하여야 할 계약상의 의무를 부담한다.

③ A가 증여의 의사로 B가 직장을 그만두고 대학에 들어가면 등록금을 대주겠다고 약속하였다. 이를 신뢰하여 B가 실제로 직장을 그만두고 대학에 들어갔다면, A는 자신의 증여약속에 대한 책임을 부담하여야 한다.

위에서 본 바와 같이 수약자가 약속자의 약속을 신뢰하여 행동을 하고 불이익을 입은 경우에는 그 약속에 일정한 효과를 부여하고 약속위반에 대한 구제를 인정하고 있다. 요컨대, 수약자가 일정한 약속을 신뢰하고 그것에 의해 무엇인가 불이익을 입은 경우, 그리고 약속자도 그 점을 충분히 예상할 수 있었던 때에는 약속에 대한 금반언의 원칙 또는 손해유발신뢰 이론이 적용된다.

약속에 대한 금반언의 원칙 또는 손해유발신뢰가 적용되는 구체적인 경우 중에는 계약교섭이 결렬되어 손해를 입은 피해자에 대한 구제의 문제로서 한국 민법학에서 계약체결상의 과실(한국민법 제535조)의 관념과 유사한 것도 있다. 코먼로의 원칙은 계약이 성립하지 않았다면 계약교섭 중에 행하여진 여러 약속에 관해서는 일체 책임을 부담하지 않는다는 것이다. 그러나 예외적으로 일정한 구제를 인정하고 있다. 만일 이 소송이 계약위반소송이라면 계약위반으로 인하여 발생한 손해의 배상이 문제될 것이다. 그러나 계약교섭 결렬의 경우에 인정되는 소송은 계약위반소송이 아니기 때문에 법원은 불공평을 방지하기 위하여 필요한 한도에서 손해의 배상을 인정한다.[62)]

---

62) Hoffman v. Red Owl Stores, Inc. (1965)

2. 서면에 의한 약속

113 일부의 법원에서는 서면에 의한 약속(Promises in writing)의 경우에는 약인이 존재하지 않아도 이를 강제가능한 약속으로 보면서, 그 근거를 단순히 문서에 의한 것이라는 사실 자체에서 구하고 있다. 그러나 대다수의 州에서는 UCC의 규정에 의하여 채택된 범위를 제외하고는 그러한 입장을 채택하지 않는다.

다음에서는 서면약속에 관한 UCC의 규정내용을 보기로 한다.

첫째, 계약수정의 경우이다. 신의성실의 원칙에 따라 계약을 서면으로 수정(modification)하는 경우에는 별도의 약인이 요구되지 않는다. 계약에서 명시적으로 금하는 경우가 아니라면 구두에 의한 수정도 마찬가지이다. 일반적으로 사기방지법[63](500 달러 이상)에 의해 계약이 수정되는 경우를 제외하고는 수정이 꼭 서면에 의하여야 하는 것은 아니다(UCC §2-209).

둘째, 상인에 의한 확정청약(firm offers)의 경우이다. 3개월이 넘지 않는 상당한 기간 동안 청약의 승낙적격의 효력을 인정하고 청약의 불철회 조건을 청약에 명시하여 서면에 서명까지 한 경우라면, 상인은 그러한 청약에 구속되는 것으로 본다. 만약 청약의 형태가 피청약자에 의해 제시된 경우라면, 청약불철회의 조항은 청약자가 따로 다시 서명하여야 한다(UCC §2-205).

3. 법에 의하여 금지된 법적 의무를 지급할 것을 약속하는 경우

114 위에서 살펴본 바와 같이, 선존의무의 이행청구가 법에 의하여 금지된 경우라 하더라도 다시 새로운 약속을 하여 이를 이행하게 하는 것은 가능하다. 그러나 이를 인정하기 위해서는 새로운 약속은 서면에 의하거나 또는 약속에 대한 일부의 이행이 있어야 한다. 한편, 새로운 약속의 강제가능성은 새로운 약속의 조건에 따른 것이지 원래 약속의 조건에 따른 것이 아니라는 점에 유의하여야 한다.

---

63) 사기방지법에 대해서는 이 책 158 이하 참조.

예를 들어 생각해 보자. B는 A에 대하여 30000 달러의 채권을 가지고 있다. 그러나 B가 이행청구의 소를 제기하는 것은 출소기한법(Statute of limitation)의 적용에 의하여 허용될 수 없게 되었다. 그러나 A가 서면으로 B에게 20000 달러를 지급할 것을 새로 약속하였다면, B는 더 이상 약인의 부담없이 당해 계약을 실현시킬 수 있다(그러나 이 때의 유효범위는 원래의 30000 달러가 아닌 20000 달러까지이다).

4. 취소할 수 있는 약속의 추인

115 무능력자에 의해 체결된 대다수의 계약은 강제성을 가지지 못한다. 그러나 무능력자가 능력을 회복한 뒤에 계약을 추인(reaffirmation)하는 경우에는 그 때로부터 구속력을 지닌다.

5. 날인증서에 의한 계약

116 영미 계약법에는 방식계약(formal contract)과 비방식계약 또는 단순계약(informal contract, simple contract)의 구별이 있다. 전자는 날인증서에 의한 계약(contract under seal)을 말하며, 후자는 통상의 계약, 즉 약인이 있는 것에 의하여 구속력이 인정되는 계약을 말한다. 날인증서에 의한 계약은 단순계약보다도 훨씬 오래된 기원을 가지고 있으며, 여기에 있어서 계약의 구속력의 근거는 날인증서 자체가 존재한다는 사실이다. 날인증서에 의한 계약의 성립요건은 약속이나 채무의 내용을 서면에 기재하고, 이것에 날인하여 상대방에게 교부하는 것이다. 예전에는 봉랍(封蠟)으로 약속자를 표상하는 인장을 날인하고 약속을 명시한 문서에 첨부하게 하였다. 그러나 현대에 들어와서 개인의 경우에는 날인의 의사로 붉은 색깔의 종이조각이나 봉랍 등 어떠한 표시이든 간에 첨부하면 되고, 특히 미국법에서는 서명 후에 Seal이나 L.S.(locus sigilli)를 쓰면 족한 것으로 되어 있다.

날인증서에 의한 계약의 효과를 살펴보자. 첫째, 증여와 같은 무상계약은 약인이 없으므로 계약으로서의 법적 구속력을 갖지 못하는 것이 원칙이다. 그러나 날인증서로 계약을 하게 되면 날인증서 자체의 존재에 의해 법적인 구속력을 인정받게 된다.[64] 둘째, 날인증서에 의한 금반언(estoppel by deed)이다. 즉 날인증서에 기재된 사실에 관하여는 금반언의 법리가 적용되고 그것에 반하는 주장이 금지되어 있다. 셋째, 단순계약에 비하여 출소기간이 길다.

날인증서에 의한 계약의 효력은 영국에서는 현재에도 유지되고 있다. 그러나 미국법에서는 사기방지법에 의해 서면을 요구하는 계약의 범위가 확대되어감에 따라 날인증서에 의한 계약이 갖는 의미가 상실되어 가고 있다. 그리하여 날인증서에 의한 계약의 효과를 폐지하거나 수정하는 州가 많다. 게다가 UCC §2-203은 물품의 매매계약에 있어서 날인증서에 의한 계약의 효력을 완전히 부정하고 있다. 그러나 반 이상의 州에서는 날인증서에 의한 계약이 여전히 의미를 보유하고 있다.

제 4 절 항변사유의 부존재 요건

Ⅰ. 서 설

117 유효한 약인 내지는 약인의 대체물이 존재한다 하여 언제나 계약이 강제력을 가지는 것은 아니다. 왜냐하면 계약에 성립상의 항변사유가 존재하는 때에는 계약상의 약관을 실현하는 데에 있어서 장애사유로 작용하기 때문이다. 이와 같은 항변사유가 존재하는 때에는 계약상의 권리를 강제할 수 없다. '계약성립에 대한 항변(formation defenses)'에 해당하는 사유는 다양한 형태로 나타나는데, 다음과 같은 유형으로 구분하여 설명하고자 한다: ①

64) 이러한 결과는 한국 민법의 경우와 유사한 점이 있다. 한국민법 제555조는 "증여의 의사가 서면으로 표시되지 아니한 경우에는 각 당사자는 이를 해제할 수 있다."라고 규정하여 서면에 의한 증여인가 여부에 따라 구속력에 차이를 두고 있다.

의사의 결함에 기한 항변; ② 계약의 내용에 기한 항변; ③ 서면성(사기방지법)에 기한 항변. 이들에 대하여 차례로 보기로 한다.

Ⅱ. 의사의 결함에 기한 항변

118 계약은 당사자의 자유로우며 자발적인 의사에 의하여 체결되었다는 점에서 구속력이 인정되는 것이다. 그러므로 당사자의 일방이 판단능력을 결하고 있거나 또는 계약체결의 요소인 의사표시가 착오, 부실표시, 강박 또는 부당위압에 의한 것이라면 그러한 계약에 강제력을 인정하기 곤란한 것이다. 다음에서는 의사의 결함에 기한 항변사유를 구체적으로 살피기로 한다.

1. 무 능 력

119 일정한 부류의 사람을 무능력(lack of capacity)으로 본다. 무능력자는 스스로 계약을 체결하여 계약상의 의무에 구속될 수 있는 법적인 능력이 없는 사람으로서 법적 보호의 대상이 된다. 약속자가 무능력을 항변사유로 주장하고자 하는 경우, 그의 선택에 따라 계약은 취소될 수 있다. 무능력에 해당하는 사람의 유형으로 다음 세 가지를 보기로 한다: ① 미성년자; ② 정신장애자; ③ 약물·알콜 중독자.

(1) 미성년자

120 미국의 거의 모든 州는 계약체결능력에 관한 제정법을 가지고 있다. 그리고 일정한 연령에 미달하는 자를 '미성년자(infants)'라고 부른다. 전통적인 코먼로에서는 성년연령을 21세로 하고 있었지만 현재 미국의 많은 주는 그 연령을 18세로 하고 있으며, 일부 주에서는 19세로 정하고 있다. 한편, 미성년자라 하더라도 혼인을 한 자는 성년으로 간주한다.

일반적으로 미성년자는 자신들을 구속하는 계약을 체결할 능력을 지니지 못하는 것으로 한다. 즉 미성년자가 행하는 계약은 보호자 또는 본인에 의해서 그가 성년에 이를 때까지, 나아가 그 후에 합리적인 기간 내에서 취소할 수 있다. 그러나 성년인 자는 그가 미성년자에게 한 계약상의 약속에 의하여 구속된다. 즉 미성년자와 성년인 자 사이의 계약은 미성년자에 대하여는 취소할 수 있는 것이고 성년인 자에 대하여는 구속력을 지니는 것이다. 계약이 취소된 경우 미성년자가 이득을 얻고 있다면 반환(restitution)의 법리에 따라 이득을 반환하여야 한다. 미성년자 측의 취소권은 미성년자가 성년에 달한 후 합리적인 기간 내에 이를 행사하지 않으면 소멸한다. 미성년자가 자기를 성년자라고 부실표시한 것만으로는 취소권에 영향을 주지 않는다.

미성년자는 성년에 달한 후에 그 계약을 추인(affirmance)할 수도 있다. 미성년자가 추인하게 되면 계약은 완전히 유효한 것으로 된다. 이러한 추인행위는 명시적인 의사표시로 이루어질 수도 있고 묵시적인 방법으로도 가능하다. 성년이 된 후 상당한 기간 내에 계약을 취소하지 않거나 계약의 대상이 된 물건이나 이익을 계속 보유하는 것과 같은 행위는 묵시적 추인으로 볼 수 있다.

미성년자에 의하여 체결된 계약이라 하더라도 취소할 수 없는 경우가 있다는 점에 유의하여야 한다. 그 대표적인 것이 필수품(necessities)에 관한 계약이다. 무엇이 필수품인가 하는 것은 구체적인 상황에 따라 개별적으로 판단한다. 한편, 미국의 일부 州에서는 제정법으로서 예외를 인정하는 경우도 있다. 보험계약(insurance contract), 학자금대출계약(student loan contract) 등과 같은 것이 그 예이다.

(2) 정신장애자

121 정신장애자에 의하여 체결된 계약에 대한 법적 관심은 정신장애자에 대한 보호와 그 상대방의 합리적인 기대 내지 거래안전의 조화이다.

많은 판례에서는 정신장애자를 두 가지로 구별하고 있다: ① 거래의 성질과 그 행위의 결과를 이해할 능력이 흠결되어 있는 정신상태; ② 동기의 형성 또는 합리적인 판단능력이 흠결되어 있는 정신상태. ①의 경우는 계약의 상대방이 정신장애자의 정신상태를 알고 있었는지 여부와 관계없이 무효이다. ②의 경우는 계약의 상대방이 정신장애자의 정신상태를 알고 있었던 경우에 한하여 정신장애자에게 취소권을 주고 있다.

일방 당사자에게 정신장애가 있는 경우에는 부당위압(undue influence)[65]의 문제가 고려되는 경우가 많다.

(3) 약물·알콜 중독자

122 약물 또는 알콜중독 등에 의한 정신장애의 경우에도 장애자에 대한 보호와 그 상대방 내지 거래안전의 요구를 조화하는 것이 중요하다. 그리하여 임의로 약물 또는 알콜중독으로 된 자와 치료를 위하여 어느 정도 임의성 없이 약물 또는 알콜중독으로 된 자를 구별하고 있다. 전자의 경우에는 계약의 상대방이 정신상태의 손상을 알고 있었던 경우에만 취소할 수 있다. 반면, 후자의 경우는 계약의 상대방이 정신상태를 알고 있었는지 여부와 관계없이 무효이다.

2. 착　오

(1) 의 의

1) 개 념

123 착오(mistake)라 함은 표의자의 진의와 표시행위가 일치하지 않는 경우로서 그러한 불일치를 표의자 자신이 알지 못하는 것이다. 계약법은 계약을 체결한 당사자의 합리적인 기대를 보호하는 기능을 하여야 한다. 그런데 당사자 일방이 자신의 진의와 표시행위가 일치하지 않는다는 이유만으로 계약의 구속력을 부정할 수 있다면, 타방 당사자의 기대는 무시하는 것이 된다. 그러므로 미국 계약법에 있어서는 일방의 진실한 의사의 보호와 상대방의 합리적인 기대에 대한 보호 사이에 균형을 유지하고자 한다.

---

65) 부당위압에 대해서는 이 책 141 이하 참조.

2) 착오의 분류: 쌍방착오와 일방착오

124 우리나라에서는 착오를 크게 표시상의 착오[66]와 내용의 착오[67]로 구분한다. 그리고 특별한 경우로서 동기의 착오(또는 성상의 착오)[68]에 관해서는 복잡한 논의가 있다.[69] 그런데 미국 계약법에 있어서는 표의자의 의사의 진정성의 보호와 그의 상대방의 신뢰에 대한 고려라고 하는 것을 축으로 논의할 뿐, 대륙법에서와 같은 복잡한 분류를 행하지 않고 있다. 미국 계약법상 착오의 분류로서 중요성을 띠는 것은 쌍방착오와 일방착오의 구별이다.

코먼로에서는 전통적으로 양당사자가 계약의 성격에 대해 잘못 이해한 경우인 쌍방착오(mutual mistake)와 당사자 일방만이 계약의 성격에 대해 오해하는 경우인 일방착오(unilateral mistake)를 구분하여 왔다. 쌍방착오에 있어서는 계약의 취소가 보다 쉽게 인정되는 반면, 일방착오에 있어서는 착오가 상대방에 의해 유발되었다든지 혹은 상대방이 착오자의 착오 사실을 알았거나 알 수 있었던 경우에 한정하여 계약의 취소가 인정된다.

그런데 쌍방착오와 일방착오를 구분하여 법률관계를 결정하는 것은 많은 난점이 있다는 비판이 제기되어 왔다. 'Sherwood v. Walker' 사안(1887)을 가지고 이 문제를 살펴보기로 하자.

사실관계는 다음과 같다. Walker는 Sherwood에게 암소 한 마리를 매도하기로 마음먹었다. 그 계약을 체결할 당시 Walker는 그 암소가 새끼를 밸 수 없는 것으로 생각했으나, 소를 인도하기 전에 그 소가 이미 새끼를 배고 있다는 사실을 발견하고 소의 인도를 거부하면서 계약을 취소하고자 하였다. 새끼를 밸 수 있는 소는 불임인 소에 비해 훨씬 높은 가격으로 거래되고 있었기 때문이었다. 이에 대하여 매수인 Sherwood는 소의 인도를 요구하는 소송을 제기하였다.

---

66) 예: 10 파운드라고 써야 할 것을 깜빡하고 10 달러로 쓴 경우

67) 예: 파운드와 달러의 가치가 동일하다고 잘못 인식하여 10 파운드의 가치를 의도했지만 10 달러로 표시한 경우

68) 수태하고 있는 좋은 소라고 오신하여 이를 매수하는 계약을 체결하였는데, 사실은 불임증에 걸린 소인 경우

69) 이에 대해서는 명순구, 앞의 책『민법학기초원리』, 492-496면 참조.

이 판결에서 다수의견은 계약체결 당시에 양당사자 모두 그 소가 불임인 것으로 오해하고 있었다는 판단 아래 쌍방착오의 법리(doctrine of mutual mistake)에 근거하여 원고의 청구를 기각하였다. 즉 매도인의 계약취소권 행사를 정당한 것으로 판단하였다. 원고는 이 사안이 쌍방착오(mutual mistake)가 아니라 일방착오(unilateral mistake)에 해당한다고 주장하였다. 즉 원고는 그 소가 임신 가능한 소라는 사실을 알고 있었으므로 일방착오의 문제라고 주장한 것이다. 소수의견은 매매가격이 불임인 소 가격보다는 다소 높았다는 사실 등을 감안하여 원고의 주장을 받아들이면서 계약은 유효하고 따라서 피고는 소를 인도하여야 한다는 입장이었다.

이와 같이 일방착오와 쌍방착오의 구별은 불명확한 경우가 많다. 양자의 구별에 대하여 명확한 이론이 제시되지 않고 있다. 다만 그동안 제시한 몇 가지 기준을 간단히 소개하기로 한다.

① Posner의 주장을 들어보자. 'Sherwood v. Walker' 사안과 관련하여 Posner는 매도인은 자신이 소유하고 있는 재화의 성질에 대해 더 잘 알 수 있는 위치에 있으므로 매도인에게 착오와 관련한 위험을 부담시켜야 하고, 따라서 매도인은 매수인의 착오 여부에 관계없이 계약을 취소할 수 없다고 평가하였다.70)

② 다음으로, Cooter and Ulen의 주장을 들어보자. Cooter and Ulen은 정보를 생산적 정보와 재분배적 정보로 나누고, 재분배적 정보에 대해서만 당사자들이 상대방에게 고지의무를 부담하는 것으로 보았다. 예컨대, 지질학자가 탐사·연구에 의하여 어떤 토지가 귀중한 광물을 함유하고 있다는 사실을 알아내고 그 토지를 매입했다면, 판매자는 착오를 이유로 그 계약을 취소할 수 없다는 것이고, 그렇게 함으로써 생산적인 정보의 생산을 촉진시킬 수 있다는 것이다. 한편 재분배적 정보는 새로운 부의 창출에는 기여하지 않으나 그 정보를 소유한 사람에게 유리한 소득재분배가 일어나도록 하는 정보로서, 이러한 정보의 과다생산은 사회적으로 낭비를 초래한다. 따라

70) 한편 병든 소를 건강한 소로 착각하고 구매한 경우, Posner의 논리에 따른다면 매수인은 계약을 취소할 수 있을 것이다.

서 재분배적인 정보를 갖지 못하여 착오를 일으킨 당사자는 그러한 정보를 가진 상대방과 체결한 계약을 취소할 수 있어야 한다는 것이다. Cooter and Ulen의 'Laidlaw v. Organ' 사안(1815)에 대한 평가를 통하여 그들의 주장을 좀 더 구체적으로 들어보자. 사안의 내용은 다음과 같다: 1812년 영국과 미국 사이의 전쟁이 계속되는 중 영국이 New Orleans를 봉쇄했고, 그에 따라 담배와 같은 수출품의 가격이 폭락했다; Organ은 전쟁이 끝난다는 정보를 들었는데, ㅗ 사실을 보르는 Laidlaw 측으로부터 매우 낮은 시중가격으로 담배를 매입하였다. 바로 그 다음날 평화협정이 체결되었다는 사실이 공표되었고 담배가격은 폭등하였다. 이에 대하여 Cooter and Ulen은 생산적인 발견을 촉진하고 지식과 지배를 통합(unite knowledge and control)하는 데 이바지한다면 그런 계약은 강제되어야 하겠지만, 이 사례에 있어서 Organ은 정보를 우연히 얻었고 나아가 하루 앞당겨진 지식과 지배의 통합이 담배증산으로 연결되지도 않으므로, 계약의 강제가 바람직하지 않다고 평가하였다. 즉 Laidlaw에게 취소권을 부여하는 것이 타당하다는 것이다.

위에서 살펴본 바와 같이 쌍방착오와 일방착오의 구별이 모호한 점이 있으나, 다음에서는 이 구별을 전제로 하여 논의를 전개하기로 한다.

(2) 쌍방착오의 경우

125 쌍방착오(mutual mistake)란 계약을 체결하려는 양당사자가 계약과 관련되는 사실에 대하여 착오를 일으킨 경우이다. 이 경우에 다음의 요건을 갖춘다면 착오로 인하여 불리한 위치에 있는 당사자가 취소할 수 있다: ① 착오는 계약의 중대한 기본적 사항에 관한 것이어야 한다; ② 착오로 인하여 동의한 교환내용에 실질적인 불공평이 초래되어야 한다; ③ 취소하려는 당사자가 착오에 대한 위험을 부담하지 않는 경우이어야 한다.

쌍방착오와 관련하여 이론적으로 문제되는 것 중에 '가치에 대한 착오(mistake in value)'가 있다. 다음에서는 이에 대하여 살펴보기로 한다. 계약의 당사자가 문제되는 물품의 가치에 대하여 착오를 일으켰다 하더라도 일반적으로 그러한 가치가 계약의 기본적 사항을 이루고 있고, 착오로 인하여 동의한 교환 내용에 실질적인 불공평을 초래하는 경우가 아니라면 구제될 수 없는 것으로 한다. 법원은 당사자가 가치의 결정에 대한 위험을 부담한다고 보는 것이다. 그러나 당사자가 가치에 대한 모든 위험을 부담하는 것이 아니라는 사실관계가 입증될 수도 있다. 이러한 경우, 가치에 대한 착오라 하더라도 계약을 취소할 수 있다. 당사자가 가치를 어떻게 이해하였는지를 결정하기 위해서는 구체적인 사실관계를 고려하여야 한다.

예를 들어 보자. A는 대단한 가치를 지닌 것처럼 보이는 광물을 채취하였다. A는 광물에 대하여 전문적 지식이 없으므로 이를 보석감정인 B에게 감정을 의뢰하였다. B는 이것이 특별한 가치가 없는 황옥에 불과한 것으로 감정해 주었다. 그 광물이 황옥이라고 믿은 A는 이를 B에게 100 달러에 매도하기로 하는 계약에 합의하였다. 그러나 그 후 B의 감정이 잘못된 것임이 밝혀지고 광물이 25000 달러의 가치를 지니는 것으로 밝혀졌다. 이는 계약의 양 당사자가 가치에 대하여 쌍방착오를 일으킨 경우이다. A는 계약을 취소하여 광물을 회복할 수 있는 권리가 있다. 그러나 만약 B가 A에게 광물의 가치를 알 수 없다고 하였고, 당사자간에 이를 100 달러에 매도하기로 한 합의가 있는 경우였다면, A는 위와 같은 상황에 대한 위험을 스스로 부담한 것이다. 그러므로 이 경우에 B는 광물의 실제 가치가 25000 달러임이 드러난다 하더라도 이를 반환할 필요가 없다.

(3) 일방착오의 경우

126 계약과 관련된 사실에 대하여 당사자 일방만이 착오를 일으킨 일방착오(unilateral mistake)의 경우는 계약의 성립에 영향을 미치지 않는다. 그러나 상대방이 착오에 대하여 알거나 알 수 있었을 경우에는 그러하지 아니하다. 몇 개의 유형으로 구분하여 살펴보기로 한다.

1) 당사자에 대한 일방착오

127 A와 B는 고가의 반지에 대한 매매계약을 체결하려고 한다. 그런데 B는

A를 그와 유사한 이름을 가진 다른 사람이라고 착오를 일으켰다. A는 B의 착오를 유발하지도 아니하였으며, B가 착오를 일으킨 것에 대하여 알지도 못하였다. 이 경우 B의 일방적인 착오를 A가 알았거나 알 수 있었을 것이라 인정되지 아니하므로, B는 계약을 취소할 수 없다.

2) 성상에 대한 일방착오

128 A는 준설기를 매도할 것이라는 광고를 하였다. B의 종업원이 준설기를 점검한 후 B는 준설기를 35000 달러에 매수하겠다는 청약을 하였고, A는 이를 승낙하였다. 준설기를 인도하기 이전에 B는 당해 준설기의 일부 기능이 얕은 물에서는 작동되지 않는다는 사실을 알아냈고, 이는 B가 처음에 준설기를 매수하려는 주목적의 달성에 치명적인 것이었다. A는 B의 이러한 착오에 대하여 알지 못하였으며 그 준설기가 B가 예상하고 있던 기능을 가지고 있다는 방향으로 착오를 유발하지도 않았다. B의 이러한 일방적 착오는 A가 알았거나 알 수 있었던 것이 아니므로, B는 계약을 취소할 수 없다.

3) 계산에 대한 일방착오

(가) 일반원칙

129 A는 B에게 여러 종류의 하드웨어를 팔기로 하는 계약을 체결하였다. A는 전체의 가격을 15000 달러로 계산하고 B는 이를 지급하기로 하였다. 그러나 후에 A는 자신이 계산을 잘못하여 실제가격이 17000 달러인 것을 15000 달러로 하였다는 사실을 알게 되었다. 이 경우 A의 계산상의 잘못에 대하여 B가 알았거나 알 수 있었던 경우가 아니므로, 계약은 15000 달러에 대하여 성립한 것으로 보는 견해가 우세하다.

(나) 형평법상의 취소

130 계산상의 착오(computation error)를 일으킨 당사자의 상대방이 계산사항을 계약에서 중요한 요소로 고려하지 아니하였다면 형평법의 관점에서 계산상의 착오를 포함하는 계약이라도 취소할 수 있도록 한 판례도 있다. 또한 근래의 판례 중에는 일방의 착오가 상대방이 계약상 예상할 수 있는

범위를 초과하는 정도로 큰 것이라면 계약을 취소할 수 있는 근거가 될 수 있다고 한 것도 있다.

3. 부실표시

(1) 의 의

131 당사자 일방에 의한 부실표시(misrepresentation)를 신뢰하여 계약을 체결한 타방의 당사자를 보호하기 위하여 계약법은 피해당사자를 그 계약으로부터 이탈시켜 주거나 그 계약을 수정하는 것을 인정하고 있다. 부실표시는 계약법뿐만 아니라 불법행위법에 있어서도 문제가 된다. 불법행위법에서는 부실표시에 대해서 피해당사자에게 손해배상청구권을 부여하고, 특히 고의적인 부실표시에 대해서는 경우에 따라 징벌적 손해배상(punitive damages)[71]까지 부담시킨다.

미국 계약법에 있어서 부실표시는 한국 민법에서의 사기에 의한 의사표시와 유사하다. 그러나 부실표시는 사기행위뿐만 아니라 그 이외의 행위도 포함하는 넓은 개념이다. 또한 부실표시를 신뢰해서 착오에 빠진 당사자의 법적 보호를 중시하는 입장이므로, 부실표시를 한 계약당사자의 주관적 요소는 별로 문제되지 않는다.[72]

(2) 요 건

132 부실표시는 불법행위법에서도 문제되며, 이 경우에는 행위자의 위법한 부실표시로부터 피해자를 구제하는 것이 중요내용이다. 이에 반해, 계약법은 계약으로부터의 이탈을 중심으로 하여 상대방의 부실표시를 신뢰한 표의자를 보호하는 것을 기본방향으로 한다. 그러므로 계약법상의 부실표시의 요건은 불법행위법상의 부실표시의 요건에 비하여 엄격하지 않다.

---

71) 징벌적 손해배상에 대해서는 이 책 258 참조.

72) 우리 민법에 있어서 '사기'에 의한 의사표시가 문제되기 위해서는 다음과 같은 요건이 구비되어야 한다: ① 사기행위; ② 사기자의 고의; ③ 상대방이 착오에 빠질 것; ④ 착오에 의해서 의사표시를 했을 것; ⑤ 사기가 위법할 것.

다음에서는 계약법상의 부실표시의 요건을 좀 더 구체적으로 보기로 한다.

1) 부실표시의 존재

133 부실표시란 실제의 사실과 다른 내용을 표시하는 것이다. 벽의 누수를 숨기기 위하여 누수로 인하여 더러워진 벽에 페인트 칠을 하여 감추는 것과 같은 행위이다.

문제는 계약당사자 일방이 자신에게 불리한 사실을 상대방에게 고지하지 않은 것이 부실표시로 되는가 하는 것이다. 미국 계약법은 계약당사자에게 정직함을 요구하고 있지만, 공정할 것까지 요구하지는 않는다. 토지매매계약, 주식인수계약, 보험계약 등과 같이 특정사항에 대하여 고지의무를 부과하고 있는 경우를 제외하고는, 단순히 알리지 않은 것만으로 부실표시가 되지는 않는다. 일정한 중요한 사항을 고지할 의무가 제정법에 의하여 인정되는 경우도 있지만, 그 이외에는 당사자 사이에 일정한 신뢰관계가 있는 경우에만 고지의무를 인정한다.

2) 사기 또는 중요사항에 관한 부실표시

134 불법행위법에 있어서 고의에 의한 부실표시를 이유로 불법행위가 되기 위해서는 그 부실표시가 사기적이며(fraud) 중요한 사항(material factor)에 관한 것이어야 한다. 이에 반해 계약법에 있어서의 부실표시는 사기적인 부실표시이든지 혹은 중요한 사항에 관한 부실표시이든지, 그 중 하나만이 일방 당사자에게 해당된다면 충분한 것으로 되어 있다.

우선, 사기적인 부실표시에 대하여 보기로 한다. 사기적인 부실표시라고 하기 위해서는 부실표시자에 의한 사기적 행위가 있어야 한다. 즉 부실표시자가 그의 의사표시의 내용이 사실과 같지 않다는 것을 알고 있으면서 의사표시를 하는 것인데, 이에는 충분한 근거도 없이 사실이라고 말하는 것도 포함된다. 사기적인 부실표시가 계약상의 항변으로 되기 위해서는 이러한 '사기적'이라는 요소가 필요하다.

다음으로, 중요한 사항에 관한 부실표시에 대하여 보기로 하자. 이 유형의 부실표시는 2가지로 분류된다. 첫째, 이성적인 일반인이 그 부실표시에 의해서 계약을 체결할 개연성이 높다면 그 부실표시는 중요한 사항에 관한 부실표시라고 할 수 있다. 둘째, 이성적인 일반인이 아니라 일정한 상황을 기초로 피해당사자가 그 부실표시에 의해서 계약을 체결할 개연성이 높다는 것을 부실표시를 한 자가 알았거나 알 수 있었다면, 그 부실표시는 중요한 사항에 관한 부실표시라고 할 수 있다.

3) 상대방의 신뢰

135 부실표시를 한 계약당사자의 상대방이 그것을 신뢰하여 계약을 체결했어야 한다. 즉 부실표시에 대한 신뢰와 계약체결 사이에 인과관계가 있어야 한다. 그런데 인과관계의 정도는 상황에 따라 차이가 있다. 이것은 당해 부실표시가 사기에 의한 부실표시인가 아니면 중요한 사항에 대한 부실표시인가에 따른 차이이다. 중요한 사항에 대한 부실표시의 경우에 요구되는 인과관계는 합리적인(reasonable) 인과관계임에 반해, 당사자가 잘못된 설명을 의도한 사기에 의한 부실표시의 경우에 있어서는 사실적인(actual) 인과관계로 족하다.

인과관계의 합리성에 대한 판단요소로는 당사자의 연령, 이력, 교육 정도, 법률경험, 계약의 성질 및 구체적인 주위 상황 등을 들 수 있다. 신뢰가 합리성을 갖추고 있는지를 판단함에 있어서 중요한 요소로는, "그 부실표시가 어떠한 방법으로 행해졌는가?"하는 것이다. 즉 사실, 의견, 법, 장래의 의도 중 어떤 방법에 의하여 표시되었는가 하는 점이다. 의견의 표시는 어디까지나 표시자의 의견이지 사실이 아니므로 신뢰의 기초를 구성할 수 없는 경우가 많다. 예컨대 별장지의 분양을 함에 있어서 현지에 매수인을 데리고 가서 "이 장소의 전망은 이 부근에서 최고로 좋습니다."라고 말하여 매수인이 그러한 의견을 믿고 분양지를 구입했으나, 후에 그 장소의 전망이 다른 장소와 비교할 때 현격히 좋지 않은 경우를 생각해 보자. 이 경우에 문제의 계약에 대하여 부실표시를 이유로 취소하는 것은 합리적이지 못하다. 사실적인 기초를 결하고 있기 때문이다. 그러나 그 표시가 현지를 보지 못한 매수인에게 행해진 때에는 계약을 취소하는 것이 합리적이다. 이러한 정직하지 못한 언명은 의견의 표명이 아닌 사실의 표명으로 보아야 하기 때문이다. 그러나 표시내용이 의견인 경우라도 예외적으로 상대방의 신뢰가 합리적으로 되는 경우가 있다. 당사자간의 관계가 의사와 환자, 변호사와 의뢰인, 은행과 예금자와 같은 신뢰관계가 있는 경우를 그 예로 들 수 있다. 법과 관련되는 부실표시에 대한 신뢰는 합리성이 인정될 수 있을까? 이에 대한 전통적인 원칙은 합리성을 인정하지 않는 것이다. 왜냐하면 모든 사람이 평등하게 법에 접근할 수 있는 가능성을 가지는 것으로 여겨지기 때문이다.

(3) 효 과

136 부실표시의 효과는 계약의 무효, 계약의 취소, 계약의 수정과 같이 다양하게 나타난다.

① 계약을 무효로 하는 경우이다. '계약 자체에 대한 사기(fraud in the factum[73])'가 이에 해당한다. 이것은 계약의 당사자 일방이 타방의 사기로 인하여 자신의 행위의 중요성에 대한 인식이 없이 계약에 동의한 경우이다. "이 서면은 대학입학을 위한 추천서이므로 서명해주세요"라고 말했으나 실제로는 자동차의 매각에 관한 계약서에 서명하게 한 것과 같은 경우가 그 예이다.

② 계약을 취소할 수 있는 경우이다. 계약의 상대방이 부실표시를 신뢰하여 계약을 체결하였는데, 그 신뢰에 합리성이 인정된다면 피해당사자는 그 계약을 취소할 수 있다. 취소 후에 부실표시자에게 양도했던 물건이 남아 있는 경우에는 그 물건 자체의 원상회복이, 그렇지 않은 경우에는 금전에 의한 배상이 인정된다. 또한 피해당사자도 상대방에 대하여 원상회복의 의무를 부담한다. UCC에서는 중대한 부실표시 또는 사기를 당한 당사자는 물품매매계약에서의 모든 구제방법을 취할 수 있다고 규정하고 있다. 따라

---

73) 'fraud in execution'이라고도 한다. 이와 대비되는 것이 '계약내용에 대한 사기(fraud in the inducement)'이다. 이는 동기를 유발하는 과정에서 사기가 있던 경우로서 사기의 상대방이 계약을 취소할 수 있을 뿐이다.

서 UCC에 의하면, 매수인은 계약을 해제하고 손해배상을 청구할 수 있다(UCC §2-703, UCC §2-711, UCC §2-715).

③ 계약의 이행 또는 그 밖의 원인으로 인하여 피해당사자가 피해에 대한 구제로서 계약의 취소를 이용할 수 없는 경우에 법원은 계약을 수정할 수 있다. 이러한 구제는 계약서면에 관한 부실표시의 구제에도 이용된다. 다음과 같은 예를 보자: 매도인 A와 매수인 B 사이에 자동차를 10000 달러에 매매하는 계약이 체결되었다; A가 제시한 계약서류에 B가 서명을 했는데, 후에 그 계약서를 보았더니 15000 달러로 기재되어 있었다; 이 경우에 피해당사자인 B는 법원에 그 계약을 10000 달러의 계약으로 수정해 줄 것을 요구하는 계약수정(reformation)을 청구할 수 있다.

부실표시의 항변을 주장할 수 있는 당사자는 계약을 추인할 수도 있다. 추인은 명시적으로 행해지는 경우도 있으며, 피해당사자가 부실표시가 판명된 후에도 물건에 대한 사용을 계속하는 것과 같이 묵시적으로 행해질 수도 있다. 추인을 하면 취소권은 소멸한다. 취소권을 합리적인 기간 내에 행사하지 않는 경우에도 취소권이 소멸한다. 또한, 취소권을 행사하기 전에 부실표시가 치유된 경우에도 취소권이 소멸한다.

계약당사자 이외의 제3자에 의한 부실표시의 경우에는 어떠한가? C의 부실표시로 인하여 A가 B와 계약을 체결한 경우이다. 이 때에는 A가 B와 계약을 체결하게 된 것이 C의 A에 대한 부실표시에 의한 것이라는 사실을 B가 알았거나 알 수 있었을 때에 한하여 A에게 취소권이 인정된다.

4. 강 박

(1) 의 의

137 강박(duress)이라 함은 위법하게 해악을 고지하여 상대방을 두려움에 빠지게 함으로써, 그 결과 상대방으로 하여금 계약에 동의하도록 하는 것이다. 강박의 피해당사자를 보호하기 위하여 계약법은 피해당사자가 그 계약으로부터 벗어나는 것을 인정하고 있다.

(2) 요 건

1) 부당위협이 있을 것

138 강박은 일방이 상대방에 대하여 계약을 체결하기에 충분한 위협을 가하고 그로 인하여 상대방을 계약으로 유인하는 경우에 인정된다. 위협은 명시 또는 묵시의 언어 또는 행동에 의해서 행해질 수 있으며 상대방에게 해악 또는 손실을 가져다 주는 것이다.

강박에서 말하는 위협은 부당한 위협이다. 부당위협이라는 것이 구체적으로 어떠한 것인가 하는 판단은 어려운 문제이다. 과거의 코먼로는 부당위협을 범죄적인 행위에 한정해서 좁게 해석하였지만, 계약 분야에서 사용되는 위협을 그런 식으로 좁게 해석하게 되면 피해당사자를 구제하는 데에 문제가 있다. 따라서 현대법은 부당위협을 판단함에 있어서 부당한 위협이 가해진 구체적인 상황, 행위의 모습 및 행위자의 주관적인 의도 등을 종합적으로 고려하여 판단한다.

법원이 부당한 위협으로 판단하는 것으로는 다음과 같은 것들이 있다: ① 계약상대방 및 그의 가족의 생명, 신체, 자유, 명예 혹은 재산에 대하여 해를 가하는 범죄적인 행위; ② 범죄에 대하여 고소·고발을 하겠다는 위협 등.

2) 동의를 유발하기에 충분한 위협일 것

139 일방이 타방에게 부당한 위협을 가한 것일 뿐이라면 강박은 성립하지 않는다. 부당한 위협이 가해진 결과 상대방이 그 계약체결에 동의하려는 동기를 가지게 되는 경우이어야 한다. 즉 상대방의 동의를 유발하기에 충분한 위협이어야 한다. 이와 관련하여 Restatement는 "다른 합리적인 선택의 여지가 없다."(Second Restatement of Contract §175(1))라는 표현을 사용하고 있다. 어느 정도가 되어야 동의를 유발하기에 충분한 위협이 되는가에 대한 판단은 일률적으로 말하기 곤란하다. 그러므로 각각의 사안에 따라 구체적인 상황을 고려해서 판단해야 한다. 이에 관한 판단의 요소로는 부실표시에 있어서 상대방의 신뢰에 관한 부분에서 설명한 것과 동일한 요소들이 판단

자료로서 고려된다(예: 당사자의 연령, 이력, 교육정도, 법률경험이나 다른 자질, 계약의 성질과 목적물 등).

(3) 효 과

140 강박의 정도가 심각하여 피해자에게 자율적인 의사가 전혀 없는 경우라면 그러한 계약은 무효이다.

그러나 보통 강박을 이유로 하는 피해당사자의 구제는 그 계약을 취소할 수 있도록 해주는 것이다. 취소 후, 강박자에게 양도한 물건이 그대로 있는 경우에는 그 물건의 원상회복이, 그렇지 않은 경우에는 금전에 의한 배상이 인정된다. 그러나 양도한 물건이 선의·무과실인 제3자에게 유상으로 인도되었다면 그 물건은 반환되지 않는다. 또한 피해당사자도 강박자에 대해서 원상회복의 의무를 부담한다.

강박의 항변을 주장할 수 있는 당사자는 계약을 추인할 수도 있다. 추인은 명시적으로 행해지는 경우도 있으며, 피해당사자가 강박으로부터 벗어난 후에도 물건에 대한 사용을 계속하는 것과 같이 묵시적으로 행해질 수도 있다. 추인을 하면 취소권은 소멸한다. 또한 취소권을 합리적인 기간 내에 행사하지 않는 경우에도 취소권이 소멸한다.

계약당사자 이외의 제3자에 의한 강박의 경우에는 어떠한가? C의 강박으로 인하여 A가 B와 계약을 체결한 경우이다. 이 때에는 A가 B와 계약을 체결하게 된 것이 C의 A에 대한 강박에 의한 것이라는 사실을 B가 알았거나 알 수 있었을 때에 한하여 A에게 취소권이 인정된다.

5. 부당위압

(1) 의 의

141 부당위압(undue influence)에서 문제되는 것은 계약을 체결함에 있어서 계약당사자 일방에게 자유로운 선택의 여지가 없다는 점이다. 부당위압은 양 당사자 사이에 있어서 일방이 타방의 미약한 정신상태를 이용해서 계약

을 체결하는 경우라든지 혹은 계약당사자간에 특별한 신뢰관계가 존재하는데 그 신뢰관계를 이용하여 상대방으로부터 계약체결에 대한 동의를 유발하는 경우이다. 즉 당사자간에 상대적인 우열관계가 존재하고, 그 결과 일방에게는 충분한 선택의 여지가 주어지지 않는 상황에서 부당위압이 문제된다.

(2) 요 건

1) 특별한 관계

142 부당위압이 문제되기 위해서는 계약당사자 사이에 특별한 관계가 존재하여야 한다. 특별관계의 의미를 부당위압의 두 유형에 따라 보기로 한다.

첫째, 일방 당사자가 정신적인 판단능력을 결하고 있는 경우를 본다. 앞의 정신장애자 부분에서 설명한 바와 같이 일방당사자에게 정신적 장애가 있는 경우에는 부당위압의 관계가 현저히 고려된다. 우울증에 빠진 사람의 정신상태를 이용하여 계약을 체결하는 경우에도 그 사람의 판단력이 약화되거나 손상된 상태를 이용하는 것이므로 부당위압의 기초인 특별관계를 형성할 가능성이 높다.

둘째, 일정한 신뢰관계(confidential relation)에 있는 경우를 본다. 이 관계는 당사자 일방이 타방으로부터 신뢰와 신용을 받고 있는 경우이다. 예컨대, 배우자 또는 부모·자녀와 같은 친족관계, 의사와 환자, 변호사와 의뢰인, 세무사와 의뢰인, 목사와 신도 등과 같이 일방적으로 타방을 신뢰하는 기초가 있는 경우이다. 이러한 관계는 일방이 그의 우월적인 지위를 이용해서 상대방에게 불리한 계약을 강요할 수 있는 경우이다.

2) 동의를 유발하기에 충분한 설득

143 부당위압이 문제되기 위해서는 특별한 신뢰관계를 이용해서 상대방으로 하여금 계약체결에 동의하도록 동기를 부여하였어야 한다. 즉 상대방의 동의를 유발하기에 충분한 설득을 하였어야 한다. 충분한 설득의 의미에 대하여 Restatement는 "다른 합리적인 선택의 여지가 없다."(Second Restate-

ment of Contract §175(1))라는 표현을 하고 있다. 동의를 유발하기에 충분한 설득이라고 보기 위한 기준을 일률적으로 제시하기는 곤란하다. 그러므로 각각의 사안에 따라 구체적인 상황을 고려해서 판단해야 한다. 이에 관한 판단의 요소로는 부실표시에 있어서 상대방의 신뢰에 관한 부분에서 설명한 것과 동일한 요소들이 판단자료로서 고려된다(예: 당사자의 연령, 교육정도, 법률경험이나 다른 자질, 계약의 성질과 목적물 등).

(3) 효 과

144 강박의 경우와 같다.[74]

Ⅲ. 계약의 내용에 기한 항변

1. 공 익 성

(1) 의 의

145 앞에서 설명한 항변사유(의사의 결함에 기한 항변사유)는 계약체결당사자 중의 일정한 자를 보호하고자 하는 데에 포커스가 맞추어져 있다. 이에 반해, 여기에서 논의하고자 하는 공익성(public policy) 문제는 계약의 목적이 국가·사회의 관점에서 볼 때 법으로써 보호할 가치가 있는가에 관한 것이다. 우리 민법에서는 계약내용의 적법성 내지 사회적 타당성의 이름으로 논의되는 것이다(한국민법 제103조 참조). 공익성의 요건에 따라, 약인이나 계약의 중요사항(subject matter)이 불법(illegal)을 내용으로 하는 때에는 계약은 강제력이 없다. 계약이 불법이라 함은 계약 내용이 위헌적인 것이거나, 법령에 반하는 경우 또는 법원이 반사회적인 것으로 판단한 것을 담고 있는 경우를 가리킨다.

공익성 요건의 구체적인 내용은 판례에 원천을 둔 것과 제정법에 원천을

---

74) 이에 대해서는 이 책 140 참조.

둔 것으로 구분할 수 있다. 법원의 판례에 원천을 둔 것으로 중요한 것을 들어보면 다음과 같다: ① 형벌법규에 위반하는 행위를 요구하고 있는 계약; ② 불법행위가 되는 행위를 목적으로 하는 계약; ③ 통상법상의 부당제한 또는 부당간섭을 구성하는 행위를 요구하는 계약; ④ 위법이라고는 할 수 없지만 공중의 도덕에 위반하는 행위에 종사하는 계약; ⑤ 가족관계를 해하는 계약; ⑥ 사법행정에 간섭하는 계약; ⑦ 다른 法域에 속하는 법에 의해서 구속되는 것으로 하는 계약[75]; ⑧ 이자제한법을 위반하는 고리의 계약이나 소비자보호법을 이탈하는 계약 등. 제정법 중에는 일정한 행위를 금지하는 한편, 그 제정법에 위반하는 계약은 강제력이 없다는 내용을 규정한 경우가 있다.

(2) 효 과

1) 원 칙: 무 효

146 불법성을 띤 계약은 무효이고 강제력이 없다. 그러나 계약 내용의 전체를 무효화시키지 아니하고 불법적인 내용만을 계약으로부터 분리하여 계약을 나머지 내용으로 유지시킬 수도 있다.[76]

계약내용이 불법인 경우와 계약의 목적만이 불법인 경우(즉 동기의 불법)를 구별하여야 한다. 예를 들어, A가 B를 죽이기 위해 총판매상인 C로부터 총을 사는 경우, C는 그 계약이 유효한 것으로 실현시킬 수 있다. 그러나 C가 총의 사용목적을 미리 알고 있었다면 그 계약은 무효가 된다.

청약이 있는 당시부터 계약의 주요내용이나 약인이 불법적인 것인 때에는 그 청약은 무효라고 본다. 한편 처음에는 유효하였으나 승낙이 있기 이전에 불법적인 것으로 된 때에는 청약을 철회할 수 있다. 또한 계약 성립 이후에 불법적인 것으로 된 때에도 계약은 구속력을 상실한다. 왜냐하면 계약의 이행이 불가능하기 때문이다.

---

75) 이에 대해서는 이 책 147 참조.

76) 이러한 태도는 우리 민법의 무효제도와는 상당한 차이를 보인다. 왜냐하면 우리 민법에서는 일부무효는 전부무효를 원칙으로 하기 때문이다(한국민법 제137조 본문).

2) 무면허 행위에 대한 처리

147 면허를 요구하고 있는 제정법이나 기타 실정규정에 위반하여 행해진 계약은 면허가 없는 당사자가 이를 강제할 수 없다.

그밖에 면허가 요구되기는 하지만 무면허로 행해진 계약은 일반적으로 두 가지의 범주로 구분된다. 첫째는, 면허를 요구하는 것이 주로 재정증가를 목적으로 하는 경우이다. 이 경우에 면허를 소지하지 않은 자에 의해서 행해진 계약은 그 효력이 부정되지 않는다. 예컨대, 의사면허는 가지고 있지만 해당 시에서 영업허가를 얻지 못한 의사의 의료계약이라 하더라도 유효하다. 둘째는, 면허를 요구하는 것이 주로 공공이익의 보호를 목적으로 하는 경우이다. 이 경우에 면허를 소지하지 않은 자에 의해서 행해진 계약은 무효이다. 예컨대, A法域에서는 면허가 있지만, B法域에서는 면허를 받지 못한 변호사가 B法域의 관할에 속하는 업무를 위하여 체결한 서비스계약은 강제력이 없다.

3) 공익성에 기한 항변사유에 대한 제한

148 여기에서는 공익성에 기한 항변이 제한되는 경우를 보기로 한다.

첫째, 원고가 불법성에 대한 인식이 없는 경우이다. 원고는 계약이 불법적인 것을 알지 못하였고 피고는 알고 있는 상황에서 계약이 체결된 경우, 선의의 원고는 계약의 성립을 주장할 수 있다.

둘째, 'pari delicto'가 문제되는 경우이다. 즉 일방당사자의 불법성이 타방 당사자에 비하여 현저히 경미한 것일 경우에, 불법성이 경미한 자 역시 계약의 성립을 주장할 수 있다. 예를 들어 보자. 어쩌다 한 번 내기를 한 A는 전문적인 마권업자인 B에 대하여 승소할 수 있다. 일부 법원은 A가 속한 부류를 범죄집단으로부터 보호하기 위한 금지법령으로부터 같은 결과를 도출시키기도 한다.

2. 비양심성

(1) 의 의

149 비양심성(unconscionability)은 계약의 내용에 대한 공정성을 문제삼는 것이다. 무엇이 타당한 계약이며, 무엇이 타당하지 않은 계약인가 하는 판단은 계약당사자에게 맡겨져 있다. 그리하여 원래 코먼로 계약법은 당사자의 계약의 자유를 존중하고 계약내용에 대한 개입을 피하는 것을 원칙으로 해왔다. 그러나 불공정 또는 비양심성을 이유로 계약의 전부 또는 일부의 집행을 배제하는 판례가 집적되었고, 결국 비양심성은 계약성립에 대한 항변사유로 자리잡았다. Restatement와 UCC도 비양심성을 규정하고 있다(Second Restatement of Contract §208, UCC §2-302).

UCC §2-302에 따르면, 비양심적인 계약의 효력을 부인하기 위하여 법원은 개별 계약조항 내지는 계약 전체의 실현을 거부하거나 계약을 수정할 수 있다. UCC는 '비양심성'이 무엇인가에 대하여 명문으로 정의하고 있지 않다. 그러나 일반적으로 '불공정하고 기습적인(unfair surprise)' 내용과 일방당사자에게 압박적인(oppressive) 계약내용이 있으면 비양심적인 것으로 인정된다. 비양심성 판단의 기준시점은 계약체결시이다. 그러므로 계약체결시에는 비양심성을 띠지 않았으나 거래환경의 변화로 인하여 나중에 비양심적으로 된 경우에는, 비양심성을 이유로 계약의 효력을 부인하지 못한다.

(2) 분 류

1) 절차상의 비양심성과 내용상의 비양심성

150 비양심성을 판단하기 위한 기본적인 기준은, 거래의 배경과 특정한 거래의 필요성에 비추어 그 계약내용이 계약체결 시점에서 일방에게 지나치게 불리하여 비양심적인 것이라고 인정되는가 여부이다. 최근 법원에서는 비양심성의 판단에 있어서 절차상의 비양심성(procedural unconscionability)과 내용상의 비양심성(substantive unconscionability)으로 구별하여 이해하는 경향에 있다.

(가) 절차상의 비양심성

151 이는 계약체결시에 있어서 당사자간의 관계 또는 계약내용에 대한 이해 등과 같이 계약과정과 관련된 비양심성을 말한다. 예컨대, 계약서가 돋보기로 보지 않으면 보이지 않는 작은 글씨로 인쇄된 경우, 계약의 중요한 조항이 계약서의 이면에 있어서 한 눈에 알아볼 수 없는 경우, 난해한 법률용어를 구사하여 일반인이 이해할 수 없는 경우, 일방당사자가 계약서를 읽을 기회가 없었던 경우, 계약서의 질문에 대하여 회답할 기회가 없었던 경우 등이다. 절차상의 비양심성은 계약당사자 사이에 존재하는 힘의 격차로부터 발생하는 자발성의 결여와도 관련될 수 있다. 예컨대, 부합계약(adhesion contract)의 경우에 그 자체가 문제되는 것은 아니지만, 그것을 체결하는 일방 당사자의 열등한 지위(inferior bargaining position)로 인하여 절차상의 비양심성이 문제되는 경우가 많다.

(나) 내용상의 비양심성

152 성립한 계약내용이 일방에게만 유리하고 타방에게는 압박 또는 매우 가혹한 경우의 비양심성을 말한다. 예컨대, 매매계약에 있어서 급부간에 현저한 불균형이 있는 경우이다. 실체상의 비양심성과 관련하여 중요하게 다루어지는 것으로 면책조항(exculpatory clause)의 문제가 있다. 예컨대, 할부판매에 있어서 매수인이 할부금을 미납하면 매도인이 목적물을 몰수할 수 있도록 한 약관과 같이, 계약당사자 일방에게 부당하게 광범한 권리를 허용하는 계약은 내용상의 비양심성에 해당된다.

2) 비양심성의 구체적 사례

153 비양심성의 존부는 일반적인 상업상의 관행과 특정 당사자의 공박의 정도를 고려하여, 문제되는 계약조항이 계약 체결시에 비양심적이라 할 만큼 일방 당사자에게 유리한 것인가에 따라 판단한다. 비양심의 개념은 보통 계약의 일방 당사자가 실질적으로 거래에서 유리한 지위에 있음으로 인하여 열세에 있는 상대방을 조종할 수 있는 때에 적용된다. 종래 판례에서 비양심성이 문제된 대표적인 경우를 들어보기로 한다.

(가) 위험의 이전에 관하여 불명확한 조항

154 소위 '인쇄화된 정형적인 계약'에 있어서는 원칙적으로 일방당사자가 부담하여야 하는 위험을 상대방에게 이전시키는 조항이 포함된 경우가 많다. 그러한 조항의 예로는 다음과 같은 것들이 있다.

① 계약당사자 일방의 판단에 맡길 것을 내용으로 하는 약관: 이는 대다수의 州에서 불법적인 것으로 판단하며, 위헌성이 논해진 적이 있다.

② 품실보증(warranty)의 포기를 내용으로 하는 약관

③ 매수한 물품에 대하여 대가를 지불하지 아니하면 이전에 매수한 모든 물품에 대한 소유권까지도 매도인에게 다시 복귀시킨다는 내용의 약관

이러한 약관들은 전형적으로 인쇄한 계약서의 작은 활자('boilerplate')에 포함되어 있다. 법원은, 이러한 약관들은 불명확하고 평균인이 이해할 수 없는 것이므로, 실제로 당사자 사이에서 이에 대한 언급이 있었다 하더라도 무효인 것으로 본다.

(나) 소비자의 선택권을 박탈하는 조항

155 소비자가 어떤 물건을 구입함에 있어서 선택권을 행사할 수 있어야 함에도 불구하고 판매자가 그 선택권을 박탈하는 내용의 계약조건을 제시한다면, 법원은 이를 비양심적인 것으로 판단하고 강제력이 없는 것으로 판단한다.

(다) 가격의 비양심성

156 소비자가 상품의 실제 가치보다 더 많은 액수를 지불하도록 한 가격 약관을 무효화시킨 판례도 있기는 하다. 그러나 일반적으로는 당사자 사이에 가격에 대한 합의가 이루어진 이상 법원은 가격의 공평성에 대한 판단은 피하려는 입장에 있다. 그러므로 가격의 비양심성에 대한 판단은 주로 소비자가 실제 자신이 지불하기로 한 가격에 대하여 알지 못하는 거래를 대상으로 한다.

(3) 효 과

157 비양심성이 인정된 경우에 법원으로서는 계약내용의 전부에 대한 실현을 거부하거나, 비양심성이 있는 것으로 판단된 계약조항에 대한 실현을 거부하고 나머지는 유효한 것으로 하든가 혹은 계약내용을 수정(reformation)하는 조치를 취할 수 있다(Second Restatement of Contract §208).

그런데 법원이 비양심성을 이유로 계약관계에 간섭함에 있어서는 매우 신중한 입장을 보인다는 점에 유의하여야 한다. 많은 경우에 비양심성(unconscionability)은 착오, 부실표시, 강박, 부당위압의 결과로 인하여 계약체결이 자발적인 의도로 행해졌는지의 여부가 문제된 경우에 있어서 그 판단을 보완하기 위한 요소로 이용된다.

Ⅳ. 서면성에 기한 항변: 사기방지법

1. 의 의

158 1667년 영국 의회는 당시의 거래사정을 반영하여 일정 종류의 계약에 대해서는 반드시 서명문서를 요구하는 법률을 통과시켰는데, 이것이 사기방지법(Statute of Frauds)이다. 이 법률이 제정되기 전에는 서면이 아닌 단순한 합의만으로 계약을 유효하게 성립시킬 수 있었다. 그 결과 실제로 체결되지도 않은 계약을 법원에 주장하여 승소판결을 얻는 경우가 많았다. 이러한 경우를 방지하기 위하여 일정한 계약의 경우에는 계약을 서면화하고 그 서면에 채무자의 서명이 없는 한 그 계약에 기초하여 소송을 제기할 수 없도록 한 것이다. 이와 같이 사기방지법은 계약상의 사기 및 위증(fraud and perjury)을 방지하기 위한 것이었다. 이 법을 모태로 미국의 개별 州에서 이를 州法으로 채택하고 있다.

대부분의 경우에는 구두에 의한 계약도 유효하다. 그러나 이 법이 정한 특정한 계약의 경우에는 당사자의 계약의사가 문서에 의하여 증명되어야 한다. 사기방지법의 중요한 내용은, 계약의 일방당사자가 법원에서 계약의 내용을 실현하기 위해서는 타방당사자의 서명있는 문서나 기타의 특별한 수단에 의하여 계약내용을 증명하여야 한다는 것이다.

어떠한 종류의 문서(인쇄물, 팩스, 손으로 쓴 것 등)도 사기방지법을 충족시킬 수 있다. 다만, 문서에는 구두내용의 본질적인 조건과 계약의 내용이 담겨져 있어야 한다. 문서가 다음과 같은 사항을 포함하면 사기방지법의 요건을 충족하는 것으로 된다: ① 계약상의 의무를 지는 당사자; ② 계약의 주요내용; ③ 합의에 있이시의 기한(terms)과 조건(conditions); ④ 약인의 기재(대다수의 주); ⑤ 계약상의 의무를 지는 당사자 또는 그 대리인의 서명(signature). UCC 규정은 사기방지법과 차이가 있다는 점에 유의하여야 한다. UCC는 다음의 세 가지 사항만이 문서에 포함되면 된다고 한다: ① 수량; ② 의무를 지는 당사자 또는 그의 대리인의 서명; ③ 계약성립을 인정하기에 충분한 문구.

2. 적용범위

159 사기방지법에 대한 고찰에 있어서 가장 기본이 되는 것은, 이 법의 적용대상이 되는 계약이 어떤 것인가 하는 것이다. 이 법의 적용대상이 되는 계약의 공통적인 특성은 계약의 내용이 매우 특이하거나 중요하여 그 실현을 위하여 특별한 증거를 요구할 필요성이 있는 경우라는 점이다.

(1) 상속재산관리인에 의한 채무변제계약

160 상속재산관리인[77]이 사망자의 채무를 상속재산이 아니라 자신의 재산을 가지고 변제하겠다는 내용의 계약은 반드시 서면에(in writing) 의하여야 한다.

77) 자연인이 사망하게 되면 그 사람이 사망하기 전에 유언을 하였든 하지 않았든 상속이 이루어진다. 유언을 남기고 사망한 사람을 'testator', 그 반대를 'intestate'라고 한다. 상속의 집행(probate)은 상속재산관리인(personal representative)에 의하여 이루어진다. 상속재산관리인을 사망자가 유언에 의하여 직접 지정한 경우는 'executor'라고 부르고, 법원에 의하여 임명되는 경우를 'administrator'라 부른다.

(2) 보증계약

161 보증계약(suretyship contract)이라 함은 다른 사람의 채무불이행이 있는 경우에 이를 대신하여 변제하겠다는 내용의 계약이다. 보증계약은 서면에(in writing) 의하여야 한다.

보증계약은 주계약과의 관계에서 보충적(collateral) 성격을 가진다는 점에서 제3자를 위한 계약과 구별된다. 보증계약이 아닌 제3자를 위한 계약[78]은 사기방지법의 적용이 없다. 다음과 같은 예를 생각해 보자. "그에게 물품을 주라. 그가 지불하지 못하는 때에는 내가 지불하겠다."라는 약속은 서면에 의하여야 한다. 그러나 약속내용이 "그에게 물품을 주라. 내가 대신 지불하겠다."라고 하는 것이면 서면에 의할 필요가 없다.

또한 보증계약이라 하더라도 그 계약의 주된 목적(main purpose)이 자신의 이익을 위한 것일 때에는 사기방지법의 적용대상에서 제외된다. 이를 'main purpose exception' 또는 'leading object exception'이라고 한다. 다음과 같은 예를 생각해 보자. A가 기계제조업자인 B와 기계공급계약을 체결한 후, B에게 기계제조원료를 공급하는 C와 접촉하여, 기계제조원료를 계속 B에게 공급하는 조건으로 C에 대한 B의 금전채무를 보증하겠다고 하였다. 이 경우, A의 C에 대한 보증의 약속은 서면에 의할 필요가 없다.

(3) 혼인 또는 이혼을 약인으로 하는 계약

162 혼인이나 이혼을 약인으로 하는 내용의 계약은 반드시 서면에 의하여야 한다. 혼인을 조건으로 하여 재산관계 기타 여러 가지 사항을 약속하는 'prenuptial agreement'가 이에 해당한다.[79] 그러나 구두의 계약이 단지 혼인 자체에 관한 것인 때에는 사기방지법의 적용이 없다. 즉 혼인에 대한 약속은 문서로 하여야만 강제력이 있는 것은 아니다.

---

78) 제3자를 위한 계약에 대해서는 이 책 278 이하 참조.

79) 예: A남이 B녀에게 "당신이 나와 결혼을 해준다면 α토지를 당신에게 주겠소."라고 하였다; 이에 B녀는 "좋습니다."라고 하였다; A·B 사이에 문서로 된 계약서는 존재하지 않는다. 이 경우에 A가 약속을 지키지 않는다 하더라도, B는 A에게 계약위반에 대한 책임을 물을 수 없다.

(4) 토지에 대한 권리의 이전

163 토지에 대한 권리의 이전을 내용으로 하는 계약은 서면에 의하여야 한다. 이는 단지 토지 매매계약 뿐만 아니라 토지와 관련된 모든 계약을 포함한다.

토지에 대한 권리이전을 내용으로 하는 계약은 사기방지법의 대상이 된다. 그러므로 문제된 계약의 주된 내용이 토지에 대한 권리(interest in land)를 포함하는가 여부를 판단하는 것이 중요한 일이다. 사기방지법의 적용대상이 되는 계약은 토지매매계약과 이에 관련된 권리에 대한 계약에 한정되지 않는다. 일반적으로 1년을 초과하여 지속되는 토지에 관한 권리를 내용으로 하는 계약도 사기방지법의 적용대상으로 되는데, 중요한 예는 다음과 같다: ① 1년 이상의 기간을 기한으로 하는 임대차(lease)[80]; ② 1년 이상의 기간을 기한으로 하는 지역권(easement); ③ 토지의 정착물(fixture); ④ 수목 또는 광물 및 이와 유사한 물건 및 기타 구조물[81]; ⑤ 모기지(mortgages)와 대부분의 유치권(liens).

토지에 관한 권리를 내용으로 하는 계약이라 하더라도 사기방지법의 적용범위에서 제외되는 계약이 있다. 예컨대, 건물 신축계약이나 부동산매매에서의 수익분배계약은 사기방지법의 적용을 받지 아니한다.

토지에 대한 권리의 이전에 관한 계약에 대해서는 사기방지법이 적용되어 서면에 의한 계약만이 강제력을 가지는 것이 원칙이다. 그런데 계약이 이행된 경우에는 이 원칙이 완화된다. 매도인이 매수인에게 권리를 양도한 때(이행완료시)에는, 매도인은 매수인이 대가지급에 대하여 한 구두의 약속을 이행할 것을 요구할 수 있다. 또한 이와 유사하게 매수인은 '일부이행의 원칙(part performance doctrine)'이 적용되는 때에도 부동산계약의 내용을 실

80) 예: A가 그의 별장을 6개월 동안(즉 1년 미만) B에게 임대해 주기로 하는 내용의 계약을 구두로 체결하였는데, A가 약속을 어겼다면 A는 B에게 계약위반에 대한 책임을 져야 한다.

81) 수목이나 광물 및 구조물이 있는 경우에 그것이 매수인에게 속하는 것으로 할 때에는 부동산에 대한 권리에 속한다고 보지만, 매도인에게 속하는 것으로 할 때에는 단순한 동산에 불과하지 부동산에 대한 권리라고 보지는 않는다. 문제되는 것이 경작물이거나 실질적인 손해 없이는 부동산에서 떼어낼 수 없는 것이라면 이는 동산의 매매로 본다(UCC §2-107 참조).

현시킬 수 있다. 이 원칙은 명시적으로 부동산 매매계약을 승인하는 행위(즉 일부이행)가 있는 때에는, 당해 계약을 사기방지법의 적용영역에서 제외되는 것으로 한다. 무엇이 일부이행의 요건을 충족하느냐에 대한 판단은 각 州마다 다르다. 대부분의 경우 대가지급(전부 또는 일부), 점유이전 또는 가치의 향상 등을 요구한다.

(5) 1년 이내에 이행을 완료할 수 없는 서비스계약

164 계약 체결일로부터 1년 이내에 완전히 이행될 수 없는 계약은 사기방지법의 적용을 받는다.[82]

1) '1년'의 의미

165 기산일은 이행을 한 날(date of performance)이 아닌 계약체결일(date of agreement)로 한다. 예를 들어 보자. 2000년 7월 1일, A는 B와 2001년 10월로 계획된 공연에 1시간 동안 출연하기로 하는 계약을 체결하였다. 이 계약은 사기방지법의 적용대상이 된다. 왜냐하면 이 계약은 체결일로부터 1년 이내에는 이행될 수 없는 것이기 때문이다. 이 때 계약의 이행에 소요되는 시간이 1시간이라는 사실은 사기방지법의 적용 여부에 대한 판단에 아무런 영향을 미치지 않는다.

그리고 1년 이내에 계약의 이행이 가능한가 여부는 계약체결 당시를 기준으로 하는 것이다. 그러므로 계약체결 이후의 사정은 고려되지 않고, 계약체결 당시 1년 이내에 이행의 가능성이 있는가 여부만을 기준으로 한다.

2) 사기방지법의 적용이 없는 경우

166 계약 체결일로부터 1년 이내에 완전히 이행될 수 없는 계약은 사기방지법의 적용을 받는 것이 원칙이다. 그러나 사기방지법의 적용을 받지 않는 경우로서 유의하여야 할 사항이 있다. 다음에서 살펴보기로 한다.

---

82) 예: B는 현재 대학교에 재학중으로 2년 후에 졸업을 하게 된다; A는 2년 후에 B를 고용하겠다는 내용의 계약을 구두로 체결하였다; 2년이 된 시점에 A는 B를 고용하지 않고 C를 고용하였다; 그렇다 하더라도 B는 A에게 계약위반으로 인한 책임을 물을 수 없다; 왜냐하면 A·B간의 약속은 1년 내에 이행될 수 없는 것이어서 문서로 체결하여야 할 계약이기 때문이다.

① 1년 이내에 이행을 완료할 수 있는 가능성이 있는 경우이다. 1년 이내에 이행을 완료할 수 있는 가능성이 있는 계약이라면 실제로 그 이행의 완료가 1년을 넘긴다고 하더라도 사기방지법의 적용범위에서 제외된다. 예를 들어 보자. A는 B에게 다음과 같은 구두의 약속을 하였다: "내가 회복될 때까지 나의 간호를 해주면 당신에게 봉급을 줌과 동시에 나의 부동산을 당신에게 유증하겠다." 이 때 A는 1년 내에 회복될 가능성이 존재하므로 계약은 서면에 의할 필요가 없는 것이다.

② 1년 이내에 종료시킬 수 있는 권리를 양당사자가 보유한 경우이다. 1년 이내에 이행이 완료될 수는 없으나 양 당사자가 1년 이내에 계약을 종료시킬 수 있는 권리를 지니는 경우에, 이 계약이 사기방지법의 적용대상에 속하는지에 대하여는 견해가 대립된다. 일부 견해는 당사자가 1년 이내에 계약을 종료시킨 경우라 하여도 그것은 실질적으로 1년 이내에 이행되는 경우와는 다른 것이라는 사실에 착안하여 사기방지법의 대상이 되는 계약으로 본다. 그러나 Restatement는 1년 이내에 어느 당사자라도 계약을 종료시킬 수 있으므로 이는 사기방지법의 적용대상에서 제외되는 계약이라고 한다(Second Restatement of Contract §110). 예를 들어 보자. A는 B와 2년의 기간으로 고용계약을 체결하였다. 그들의 계약 내용에는 양 당사자 중 누구라도 30일 이전에 통지만 한다면 계약을 종료시킬 수 있다는 내용이 포함되어 있었다. 일부의 견해에 의하면, 이 계약은 사기방지법의 적용대상에 들어가는 것으로 해석한다. 당사자의 합의에 의하여 계약관계가 종료되었다 하더라도 그것이 1년 이내에 이행되는 것은 아니기 때문이다. 그러나 Restatement에 의하면, 30일 이전의 통지는 1년 이내에 일어날 수 있는 이행의 내용이므로 구두에 의한 계약이라도 실현될 수 있는 것으로 본다.

③ 일평생을 계약이행기간으로 하는 계약의 경우이다. 일평생(for life)을 계약이행기간으로 하는 계약("내가 죽을 때까지 당신을 고용하겠다." 또는 "내가 죽을 때까지 당신을 위해 일하겠다.")은 1년 이내에 이행을 완료할 수 있으므로 법령의 적용대상에서 제외된다. 사람은 언제든지 죽을 수 있기 때문

이다.

(6) 가격이 500 달러 이상인 물품매매계약

1) 원 칙

167 가격이 500 달러 이상인 물품의 매매계약은 서면에 의한 것이 아닌 때에는 강제력(enforceable)이 없다(UCC §2-201(1)).[83]

여기에서 말하는 '물품(goods)'이란 무엇인가? 일반적으로 '물품'이라 하면 목적물의 특정이 있는 때에 운반가능한 동산(유형의 동산)을 의미한다.[84] UCC에서는 다양한 유가증권(securities) 거래에 있어서의 사기방지(UCC §8-319), 담보계약(security agreements)에 있어서의 사기방지(UCC §9-203), 그 밖에 다른 규정에 의하여 규제되지 않는 인적 재산권(personal property)에 있어서의 사기방지(UCC §1-206)에 대하여 규율하고 있다.

사기방지법과 관련하여 문제되는 것 중에 구두에 의한 계약의 수정(modification)에 관한 문제가 있다. 즉, 원래의 계약내용을 수정하는 경우에 사기방지법에 따른 문서성이 요구되는가 하는 문제이다. 이 문제를 해결하는 기준은 이러하다: 수정된 후의 내용을 전체적으로 볼 때 그것이 사기방지법의 적용을 받는 계약에 속하는 것이면, 이를 실현하기 위하여 문서에 의한 수정이 필요하다. 예를 들어 보자. 판매자가 구매자에게 특정 부동산을 40000 달러에 팔면서 권리이전일자를 30일 후로 하기로 문서에 기재하였다. 그 다음에 구두합의에 의하여 권리이전일자를 60일 후로 수정하였다면, 그 합의는 법원에서 실현될 수 없다. 그 이유는 이러하다. 수정된 후의 내용을 전체적으로 고찰하면 결국 부동산을 40000 달러에 팔면서 권리이전일자를 60일 후로 하는 것인데, 이러한 계약은 사기방지법의 적용대상에 들어가는 것이다. 그러므로 구두합의로 수정된 계약내용은 법원에서 실현될 수 없는

---

83) 예: A는 자신이 사용하던 중고 자동차를 B에게 800 달러에 매도하는 계약을 구두로 체결하였는데, C가 850 달러에 산다는 제안을 하자 A는 자동차를 C에게 인도하였다: 이 경우에 A는 B에게 계약위반으로 인한 책임을 질 필요가 없다.

84) '물품'의 개념에 대해서는 이 책 05 참조.

것이다. 결국, 수정된 내용이 효력을 발생하지 못하므로 권리이전일자는 원래의 계약내용대로 30일 후가 된다. UCC는 구두에 의한 계약의 수정은 강제력을 지니지 않음을 명시하고 있다(UCC §2-209(2)).

2) 예 외

168 다음과 같은 경우에는 가격이 500 달러 이상인 물품에 대한 매매계약이라 하더라도 구두에 의한 계약에 강제력이 인정된다.

(가) 특별제작물품[85]

169 한 소비자를 위해 특별히 제작된 물품(specially manufactured goods)이어서 그 외의 자에 대하여 판매하는 것이 부적절한 경우라면, 주문자에 의한 계약거절의 통지가 판매자에게 도달하기 전에 판매자가 이미 제조에 착수한 때에는 구두에 의한 계약이라도 강제력이 있다. 이 경우에는 한 개인을 위한 물품의 제작을 시작했다는 사실 자체가 계약체결을 충분히 증명한다고 보기 때문이다.

이에 관하여 UCC는 다음과 같은 요건을 정하고 있다(UCC §2-201(3)): ① 특별주문품일 것; ② 그것이 통상의 거래에 의해 용이하게 전매할 수 없는 것일 것; ③ 이행거절의 통지를 받기 전에 실질적으로 이행에 착수하거나 구입의 약속을 했을 것; ④ 제반사정에 비추어 볼 때 그것이 매수인을 위한 것이라는 점이 합리적으로 인정될 것.

(나) 재판상자백

170 물품매매계약의 경우, 이행을 청구받은 자가 변론이나 증언 등 소송과 관련된 절차에서 자신의 채무를 인정(admission)한 때에는 금반언(estoppel)의 원칙을 적용하여 문서가 없어도 계약에 강제력이 인정된다.

(다) 상인간의 거래확인문서

171 상인간에 거래확인문서(written confirmation)가 보내진 경우, 거래확인문서 수령 후 10일 내에 이의의 통지를 하지 아니하면 사기방지법의 요건이

85) 예: 맞춤구두 또는 맞춤양복.

충족된 것으로 본다.

3. 사기방지법 위반의 효과

172 사기방지법에 위반하는 경우에 대하여 대부분의 법원에 의하면, 의무를 지는 당사자의 선택에 따라 계약을 강제력이 없는 것으로 할 수 있다. 즉 사기방지법의 요건을 충족하지 못한 계약은 취소할 수 있는(voidable) 계약일 뿐, 무효인(void) 계약은 아니다. 일단 당사자에 의하여 계약이 이행되면 누구도 그가 지급한 것에 대한 반환을 구할 수 없다. 사기방지법에 기한 항변을 하지 않고 이행했다면 그 항변을 포기한 것으로 보아야 하기 때문이다.

계약이 사기방지법을 충족시키지 못하는 경우라 할지라도, 대부분의 경우 당사자는 이미 제공된 서비스나 일부이행에 대한 합리적인 대가에 대하여 준계약(quasicontract)을 근거로 원상회복을 청구할 수 있다. 다음과 같은 예를 보자. A는 자기 소유의 토지에 대하여 2년의 기간으로 B에게 임대해 주는 계약을 구두로 체결하였다. A・B간의 계약은 사기방지법이 적용되는 계약임에도 불구하고 구두로 계약을 체결하여 강제력이 없기 때문에 B는 2개월 동안만 토지를 점유하다가 퇴거하였다. 이 때 A는 B에게 2개월 동안의 점유에 대한 이익의 반환을 구할 수 있다. 그리고 이 때 A가 회복을 구할 수 있는 범위는 계약가격(contract price)에 의하여 제한되지 않는다.[86]

---

86) 준계약에 기한 반환의 범위에 대해서는 이 책 276 참조.

03 계약의 해석

A Gentle Introduction to American Contract Low

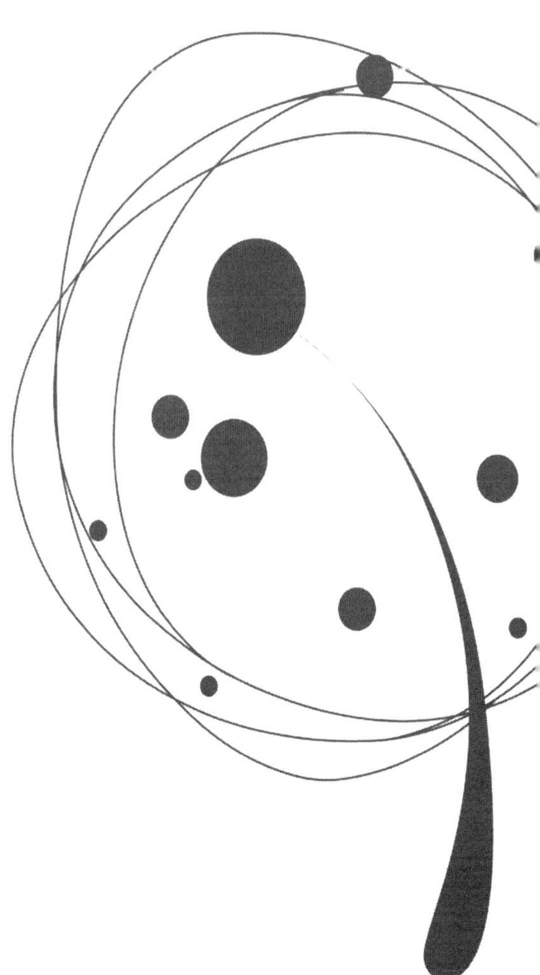

제1절 총 설

173 계약법의 목적은 약속이 이행되는 것을 신뢰하고 계약을 체결한 당사자의 합리적인 기대를 보호하며, 그 기대가 침해된 경우에는 피해자를 보호해 주는 것이다. 따라서 당사자의 합리적인 기대가 무엇이었는지를 판단하는 것이 우선적 중요성을 가질 수밖에 없다. 이를 위하여 계약당사자 사이에서 행해진 계약내용을 명확히 하는 계약해석 작업이 요구되는 것이다(Second Restatement of Contract §200 참조).

이와 같은 인식에 따라 이 곳 제3장에서는 계약의 해석에 관하여 논의할 것이다. 여기에서는 계약해석의 방법을 밝히는 한편(제2절), 계약의 해석과 관련하여 중요한 의미를 가지는 구두증거배제법칙(Parol Evidence Rule)에 대하여 살펴볼 것이다(제3절).

제 2 절 계약해석의 방법

Ⅰ. 계약해석의 일반원칙

174 계약해석에 있어서 법원이 적용하는 일반원칙으로서 중요한 것으로는 다음과 같은 것을 들 수 있다.

① 전체적 의미를 고려하여 해석하여야 한다. 즉 계약은 '전체로서(as a whole)' 해석하여야 하며, 특정의 약관은 계약전체의 일반적인 목적에 종속

된다.

② 문구의 통상적 의미로 해석하여야 한다. 법원이 일정문구를 해석할 때에는 그 문구의 통상적 의미(ordinary meaning)에 의한다. 그러나 일반적인 의미에 의하지 않는다는 것이 명백한 때에는 그렇지 않다.

③ 약관들 상호간에 의미가 일치하지 않을 때에는 그것이 인쇄된 것인가 아니면 인쇄되지 않고 단순히 손으로 쓴 것이거나 타자를 한 것인가를 구별하여, 후자에 따라 해석한다.

④ 관습과 관행을 고려하여 해석한다. 계약을 해석함에 있어서 특정 거래나 계약이 성립되거나 이행될 특정 지역에서 통용되는 관습과 관행을 고려한다.

⑤ 법원은 가능한 한 계약을 유효하고 강제력(enforceable)이 있는 것으로 해석한다. 그러나 이 원칙이 당사자의 의도에 반하는 경우에까지 적용되는 것은 아니다.

⑥ 부합계약에 있어서는 약관의 작성자에게 불리한 방향으로 해석하여야 한다(작성자불이익해석의 원칙). 대량소비시대의 사업자와 소비자 사이의 거래에 있어서 소비자는 사업자가 마련한 보통거래약관에 따라 계약을 체결하는 경우가 많다. 이와 같은 부합계약에 있어서 계약조건에 대한 해석에 의문이 있는 때에는 작성자에게 불리하게 해석하여 사업자와 소비자의 힘의 불균형을 완화할 수 있다. 작성자불이익해석의 원칙은 우리나라에서도 마찬가지이다(약관의규제에관한법률 제5조 제2항 참조).

Ⅱ. Restatement의 계약해석에 대한 규율

175 Second Restatement of Contract는 계약해석에 관하여 비교적 자세하게 규정하고 있다. 다음에서 그 구체적인 내용을 보자.

1. Restatement §201

176 Restatement §201은 계약해석상의 기본적인 방법과 함께, 계약당사자가 당해 계약에 부여한 의미가 상이한 경우에 어느 당사자의 의사를 우선할 것인가 하는 문제를 규정하고 있다. 그 규정내용은 다음과 같다.

(1) 당사자들이 약속, 합의 또는 그것에 관한 계약조건에 동일한 의미를 부여하고 있는 경우에는 그 의미에 따라 해석한다.

(2) 당사자가 약속, 합의 또는 그것에 관한 계약조건에 다른 의미를 부여하였을 경우, 계약체결시에 아래와 같은 사정이 있다면 당사자 중 일방이 부여한 의미에 따라 해석한다.

(a) 당사자 일방은 타방 당사자가 부여한 다른 의미를 알지 못했으나, 타방 당사자는 그 일방 당사자가 부여한 의미를 알고 있었던 경우;

(b) 당사자 일방은 타방 당사자가 부여한 다른 의미를 알 수 없었으나, 타방 당사자는 그 당사자 일방이 부여한 의미를 알 수 있었던 경우

(3) 본 조에 규정된 경우 이외에는, 비록 상호합의의 결여로 인하여 계약이 성립하지 못하는 결과가 된다 하더라도, 어느 누구도 타방 당사자가 부여한 의미에 구속되지 않는다.

2. Restatement §202

177 Restatement §201(1)은 계약당사자의 주관적인 의사가 일치한다면 그것에 따라 계약내용을 확정하여야 함을 규정하고 있다. 이러한 해석방법은 법률행위의 해석에 있어서 자연적 해석을 제1차적인 해석으로 하고 있는 우리 민법학의 태도와 같다.[87] 계약의 해석에 관한 대부분의 다툼은 §201(2)(b)의 적용이 문제되는 경우이다. 이 때 각각의 당사자가 상대방이 부여한 다른 의미를 '알 수 있었는가' 하는 것을 판단하는 방법에 관하여 §202는 다음과 같이 규정하고 있다.

(1) 단어(words)와 그 밖의 행위(conduct)는 전체상황에 비추어 해석하고

87) 자연적 해석의 의미에 대해서는 명순구, 앞의 책『민법학기초원리』, 446면 이하 참조.

양 당사자의 주된 목적이 확실하다면 이에 큰 무게를 두어 해석한다.

(2) 서면(writing)은 '전체로서(as a whole)' 해석되고, 동일한 거래의 부분을 구성하는 모든 서면들은 함께 해석된다.

(3) 다른 의사가 명시적으로 나타나지 않는 한,

(a) 언어에 일반적으로 통용되는 의미가 있으면 그 의미에 따라 해석한다.

(b) 기술에 관한 전문적인 용어와 단어가 그 기술적인 영역 내에 있는 거래에 사용되고 있다면, 그 기술적인 의미가 부여된다.

(4) 계약내용이 각 당사자가 이행의 성질을 인식하고 상대방이 이의를 제기할 수 있는 기회가 주어져 있으며 반복적인 성질을 가지는 경우에, 이의 없이 수령 또는 묵인한 이행의 과정은 그 합의에 대한 해석에 있어서 큰 무게를 가진다.

(5) 약속 또는 합의의 당사자들의 명시적인 의사표시는 그것이 합리적인 것이라면 그 상호간 그리고 관계된 이행과정·거래과정 또는 거래관행에 합치되도록 해석하여야 한다.

3. Restatement §203

178 Restatement §203은 계약해석에 있어서의 일반적인 해석기준을 규정하고 있다. 그 구체적인 내용은 다음과 같다.

약속, 합의 또는 그에 관한 계약조건의 해석에 있어서 다음의 우선적인 기준이 일반적으로 적용된다.

(a) 모든 계약조건에 대하여 합리적이며 적법·유효한 의미를 부여하는 해석은, 불합리·부적법 또는 유효하지 않은 부분을 남기는 해석보다 우선한다.

(b) 명확한 용어에는 이행과정·거래과정 및 거래관행보다 큰 비중이 부여된다. 이행과정은 거래과정 또는 거래관행보다 큰 무게가 부여된다. 그리고 거래과정은 거래관행보다 큰 무게가 부여된다.

(c) 특정적인 계약조건과 정확한 계약조건은 일반적인 용어보다 더 큰 무게가 부여된다.

(d) 개별적으로 합의하거나 추가된 특정 용어는 표준화된 언어 또는 개별적으로 합의되지 않은 언어보다도 큰 무게가 부여된다.

4. Restatement §204

179 Restatement §204는 필수적인 계약조건이 누락된 경우에 이를 보충하는 것에 관하여 규율하고 있다. 규정내용은 다음과 같다: "충분히 계약이라고 부를 수 있을 정도로 거래의 당사자들이 그들의 권리와 의무를 결정하는데 필수적인 계약조건에 관하여 합의를 하지 않은 경우에는, 그 상황에서 합리적이라고 할 수 있는 계약조건으로 법원이 보충한다."

Restatement §204의 규정내용은 우리 민법학에 있어서 보충적 해석[88]과 유사한 것으로 볼 수 있다.

Ⅲ. UCC의 계약해석에 대한 규율

180 UCC도 물품매매계약의 해석과 관련한 여러 가지 사항을 규정하고 있다. 중요한 것만을 보기로 한다.

1. 선 의

181 UCC에 따르면, "모든 계약은, 그 이행에 있어서 당사자에게 선의의 의무를 부과한다."(UCC §1-203). '선의(good faith)'라 함은 관계된 행위 또는 거래에 있어서의 사실상의 정직한 의사를 말한다(UCC §1-201(19)). 선의와 공평한 거래의 요구는 미국 계약법에 있어서 오랜 시간 동안 발전하여 온 것 중의 하나이다.

이 관념은 우리나라 민법상의 '신의성실'에 상응하는 것이다(한국민법 제

88) 보충적 해석의 의미에 대해서는 명순구, 앞의 책 『민법학기초원리』, 451-452 참조.

2조). 우리나라에서 계약을 해석함에 있어서 신의성실의 원칙을 고려하는 것과 마찬가지로 미국에서도 선의의 관념을 고려하여 계약을 해석한다.

2. 거래관행 · 거래경과 · 이행경과

182 거래관행 · 거래경과 · 이행경과 또한 계약해석의 규준이 될 수 있다.

'거래관행(usage of trading)'이라 함은 일정한 장소, 어느 지역, 직종 혹은 업계의 관습 또는 거래방법으로서 통상적으로 준수되고 있어서 당해 거래에 관해서도 그것이 지켜질 것이라는 기대가 정당화될 수 있는 것이다(UCC §1-205(2)).

'거래경과(course of dealing)'라 함은 일정한 거래 당사자 사이에 당해 거래 이전에 존재하였던 행위의 연속을 말한다. 거래경과는 당사자의 의사표시와 행위를 해석하는 기준이 된다(UCC §1-205(1)).

'이행경과(course of performance)'에 대하여 UCC는 다음과 같이 규정하고 있다(UCC §2-208(1)): "매매계약이 어느 당사자에 의한 반복적인 이행을 내용으로 하는 것으로서, 그 상대방이 그 이행의 성질을 알고 그것에 대하여 이의를 제기할 기회를 가지고 있는 경우에, 이의 없이 수락된 이행의 경과는 계약의 내용을 판단하거나 그 이행의 경과를 증명하기 위해서 사용된다." 또한, "명시적인 합의조항과 이행의 경과 및 거래의 경과와 거래의 관행은 가능한 한 서로 모순되지 않게 해석하여야 한다. 그러나 이러한 해석이 합리적이지 않는 경우에는, 명시적인 조항이 이행의 경과에 우선하고, 이행의 경과가 거래의 경과와 거래관행에 우선한다."(UCC §2-208(2)) 거래경과가 당사자의 과거의 행동인 것과 달리, 이행경과는 계약이 성립된 후에 계약에 기초하여 이루어진 일련의 행동이라는 점에서 구별된다.

제 3 절 구두증거배제법칙

Ⅰ. 개념 및 기능

183 계약을 해석하고 실행하는 과정에서 계약서가 당사자들의 의도를 모두 포함하고 있다고 할 수 있는가 하는 것이 문제된다. '구두증거배제법칙(Parol Evidence Rule)'이란 계약의 양 당사자가 문서에 의해 계약을 체결하고, 그 문서에서 정한 내용이 당사자간의 권리·의무에 관한 최종적인(final) 합의를 나타내는 것으로 인정되는 경우에는, 그 문서내용과 다른 합의가 존재하고 있었다 하더라도 이를 계약내용의 증거로 제출하는 것이 허용되지 않는다는 원칙이다.[89] 이 원칙은 법원에서 계약내용을 증명하는 데에 있어 계약문서 이외의 증거를 제출하는 것을 방지함으로써 거래의 확정성(certainty)을 제고시키는 역할을 한다. 즉 거래의 조건에 대한 유일하고 명백한 증거로서 당사자들이 표시한 의사를 실행시키고 법원으로 하여금 계약의 해석을 용이하게 하는 기능을 한다.

이 원칙은 코먼로 법계에서 배심원들이 신뢰할 만한 계약에 관한 서면증거를 무시하는 것을 막기 위하여 법관들이 배심원들을 통제하기 위한 수단으로 발전된 것이라고 한다. 미국에서는 이 원칙이 판례법에 의하여 정립되었고, Restatement[90]와 UCC[91]도 이 원칙을 규정하고 있다. 그러나 미국 이외의 다른 코먼로 법계 국가(예: 캐나다와 영국)에서는 이 원칙에 관하여 많은 문제점이 제기되고 있으며, 특히 영국은 1976년 이 원칙의 폐지가 제안

89) 물품매매에 적용되는 UCC도 이 원칙을 그대로 유지하고 있다.
90) Second Restatement of Contract §209 참조.
91) UCC §2-202 참조.

된 적이 있었다.

'구두증거배제'라는 명칭에도 불구하고, 이 원칙은 소송절차법의 일종인 증거법(rule of evidence)상의 원칙이 아니라, 계약내용을 어떻게 해석할 것인가 하는 것과 관련되는 실체법(substantive law)상의 원칙이다. 이 원칙은 계약의 일방 당사자가 양 당사자간의 실제 합의에는 계약문서에 나와 있지 않은 내용이 포함되어 있다고 주장하는 경우에 주로 문제된다.

Ⅱ. 구두증거배제법칙의 구체적 내용

1. 최종적인 계약서

184 한 개의 계약을 체결함에 있어서 당사자는 때로는 구두로, 때로는 서면으로, 때로는 구두와 서면을 병행하는 등 극히 다양한 방법에 의하게 된다. 당사자 사이에 계약의 내용에 대하여 다툼이 발생한 경우에 법원으로서는 다툼이 있는 계약의 내용을 확정해야 한다. 법원이 당사자의 의사를 존중하고 당사자 사이의 계약내용을 확정하는 방법으로 가장 효율적인 것으로서 고안된 것이 바로 구두증거배제법칙이다. 구두증거배제법칙이란 간단히 말하자면, 계약의 당사자가 계약내용을 최종적으로 정리하여 계약서를 작성한 때에는, 그 계약서 작성 이전에 합의된 것(구두합의이든 서면합의이든 불문함)은 그것이 최종적인 계약서의 내용과 모순되는 한 일체 고려하지 않는다는 것이다.

구두증거배제법칙을 적용함에 있어서 법원은 두 가지 사항으로 나누어서 판단한다. 첫째로, 그 문서가 당사자의 계약내용을 최종적으로 정리하여 모아놓은 것인가를 판단한다. 둘째로, 그 문서가 당사자의 계약내용의 '전부'를 최종적으로 그리고 완전하게 정리하여 모아놓은 것인가, 또는 계약내용의 '일부'를 최종적이며 완전하게 정리하여 모아놓은 것인가를 판단한다. 이들 각각에 대하여 좀 더 구체적으로 설명하기로 한다.

우선, 첫 번째의 문제를 보기로 한다. 구두증거배제법칙이 적용되기 위해서는 당사자가 계약내용을 최종적으로 정리하여 모아놓은 서면이 있을 것을 전제로 한다. 이 서면을 최종적인 계약서(intergrated agreement)라고 한다. 서면이 최종적인 계약서라면 그 계약서의 작성 이전에 합의된 것 중에 최종적인 계약서의 내용과 모순되는 것은 일체 고려되지 않게 된다. 일정한 문서가 계약의 증거로 작용하기 위하여 반드시 '최종적인(final)' 합의를 포함하고 있어야 할 필요는 없다. 즉 당사자는 최종적인 초안의 예비단계 정도에 해당하는 문서를 계약의 증거로 삼을 수도 있다. 최종적 합의가 아닌 한, 구두증거배제법칙은 적용되지 않으므로 그 밖의 증거도 원용할 수 있다.

다음으로, 두 번째의 문제를 보기로 한다. 문서의 최종성을 판단한 후에는 결정체(integration)가 완전한(complete) 것인가 아니면 부분적인(partial) 것인가 하는 것을 결정하여야 한다.

'완전한 결정체(complete integration)'란 당사자가 계약문서에 최종적으로 계약의 상세내용을 전부 포함시키고자 의도한 것을 말한다. 이 경우에는 계약문서 이외의 별도 합의는 그 합의가 계약문서의 내용과 상충되는(contradicted) 것인지 또는 단순히 이를 보충하는(supplemented) 것인지에 관계없이 계약의 내용으로부터 배제된다. '부분적 결정체(partial integration)'란 계약문서가 최종적인 것이기는 하나 계약의 상세내용까지 모두 규정하고자 의도한 것이 아닌 경우를 말한다. '부분적 결정체'의 경우에는 계약문서의 내용과 상충되는 것에 한하여 계약의 내용으로부터 배제되며, 이를 보충하는 것은 허용된다. 계약문서가 완전한 결정체인지 부분적 결정체인지가 불분명한 때에는, 당사자들과 비슷한 상황에 놓여있는 합리적인 사람이라면 그 별도의 합의를 계약문서에 포함시켰을 것인가 여부에 따라 판단한다. 이를 'Williston 기준'('Williston test')이라고 한다. 다수의 견해는 이러한 'Williston 기준'에 따라 판단한다. 만약 당사자들과 비슷한 상황에 놓여있는 합리적인 사람이라도 이들을 문서에 포함시켰을 것이라고 인정되면, 그 별도의 사항에 관한 다른 증거는 인정되지 않을 것이다. 반면, 일반적으로는 문서에 포함시키지 않았을 것이라고 인정되면, 그 별도의 사항에 관한 증거라도 원용할 수 있도록 인정해 준다. 완전한 결정체인가 여부에 대한 판단 기준으로 'Wigmore 기준'('Wigmore test')이라는 것도 있다. 이는 별도의 사항이 문서에서 조금이라도 언급되었느냐에 따라 결정된다. 문서에 별도의 사항이 언급된 경우라면, 문서는 별도의 사항에 대한 당사자의 의도까지도 포함하고 있는 것으로 추정되어 이에 관한 다른 증거는 배제된다.

2. 판단주체

185 다수의 견해에 의하면 특정 계약문서가 당사자간 합의의 최종적인 결정체인가 여부는 사실문제(one of fact)라고 한다. 그러나 다른 사실문제와 달리 그 판단은 배심원(jury)이 아닌 법관(judge)이 한다.[92] 법관이 특정문서를 당사자간의 합의의 최종적인 결정체라고 판단하면 그 외의 증거는 모두 배제되고, 그 반대의 경우로 판단하면 다른 증거도 제시할 수 있다. 다른 증거를 제시할 수 있는 경우로 판단된 경우에 그러한 증거가 합의의 일부를 이루는가 하는 점에 대한 판단은 배심원이 한다.

3. UCC의 규정

186 UCC는 당사자가 문서에 정면으로 반하는 내용을 주장할 수는 없으나 문서의 내용과 일치하는 부수적인 조건의 보충을 주장할 수는 있다고 한다. 그러나 다음과 같은 경우에는 그렇지 않다(UCC §2-202): ① '완결조항(merger clause)'[93]이 존재하는 경우; ② 주위의 모든 사항을 고려하여 판단할 때, 당해 문서가 계약 조건의 유일하고 완전한 내용을 담고 있는 것이라고 인정되는 경우.

---

92) 일반적으로 사실문제는 배심원이, 법률문제는 법관이 판단한다.

93) '완결조항(merger clause)'이란 당사자가 계약서에 그 계약서가 당사자의 최종적이고 완전한(final and complete) 합의라는 것을 규정하는 것을 말한다. 계약서의 말미에 "이 계약서는 당사자간의 합의의 모든 것을 포함하고 있으며 이 계약에 관해서는 여기에 쓰여 있는 것 이외에 어떠한 종류의 다른 약속도 존재하지 않는다."라는 내용의 조항을 부가하는 경우가 있는데, 이를 완결조항이라 한다.

Ⅲ. 구두증거배제법칙의 적용을 받지 않는 증거

187 구두증거배제법칙은 결정체(integration)로 인정된 계약의 내용을 변경 내지는 보충시키거나 이와 상충되는 내용의 증거만을 배제시키려는 것이지, 그 외의 증거(즉 구두증거배제법칙의 적용범위 밖에 있는 증거)까지도 배제시키는 것이 아니다. 그러므로 비록 특정 계약문서가 당사자간의 완전하고도 최종적인 합의를 나타내는 것으로 인정된다 하더라도 다음과 같은 경우에는 구두증거배제법칙이 적용되지 않는다.

1. 계약의 유효성을 다투는 주장

188 문서로 계약을 체결한 당사자라 하더라도 계약 자체의 유효성을 다툴 수 있다. 즉 계약의 당사자는 문서가 계약내용을 포함하고 있음을 인정하면서도 다음과 같은 이유에서 계약의 무효를 주장할 수 있다.

(1) 성립상의 흠결

189 당사자가 별도의 증거를 제시함으로서 성립상의 흠결(사기 · 강박 · 불법 · 착오)을 주장할 수 있다. 이런 경우에는 별도의 합의에 의해 계약내용을 수정하거나 보충하는 것이 아니라 계약의 성립 자체를 다투는 것이기 때문이다.

같은 맥락에서 약인의 존부에 관한 증명에 대해서도 구두증거배제법칙이 적용되지 않는다. 예를 들어 보자. A계약은 명문으로 10 달러가 약인으로 주어졌다고 한다. 그러나 실제로는 이러한 금액이 지불되지 않았다면 구두의 증언을 원용하여 금액 미지불의 항변사유를 주장할 수 있는 것이다.

(2) 정지조건의 경우

190 "조건[94]의 성취시까지는 문서로 체결된 계약은 효력을 발하지 않는 것

으로 한다."라는 내용의 구두의 합의가 있었다는 주장이 있는 경우에는, 그와 관련된 모든 증거가 원용될 수 있다. 즉 정지조건(conditions precedent)[95]의 존부가 계약의 유효성에 영향을 주는 경우라면 구두증거배제법칙이 적용되지 않는다. 이 경우도 역시 계약내용을 수정하거나 보충하는 것이 아니라 계약의 효력발생을 다투는 것이기 때문이다. 그러나 주의할 점은, 그러한 정지조건에 대한 증언이라 하더라도 문서의 내용에 정면으로 반하는 경우에는 구두의 증언이 원용될 수 없다는 점이다.

다음과 같은 예를 생각해 보자. A와 B는 문서상으로는 완전해 보이는 계약을 체결하였다. 그러나 구두상으로는 B가 재정을 확보하기 이전까지는 계약에 구속되지 않기로 합의하였다. 구속력 있는 계약이 존재한다고 인정되기 전까지는 구두증거배제법칙이 적용되지 않으므로 계약이 문서로 체결되었다 하더라도 'B의 재정확보'라는 정지조건이 발생하지 않았음을 원용할 수 있다.

정지조건(conditions precedent)과 구별하여야 할 것으로 '해제조건(condition subsequent)'[96]이 있다. '해제조건'이란 조건이 성취된 때에야 비로소 당사자의 이행의무를 소멸시키는 조건이다. 해제조건이 붙은 경우에는 구두의 증언이 원용될 수 없다. 이러한 조건은 이미 존재하거나 성립된 계약상의 의무를 제한하거나 수정하는 것에 불과한 것이지 계약의 효력 자체를 다투는 것이 아니기 때문이다.

2. 계약의 해석 및 수정에 관한 사항

191 먼저, 계약의 해석에 대하여 보기로 한다. 계약상의 조건이 모호하거나 불분명한 경우 혹은 계약상의 약정내용의 의미에 대하여 다툼이 있는 경우에는, 이를 해결하기 위하여 구두의 증언을 참고할 수 있다. 이 경우도 성립상의 흠결에서와 마찬가지로 계약내용을 수정하거나 보충하는 것이 아니라

94) 조건의 개념에 대해서는 이 책 **196** 참조.
95) 정지조건에 대해서는 이 책 **199** 참조.
96) 해제조건에 대해서는 이 책 **201** 참조.

계약문서의 내용을 명확히 하는 것이기 때문이다.

다음으로, 계약의 수정(reformation)에 대하여 보기로 한다. 문서로 체결한 계약의 당사자가 자신에게 계약상의 오류(예: 착오)를 수정할 수 있는 권한이 있다는 사실을 주장하는 경우에는 구두증거배제법칙이 적용되지 않는다. 왜냐하면 원고가 소송상 주장하려는 것은 계약의 조건이 표면상으로는 명백해 보이지만 실제로는 그러한 조건들이 당사자 사이에서 계약의 내용을 이루지 않는나는 사실이기 때분이다. 수정권한의 존부에 대한 증명책임은 원고에게 있고, 다음의 사항들을 증명하여야 한다: ① 전에 유효한 계약이 존재하였다; ② 문서에는 계약의 내용이 잘못 반영되었다(예: 착오).

3. 계약성립 후에 행해진 합의

192 최종문서 작성 이후의 수정사항을 증명하기 위하여 별도의 증언을 원용하는 것은 허용된다. 왜냐하면 구두증거배제법칙은 그 이전 또는 동시에 이루어진 협상에만 적용되기 때문이다. 즉 계약의 당사자는 최종 문서의 작성 이후에 작성문서를 수정하였음을 주장할 수는 있다.

4. 부수계약

193 당사자는 주된 계약과 병행해서 별개의 부수계약을 체결할 수 있다. 쌍방의 계약이 강제력 있는 별개의 유효한 계약으로 구성되어 있는 경우에 그 별개의 계약의 존재를 증명하기 위한 증거는 서면작성 이전의 합의나 교섭과정에 있는 것이라 하더라도 배제되지 않는다. 이것을 '부수계약의 원칙(collateral agreements rule)'이라고 한다. 'Williston 기준'에 의하면, '부수합의'라 함은 부수적 합의의 당사자의 입장에 선 사람이라면 일반적으로 이 합의를 주된 계약의 최종문서에 포함시키지 않았을 것이라고 인정되는 합의를 말한다. 부수계약의 원칙이 적용되기 위해서는 주된 계약의 계약서 내용과 모순되는 것이어서는 안 된다. 만약에 양자 사이에 모순점이 있다면 부수계약의 존재는 의심을 받을 것이다. 또한 부수계약이 있다고 하기 위해서는 주된 계약과는 별개의 독자적인 약인 요건을 구비하고 있어야 한다.

04 계약의 이행

A Gentle Introduction to American Contract Low

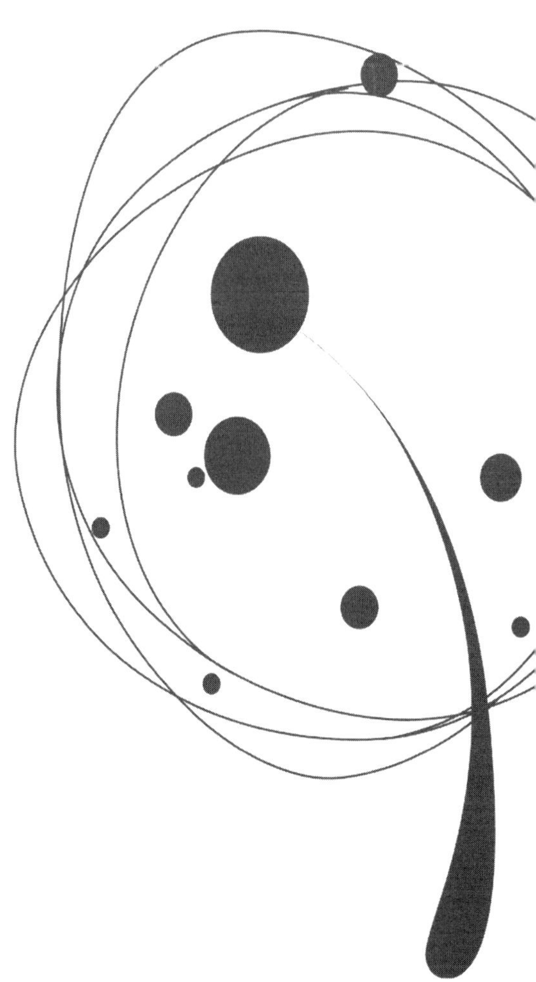

제1절 총 설

194 계약관계가 계약내용에 따라 이행된다면 아무런 법적 분쟁도 발생하지 않는다. 그러나 계약위반(breach of contract)이 있는 경우에는 그렇지 않다. 계약위반이 있다고 하기 위해서는 우선 이행의무를 지는 당사자가 이행을 하지 않았다는 사실을 증명하여야 한다. 이와 관련하여 제기되는 두 가지의 기본적인 문제는 다음과 같다: ① 현재 계약을 이행하여야 하는 의무가 발생하였는가; ② 의무자가 이행의무로부터 면책(discharged)[97]되지는 않았는가? ①에서는 이행의무가 발생하지 않았다면 계약위반도 없다는 점에서, 그리고 ②에서는 이행의무가 발생하였다 하더라도 일정한 사유에 의하여 의무자가 이행의무로부터 면책되었다면 계약위반이 문제되지 않는다는 점에서 논의되는 것이다.

제2절 이행의무의 발생과 조건

195 계약의 이행(performance)이란 계약당사자가 계약의 내용대로 특정한 행위를 수행하는 것을 말한다. 이 계약의 이행과 관련하여 특히 문제되는 것이 이행의무에 특별한 단서, 즉 조건(condition)이 붙은 경우이다. 그러므로 다음에서는 조건의 문제를 중심으로 살피기로 한다.

---

97) '면책'을 의미하는 표현으로는 'excuse'라는 용어가 사용되기도 한다. 그런데 'excuse'는 조건의 '소거'(消去)의 의미로도 사용되기 때문에 주의하여야 한다. 조건의 소거에 대해서는 이 책 **203** 이하 참조.

Ⅰ. 조건의 의미

1. 조건의 개념

196 조건(condition)의 개념을 보기 전에 우선 약속(promise)의 의미를 명확히 할 필요가 있다. 약속이란 무엇인가를 하겠다든가 또는 하지 않겠다는 의지의 표명이다. 계약상의 약속에는 조건이 붙을 수도 있고 붙지 않을 수도 있다. 만약 약속에 조건이 붙어 있다면 그 약속은 조건의 성취에 따라 그 실효성이 좌우된다. 조건이 붙어있지 않은 약속의 경우에 있어서 만일 약속내용에 따른 이행이 없다면 이행의무의 면책(discharge)사유가 존재하지 않는 한 계약위반(breach of contract)이 된다.

조건이란 계약의 이행의무에 영향을 주는 요소이다. 조건이란 단순한 시간의 경과와는 구별되는 사건으로서 조건의 성취 또는 불성취에 따라 계약당사자의 이행의무를 발생시키거나(정지조건의 경우) 제한 내지는 소멸(해제조건의 경우)시킨다.[98] 조건은 약속을 수정시키는 기능(promise modifier)을 한다. 예컨대, 정지조건이 성취되기 전까지는 약속자의 이행의무가 발생하지 않으므로 약속자는 자신의 약속에 조건이 붙어있음을 주장하여 계약위반의 책임을 면할 수 있다.

계약이 조건의 성취 또는 불성취로 인하여 실현될 수 없게 된 경우, 계약의 상대방에게 이익을 제공한 당사자는 부당이득이론(theory of unjust enrichment)[99]에 의하여 반환을 청구할 수 있다.

---

98) 정지조건은 Restatement §224에서 해제조건은 Restatement §220에서 별도로 규율하고 있다. 그런데 미국계약법에서 조건(condition)이라고 하면 보통 정지조건을 가리키는 것임에 유의하여야 한다. 해제조건은 이행의무의 면책사유(이 책 211 이하, 특히 214 참조)의 하나로 다루어지는 것이 일반적이다.

99) 이에 대해서는 이 책 12 및 272 이하 참조.

2. 조건과 약속의 구별

(1) 구별의 필요성

197 다음과 같은 사례를 생각해 보자. 주택소유자가 보험회사와 화재보험계약을 체결하였는데, 보험계약의 조항 중에 "화재가 발생했을 때에는 7일 이내에 보험회사에 통보하여야 한다."라는 규정이 있었다. 이 조항을 조건(condition)으로 보느냐, 아니면 약속(promise)으로 보느냐에 따라 당사자 사이의 법률관계에 큰 차이가 발생하게 된다. 조건(condition)이 아닌 계약상의 약속(promise)으로 보게 되면, 보험가입자가 이를 위반한다 하더라도 보험회사의 보험금지급의무가 면제되는 것은 아니고, 단순한 계약위반(breach of contract)으로 다루어지게 된다. 그러므로 주택소유자는 그가 7일 이내에 통보하지 않음으로 인하여 보험회사가 입은 손해에 대하여 배상책임을 부담할 뿐이다. 그러나 문제의 조항을 조건으로 보게 되면 주택소유자는 한 푼의 보험금도 지급받지 못하게 된다.100)

이와 같이 어떤 조항을 조건으로 보는가, 아니면 약속으로 보는가에 따라 매우 큰 차이가 발생한다. 다음에서는 양자의 구별기준에 대하여 살피기로 한다.

(2) 구별기준

198 조건과 약속의 구별에 있어서 절대적인 기준이 있는 것은 아니다. 양자의 구별기준으로서 가장 중요한 것은 '당사자의 의사'이다. 법원은 당사자의 의사를 확정함에 있어서 다음과 같은 사항을 고려한다: ① 계약상의 문언; ② 당사자간의 거래관행; ③ 지역내의 거래관습.

조건과 약속의 구별에 있어서 문제된 조항을 실현하기 위하여 일정한 행위를 하여야 하는 자가 누구인가 하는 것도 중요한 표지로 작용한다. 조항

100) 어떠한 계약조항이 조건인가 아니면 약속인가 하는 것은 매우 중요한 문제이다. 그런데 만일 약속위반이 계약내용 중에서 중요한(material) 사항에 관한 것일 경우에는 상대방의 계약상 의무가 면책(discharge)되므로 조건과 실제상 아무런 차이가 없게 된다. 계약위반의 중대성에 관한 논의에 대해서는 이 책 240 참조.

에서 정한 일정한 행위를 하여야 할 의무를 부담하는 자가 채무자인 때에는 조건일 가능성이 높고, 반대로 의무부담자가 채권자일 경우에는 약속일 가능성이 높다.

애매한 경우에는 법원은 이를 조건으로 보지 않고 단순한 약속으로 해석하려는 경향이 강하다. 그렇게 해석함으로써 계약을 보존시키고 당사자간의 형평을 도모할 수 있기 때문이다. 하나의 예를 들어 보자. 건축업자인 A가 B의 집을 지어주기로 하는 계약을 체결하면서 배관 파이프를 반드시 특정 회사의 것을 사용하기로 계약서에 명확히 규정하였다. 그러나 하도급자가 실제로 집을 짓는 과정에서 다른 회사의 제품을 사용하였는데, 질적으로는 아무런 차이가 없는 것이었다. 이와 같은 사안에 대하여 법원은 '특정 회사의 제품을 사용할 것'이라는 조항을 조건이 아닌 단순한 약속으로 해석한다. 그리하여 B는 A에게 보수를 지급하여야 한다. 다만, B는 A의 약속위반(특정 회사의 제품을 사용하지 않은 것)을 이유로 손해배상을 청구할 수 있을 뿐이다.

Ⅱ. 조건의 종류

1. 효과에 따른 구별

(1) 정지조건

199 정지조건(condition precedent)이란 계약상 의무이행의 전제조건으로 반드시 성취되어야 하는 조건을 말한다. 예를 들어 보자. A는 B에게 1년간 50000 달러를 빌려주기로 약속하였고, B는 원금에 10%의 이자를 추가하여 갚겠다는 약속을 약인으로 하여 A와 B 사이에 3월 1일 소비대차계약(loan for consumption)이 체결되었다. 그리고 이러한 약속의 단서조항으로 계약체결일로부터 4개월 후인 7월 1일 현재 B가 소유하고 있는 별장의 시가가 100000 달러 이상일 것을 조건으로 하였다. 그런데 7월 1일 현재 B의 별장의 시가는 80000 달러에 불과하였고, 이에 A는 돈을 빌려 줄 수 없다고 하

여 B가 소를 제기하였다. 이 사안에 있어서 B의 청구는 기각된다. 왜냐하면 A가 B에게 50000 달러를 대여해 주어야 할 의무는 정지조건('7월 1일 현재 B가 소유하고 있는 별장의 시가가 100000 달러 이상일 것')에 구속되는 것이기 때문이다. 즉 조건이 성취되지 않았으므로 A의 이행의무는 발생하지 않으며, 따라서 계약위반 자체가 문제되지 않는다.

(2) 동시이행조건

200 동시이행조건(conditions concurrent)이란 양 당사자가 서로의 의무를 동시에 이행하여야 하는 것을 내용으로 하는 조건이다. 그런데 이것은 정지조건의 특수한 경우에 불과하다.

예를 들어 보자. A는 B에게 500 달러를 지급하기로 하고, B는 A에게 그의 서적에 대한 소유권을 이전하기로 하는 합의를 하였다. 그런데 의무이행의 순서에 대해서는 아무런 합의를 하지 않았다. 이 경우에 A와 B의 의무는 서로에 대한 동시이행조건(condition concurrent)을 구성한다. 그리하여 양 당사자가 모두 이행제공(tender performance)을 하고 있지 아니한 때에는 양 당사자 누구에게도 의무가 발생하지 않는다.[101)]

(3) 해제조건

201 해제조건(condition subsequent)이란 조건의 성취로 인하여 이미 존재하고 있는 계약상의 이행의무가 면제되는 경우이다. 예를 들어 보자. A가 B에게 특정 미술품을 일정가격에 양도하면서 계약 후 1개월 동안 전시회를 위하여 A가 그 미술품을 그대로 보유하기로 하되, "A가 보유하고 있는 전시회 시설이 도난방지 측면에서 안전하다."라는 판정을 받는 것을 조건으로 하였다. 이 사안에 있어서 "A가 보유하고 있는 전시회 시설이 도난방지 측

---

101) 이 사안에서 문제되는 것은 우리 민법상으로는 동시이행관계에 해당한다(한국민법 제536조). 우리 민법에서는 의무는 발생하고 채무불이행에 해당되기는 하지만 위법성이 없어 채무불이행책임을 지지 않는 것으로 구성하나, 미국 계약법에서는 조건의 문제로 관념한다는 점에서 차이가 있다.

면에서 안전하다."라는 것이 해제조건이다. 그러므로 전시회 시설이 도난방지 측면에서 안전하다면 A는 전시회를 위하여 미술품을 보유할 수 있으나, 그러하지 못하다면 A는 즉시 미술품을 B에게 인도하여야 한다.

정지조건과 해제조건 사이에 실체법상 실질적인 차이가 있는 것은 아니다. 위의 예에서 전시회 시설이 도난방지 측면에서 안전하다는 것을 해제조건으로 하지 않고 그 대신 전시회 시설이 도난방지 측면에서 안전하지 않다는 것을 정지조건으로 하더라도 결과는 동일하기 때문이다. 즉 정지조건이 성취되면 A에게는 미술품을 즉시 B에게 인도하여야 하는 이행의무가 발생하고, 성취되지 않으면 A는 미술품을 보유할 수 있다. 양자의 구별의 실익은 증명책임(burden of proof)과 관련이 있다. 정지조건의 성취에 대하여는 피고에게 이행의무가 있음을 주장하는 원고가 증명책임을 부담한다. 이에 반해, 해제조건의 성취에 대하여는 더 이상 이행의무가 존재하지 않음을 주장하는 피고가 증명책임을 부담한다. 이와 같이 정지조건과 해제조건 사이에 증명책임상의 차이가 있으므로 당사자가 '해제조건'이라는 용어를 사용하여 그 의사를 명확히 했다면 법원은 그에 따라 판단하여야 한다.

앞에서 본 바와 같이[102] 보통 '조건'이라고 하면 정지조건을 가리키며, 해제조건은 이행의무의 면책사유의 하나로 다루어지는 것이 일반적이다.

2. 명시적 · 묵시적 · 의제적 조건

202 명시적 조건(express conditions)이란 계약에 명시적으로 드러난 조건이다.

묵시적 조건(implied conditions)이란 당사자의 의사에 기초하여 추론할 수 있는 조건이다. 그러므로 묵시적 조건의 존부는 계약의 해석과정을 통하여 판단하게 된다. 그러한 이유에서 묵시적 조건을 '사실에 의하여 추론되는(implied in fact)' 조건이라 부르기도 한다.

의제적 조건(constructive conditions)은 당사자의 의사와는 관계없이 당사

102) 이 책 196 참조.

자간의 형평을 위하여, 법률적인 해석을 통하여 법원에 의하여 부가되는 조건이다. 이러한 조건은 양 당사자가 거래한 이행의 제공을 받을 수 있도록 당사자간의 형평을 위하여 부과된다. 그러한 이유에서 의제적 조건을 '법에 의하여 추론되는(implied in law)' 조건이라 부르기도 한다. 명시적 조건과 의제적 조건을 구별하는 실익은 이러하다: 전자의 경우에는 조건의 엄격한 달성(strict compliance)이 요구됨에 비하여, 후자는 상당한 달성(substantial compliance)으로 충분하다. 의제적 조건은 주로 양 당사자의 계약의무 이행의 순서와 관련되어 부가된다. 즉 계약상의 이행기에 대하여 법원은 의제적 조건을 추론한다. 그리하여 의제적 조건은 크게 다음과 같은 두 가지 결과로 나타나게 된다.

첫째, 양 당사자의 이행의무가 동시에 이루어지는 경우이다. 이와 같은 경우에 대하여 법원은 동시이행조건이 있는 것으로 본다(의제적 동시이행조건: constructive condition concurrent). 결국, 각 당사자의 이행의무는 상대방의 이행의무의 정지조건이 되는 것이다. 그러므로 특별한 사유가 없는 한, 상대방의 이행의무를 발생시켜 그 불이행에 대하여 계약위반의 책임을 묻기 위해서는 먼저 자신이 이행제공(tender performance)을 하여야 한다.

둘째, 일방 당사자의 의무가 타방 당사자의 의무보다 이행에 더 오랜 시간이 소요될 경우에는 일반적으로 전자의 의무가 먼저 이행되어야 한다고 해석되는데, 대부분의 서비스 관련 계약이 이에 해당한다.[103] 이와 같은 경우에 있어서 법원은 먼저 이행되어야 할 채무는 나중에 이행되어야 할 채무의 정지조건이 되는 것으로 추정한다(의제적 정지조건: constructive condition precedent).

103) 예: 미용실에서 머리를 손질하는 경우에 미용요금의 지급의무는 서비스가 완전히 이행된 후에 이행되는 것으로 해석한다.

Ⅲ. 조건의 소거

203 일정한 경우에는 조건이 성취되지 않았다 하더라도 조건이 성취된 것과 동일하게 다루어지는 경우가 있는데, 이와 같은 경우를 가리켜 조건이 소거(excuse)되었다고 한다. 앞에서 설명한 바와 같이 조건은 그 효과를 기준으로 정지조건·동시이행조건·해제조건으로 분류된다. 조건의 소거(excuse of condition)는 정지조건과 동시이행조건에서 문제되는 것이다. 조건이 소거된다는 것이 구체적으로 어떤 의미인가? 정지조건이 붙어있는 계약에서 정지조건이 소거되면 즉시 이행의무가 효력을 발생하게 된다.[104] 계약당사자 쌍방의 의무가 서로 상대방에 대하여 조건을 구성하는 동시이행조건에 있어서 조건이 소거된다는 것은, 일정한 사유(즉 조건소거사유)에 의하여 상대방의 반대의무가 면제되는 것을 의미한다.[105]

조건의 소거는 다양한 방법에 의하여 일어난다. 다음에서는 조건의 소거가 있게 되는 경우들을 보다 구체적으로 살피기로 한다.

1. 조건 성취의 방해로 인한 조건의 소거

204 일반적으로 계약의 당사자는 신의성실(good faith)에 따라 행동할 것이 요구되는데, 조건의 불성취로 인하여 이익을 얻게 될 당사자가 고의적으로 조건의 성취를 방해하게 되면[106] 그는 조건이 부여하는 이익을 상실한다. 조건성취의 방해는 부당한 방법에 의한 것이어야 한다. 그러나 부당한 방법이라 하여 반드시 악의(bad faith, malice)일 필요는 없다. 이러한 법리는 우리 민법의 태도와 특별히 다르지 않다. 우리 민법 제150조는 다음과 같이 규정하고 있다: "① 조건의 성취로 인하여 불이익을 받을 당사자가 신의성실

---

104) 이 책 204에서 설명하는 것은 이와 같은 의미에서의 조건의 소거이다.

105) 이 책 205 이하에서 설명하는 것은 이와 같은 의미에서의 조건의 소거이다.

106) 이를 법률적으로는 당사자가 조건의 발생에 "협력하지 않았다(fail to cooperate)"라고 한다.

에 반하여 조건의 성취를 방해한 때에는, 상대방은 그 조건이 성취한 것으로 주장할 수 있다. ② 조건의 성취로 인하여 이익을 받을 당사자가 신의성실에 반하여 조건을 성취시킨 때에는, 상대방은 그 조건이 성취하지 아니한 것으로 주장할 수 있다."

사례를 들어 보자. A는 B의 초상화를 그려주기로 약속하였다. 이에 대하여 B는 대가를 지급하기로 하였는데 이 약속은 B가 완성된 초상화에 만족하는 것을 조건으로 하였다. 그런데 만일 B가 완성품을 보는 것조차 거절한다면 B의 약속에 대한 조건이 소거되어, 그 결과 B의 대가지급의무가 즉시 발생하는 것으로 된다. 또 다른 사례를 들어 보자. P가 자신의 할머니 Q와의 계약을 통해 Q가 사망할 때까지 보살펴 주는 것에 대한 대가로 100000 달러를 받기로 하였다. 그런데 만일 Q가 특별한 이유도 없이 P를 내쫓았다면 P는 Q를 평생 돌보아준다는 조건이 소거되어 그 대가인 100000 달러를 청구할 수 있다.

2. 현실적 계약위반에 의한 조건의 소거

205 현실적 계약위반(actual breach of contract)으로 인한 조건의 소거라 함은 이행기가 도래하였음에도 불구하고 계약의 이행을 하지 않는다면 상대방의 반대의무(counter performance)가 소거되는 것을 말한다. 여기에서 '현실적(actual)'이라 함은 시점의 문제로서 이행기가 도래하였음에도 불구하고 이행을 하지 않고 있는 것을 의미한다.[107] 일방의 현실적 계약위반이 상대방의 반대의무를 소거시킬 수 있기 위해서는 의무의 불이행이 중대한(material) 사항에 관한 것이어야 한다.[108] 사소한(minor) 계약위반이 있는 때에는 상대방의 지체책임만을 면제시킬 뿐이지 계약상의 의무 자체를 면제시키지는 않는다.

---

107) 이러한 점에서 'actual breach'는 '사전이행거절(anticipatory repudiation)'과 구별된다(사전이행거절에 대해서는 이 책 206 참조). 왜냐하면 '사전이행거절'은 이행기가 도래하기 전의 문제이기 때문이다.

108) 계약위반의 중대성에 대해서는 이 책 240 ~ 241 참조.

3. 사전이행거절에 의한 조건의 소거

206 일반적으로 계약관계에서의 권리자는 이행기가 도래하여야만 계약의 이행을 청구할 수 있다. 그런데 만일 계약의 당사자 일방이 변제기가 도래하기 전에 장래의 의무를 이행하지 않겠다는 의사를 명확히 밝힌 경우에는 어떻게 되는가? 이 경우에 상대방은 자동적으로 그 의무이행을 면제받으며 이와 함께 계약위반으로 인한 손해배상도 청구할 수 있다. 이와 같은 경우에 상대방의 의무를 면제시켜주는 이유는, 이미 사전이행거절(anticipatory repudiation)이 있었음에도 불구하고 그 상대방에게 변제기가 도래할 때까지 기다리면서 계약이행을 준비하라고 하는 것은 형평에 맞지 않기 때문이다.

사전이행거절이 조건을 소거시키는 사유가 되기 위해서는 다음과 같은 요건이 충족되어야 한다: ① 미이행의 쌍방계약일 것; ② 이행거절의 의사표시가 명백할 것. ①의 요건에 대하여 좀 더 보기로 한다. 사전이행거절의 의사표시가 조건을 소거시킬 수 있기 위해서는 당사자 쌍방에게 미이행의 의무가 존재하는 쌍방계약을 전제로 한다. 즉 일방계약 혹은 쌍방계약이라 하더라도 일방 당사자가 이미 의무를 이행한 경우에는 사전이행거절이 있다 하더라도 조건이 소거되지 않는다. 그러므로 이러한 경우에 약속자의 상대방은 원래 정해진 변제기가 도래하는 것을 기다린 후에 손해배상 등과 같은 법적 구제를 청구할 수 있다. 예를 들어 보자. A는 10월 20일 B의 차를 인도받는 것을 약인으로 하여, B에게 11월 15일에 2000 달러를 지급할 것을 약속하였다. B는 10월 20일 차를 인도하였으나, A는 11월 3일 대금지급불이행의 의사를 표시하였다. B는 11월 15일 이전에는 A의 불이행을 이유로 소를 제기할 수 없다. 이러한 해결책의 근거는 다음과 같이 이해하면 된다: 사전이행거절을 조건소거사유로 하는 이유는, 사전이행거절의 의사표시가 이미 이루어진 상황에서 상대방에게 기한이 도래할 때까지 기다리면서 계약이행을 준비하라고 하는 것은 형평에 맞지 않기 때문이다; 그런데 앞의 사례에서와 같이 사전이행거절의 의사표시를 한 자의 상대방이 이미 의무를 이행한 경우라면 이행기까지 기다린다고 하여 특별히 그에게 불이익을 주는 것이 아니다; 그리고 약속자가 마음을 바꿔 이행기까지 이행을 할 가능성도 배제할 수 없기 때문이다.

사전이행거절이 있는 경우, 그 상대방은 다음의 4가지 선택권을 가진다: ① 사전이행거절을 이행거절로 보아 즉각 소를 제기하는 것; ② 자신의 의무를 이행하지 않은 채로 약속자의 이행기를 기다려 소를 제기하는 것; ③ 이행거절의 의사표시를 계약해제의 청약으로 보고 그 의사표시에 대응하는 승낙을 하여 계약을 해제하는 것(합의해제); ④ 사전이행거절의 의사표시를 무시하고 약속자에게 이행청구를 하는 것.

쌍방계약의 당사자 일방이 사전이행거절의 의사표시를 하였다 하더라도 그 후에 그 의사표시를 철회하는 것이 가능하다. 그러나 이행거절의 의사표시를 계약해제의 청약으로 보고 그 의사표시에 대응하는 승낙을 하여 계약을 해제하였거나 또는 사전거절의 의사표시로 인하여 상대방에게 손해유발신뢰(detrimental reliance)가 발생한 때에는 철회할 수 없다.

4. 이행거절의 예상에 의한 조건의 소거

207 '이행거절의 예상(prospective inability or unwillingness to perform)'이라 함은 계약당사자 일방의 입장에서 볼 때, 상대방이 이행기까지 이행을 할 수 없거나 하지 않을 것이라고 신뢰할 만한 합리적인 근거가 있는 사정을 말한다. 예를 들어 보자. A는 B의 집을 100000 달러에 매수하는 계약을 체결하였고, 이행기는 8월 1일이다. 그런데 7월 10일 A가 파산선고를 받았다거나, B가 매매목적물인 주택의 소유권을 C에게 이전시켰다고 해보자. 이와 같은 경우가 바로 '이행거절의 예상'에 해당되는 사정이다.

이행거절의 예상은 현실적 이행거절(actual repudiation) 또는 사전이행거절(anticipatory repudiation)과 구별된다. 이행거절의 예상은 이행기 이전에 일어난다는 점에서 현실적 이행거절과 구별된다. 그리고 반드시 명백한 의사표시를 요하지 않는다는 점에서 사전이행거절과도 구별된다. 이행거절의 예상은 계약상대방의 행동이나 말에 이행 여부를 의심할 만한 여지가 있는 것으로 족하다. 결국, 이행거절의 예상과 사전이행거절은 의사표시의 명확성 여부에 차이가 있다고 할 수 있다. 어떠한 행위가 있어야 이행거절의 예상으로 볼 수 있을 것인가 하는 것은 합리적인 보통사람을 기준으로 한다.

'이행거절의 예상'으로 판단되는 행위가 있는 경우에 그 효과는 무엇인가? 이행거절을 예상하는 당사자는 상대방이 이행을 할 것이라는 충분한 확신을 줄 때까지 자신의 이행을 거절할 수 있으며, 충분한 확신을 얻지 못하는 경우에는 이행의무로부터 면제된다. 이와 같이 '이행거절의 예상'으로 인하여 일방이 이행의무로부터 면제되면 그 때부터는 '사전이행거절'의 경우와 동일하게 다루어진다.

이행거절의 예상도 사전이행거절과 마찬가지로 철회가 가능하다. 이행거절 예상의 철회는 사전이행거절의 의사를 표명했던 계약당사자가 이행능력과 이행의사를 회복하고 이를 상대방에게 표시함으로써 이루어진다. 그러나 상대방이 이미 불이행을 예상하여 자신의 지위를 변경시킨 때에는 철회를 할 수 없다.

5. 실질적 이행에 의한 조건의 소거

208 일방의 의무이행이 상대방의 의무이행의 정지조건인 경우가 있다. 이 경우 논리적으로는, 일방이 의무를 이행하지 않으면 타방도 의무의 이행을 강제당하지 않는다. 그런데 이러한 논리를 관철시키면 사소한 계약위반(minor breach)이 있는 경우에도 약속자의 상대방은 자신의 의무를 전혀 이행하지 아니하고도 거의 대부분의 이행을 제공받을 수 있게 된다. 이러한 불합리한 결과를 회피하기 위해서 고안된 것이 '실질이행의 원칙(substantial performance rule)'이다.

물품매매계약에 있어서는 물품에 조그만 하자가 있는 경우에도 매수인은 물품의 수령 및 대금의 지급을 거절할 수 있다. 물품매매에 있어서는 소위 '완전이행의 원칙(perfect tender rule)'이 적용되기 때문이다. 그러므로 물품매매에 있어서는 매도인이 사소한 계약위반을 한 경우라 하더라도 매수인은 매매대금지급의무를 거절할 수 있다. 그런데 약속의 내용이 건물을 신축한다거나 서비스를 제공하는 것과 같은 경우에도 완전이행의 원칙을 적용하여 사소한 계약위반을 이유로 반대채무의 발생을 저지한다는 것은 일방 당사자에게 가혹한 것이다. 이러한 고려 아래에서 인정된 것이 '실질이행의 원칙'이다. 이 원칙은 모든 조건에 관해서 완전한 이행이 없다 하더라도, 계약의 내용에 비추어 볼 때 실질적인 이행이 실현된 것으로 판단된다면 계약이 전반적으로는 이행된 것으로 판단하는 것이다. 이 원칙은 건축도급공사에서 가장 흔하게 인정되고 있다.

상당한 정도의 이행을 한 당사자는 '실질이행의 원칙'에 따라 상대방에 대하여 계약의 이행을 강제할 수 있다. 그러나 그 상대방은 완전한 이행을 받지 못한 부분에 대해서는 이를 이행에서 공제할 수 있다. 예를 들어 보자. 건물건축계약에서 건축업자가 건물을 완성하긴 하였으나 배관이 계약에 정해진 내용과 다르게 이루어진 경우, 상대방은 대금지급의무를 회피할 수는 없으나 잘못된 배관으로 인한 손해 부분은 공제하고 대금을 지급할 수 있다. 건물이 완성되기 전에는 완전한 이행을 추구하는 것이 가능하고, 또한 그렇게 하는 것이 계약의 구속력의 본질에 비추어 볼 때에도 합당한 것이다. 그러나 일단 완성된 후에는 사소한 계약위반에 대하여 이를 금전배상으로 처리하는 것이 사회경제적인 측면에서 가장 효율적인 해결방향이다. 실질이행의 원칙은 사회경제적 손실과 계약당사자의 의사와의 조화를 도모하고자 하는 것이다.

'실질이행의 원칙'은 의제적 조건(constructive condition)의 경우에 한하여 적용된다는 점에 유의하여야 한다. 조건의 내용이 명백하게 드러나 있는 경우에는 당사자의 의사를 존중하여 이 원칙을 적용하지 않는다. 그리고 대부분의 법원은 고의에 의한 계약위반의 경우에도 이 원칙을 적용하지 않는다.

'실질이행'이라는 것은 계약위반의 내용이 사소하다는(minor) 것을 의미한다. 즉 계약위반이 중대한 것이라면 이행은 상당하다고 할 수 없고, 그 반대로 계약위반이 사소한 것이라고 인정되면 상당한 이행이 행해진 것으로 볼 수 있다.

앞에서 언급한 바와 같이, 물품매매계약을 규율하고 있는 UCC는 '완전이행의 원칙(perfect tender rule)'을 토대로 하고 있다. 그리하여 매도인이 결함있는 물건을 제공한 경우에 매수인은 수령을 거절할 수 있다. 그러나 물품매매계약에서의 완전이행의 원칙에도 예외가 존재한다. 당사자 사이에 완전이행의 원칙과 다른 특약을 한 경우가 대표적인 경우이다. 그 외에 완전이행의 원칙은 불완전이행 부분의 '치유(cure)'라는 관념에 의하여 그 엄격성이 완화된다. '치유'라 함은, 일정한 경우에 매도인에게 새로운 기회를 부여하여 완전한 물품을 제공할 수 있도록 하고, 이렇게 해서 완전한 물품이 제공된 경우에는 매수인이 그 물품의 수령을 거절할 수 없도록 하는 것이다. 이와 관련하여 UCC는 매도인이 제공한 물건이 계약의 내용에 부합하지 않아 매수인이 그 수령을 거절한 시점이 이행기를 경과한 시점인가 여부로 구분하여 규율하고 있다(UCC §2-508). 우선, 아직 이행기가 경과되지 않은 경우부터 보기로 한다. 매도인에 의한 물건의 제공 또는 인도가 계약의 내용에 부합하지 않아 매수인이 수령을 거절한 경우에도, 아직 이행기가 지나지 않은 때에는 매도인은 매수인에게 그것을 치유하겠다는 의사를 통지하고 이행기 내에 계약에 적합한 인도를 할 수 있다. 다음으로, 이행기가 이미 경과한 경우를 보기로 한다. 매도인이 제공한 물건이 계약의 내용에 부합하지 않아 매수인이 이를 거절한 경우에도 매도인으로서는, 대금감액을 하는 것은 별도의 문제로 하고, 대체물로 다시 제공한다면 매수인이 수령할 것이라고 믿을 만한 상당한 이유가 있는 때에는 매수인에게 적시에 대체물로 제공할 것이라는 통지를 한 후 대체물로 이행함에 필요한 합리적인 기간을 허락받아 그 사이에 계약의 내용에 부합하는 대체품으로 제공할 수 있다. 이 규정의 취지는 예기치 못한 수령거절로 인하여 매도인에게 발생할 수 있는 가혹한 결과를 방지하기 위한 것이다.

6. 계약의 가분성에 의한 조건의 소거

209 약속자 측의 사소한 계약위반이 있는 경우(즉 실질이행이 있는 경우)에 약속자와 그 상대방 사이의 이익에 균형을 유지해 주기 위하여 '실질이행의 원칙'이 고려된다는 점을 살펴보았다. '가분성의 원칙(rule of divisibility)'도

실질이행의 원칙과 동일한 고려 아래에서 고안된 개념이다.

계약당사자 일방이 가분적 계약(divisible contract)의 일부를 이행하였다면 비록 그가 계약의 다른 부분을 이행하지 못하였다 하더라도 자신이 이행한 부분에 대하여는 상대방에게 반대급부의 이행을 청구할 수 있다. 가분성의 원칙이 적용된 결과이다. 예를 들어 보자. A건설회사는 B와 건물신축계약을 체결하였는데, 건물 1동에 100000 달러로 모두 1000000 달러를 받고 10동의 건물을 지어주기로 약정하였다. 건물을 신축하는 데에는 오랜 시간이 걸리는 반면, 대금의 지급은 일시에 이루어진다는 특성이 있다. 그러므로 이러한 경우에 대하여 법은 아마도 10동의 건물 모두의 완공을 대금지급의 정지조건으로 부과할 것이다. 그리고 이러한 관념에 따른다면, A회사가 7동의 건물을 완공한다 하더라도 B에게는 계약에 기한 어떠한 의무도 발생하지 않는다. 이 때 가분성의 원칙을 적용하게 되면, A회사가 건물 1동을 지을 때마다 이에 비례하여 B에게 대금의 지급을 요구할 수 있게 된다.

가분성의 원칙은 물론 가분적 계약(divisible contract)에만 적용된다. 가분적 계약인가에 대한 판단은 계약해석의 문제이다. 가분적인 계약으로 인정되기 위한 요건에 대하여 Restatement는 다음과 같이 규정하고 있다(Second Restatement of Contract §240): ① 각 당사자의 계약상 의무의 이행이 두 개 또는 그 이상으로 나누어져 행해질 수 있어야 한다; ② 일방 당사자의 일부이행의 각 부분은 타방 당사자의 그에 상당한 부분의 이행과 같은 정도의 가치를 지니고 있어야 한다.

UCC에 따르면, 특별한 사정이 없는 한(예: 운반차량의 부족), 물품매매계약의 목적물은 1회에 걸쳐 인도되어야 함을 원칙으로 한다(UCC §2-307). 그러나 계약상 명백히 급부의 실현이 수회에 걸쳐 이루어질 것을 요구하는 경우가 있는데, 이를 '분할공급계약(installment contract)'이라 한다. 분할공급계약의 경우에 매매대금은 매회 급부의 실현이 이루어지는 때마다 청구할 수 있다.

7. 의사표시 또는 금반언에 의한 조건의 소거

210 조건에 의하여 이익을 받게 되는 자가 명시적으로 혹은 묵시적으로 조건의 성취 또는 불성취를 주장하지 않겠다는 의사를 표시(waiver)[109]할 수 있다. 이러한 경우, 법원은 이러한 의사표시에 따라 조건에 기한 이익을 포기한 것으로 보거나, 혹은 금반언의 원칙에 의하여 다시 조건의 존재를 주장하는 것을 인정하지 않는다.

예를 들어 보자. A는 B에게 '완전한 상태'의 새 오디오 컴포넌트를 매도하기로 하는 계약을 체결하였다. 그런데 오디오 컴포넌트가 인도되는 때에 사소한 기계적 결함이 존재하였으며, A는 이 사실을 B에게 고지하였다. 그럼에도 불구하고 B는 물건의 인도를 수령하였다. 이 경우에 있어서 B의 행위는 '완전한 상태'라는 조건을 소거시킨 것으로 본다. 이것이 계약당사자 일방의 의사표시에 의한 조건의 소거(election waiver)이다.

의사표시 또는 금반언에 의하여 조건이 소거된다는 것은 상대방의 이행의무를 면제해 준다는 것에 불과한 것이지, 조건을 충족시키지 못한 것에 대한 손해배상청구권을 포기하는 것은 아니다. 그러므로 앞의 사례에서 B가 '완전한 상태'라는 이행조건을 소거시켜 준 것과는 상관없이 그 결함에 대하여 손해배상을 청구할 수 있다.

제 3 절 이행의무로부터의 면책

211 조건(condition)의 성취 여부에 대한 판단에 따라 당사자의 이행의무가 존재하는 것으로 확정된 후에는, 그가 계약상의 이행의무로부터 면책(discharge)되었는가 여부를 검토하여야 한다. 이행의무에 대한 면책사유가

109) 'waiver'라는 용어는 특정한 권리의 포기를 의미하는 용어로서 조건부 권리의 포기의 경우에도 사용된다.

존재한다면 계약위반에 대한 책임을 지지 않게 된다.

다음에서는 개별적인 면책사유들 중에서 중요한 것을 유형화하여 살펴보기로 한다.

Ⅰ. 채권자에게 만족을 주는 면책사유

1. 이 행

212 계약상의 의무를 면하는 가장 일반적인 방법은 완전한 이행행위(full and complete performance)를 하는 것이다. Restatement도 "계약관계에 있어서 의무의 완전한 이행으로 인하여 채무가 소멸한다."라고 정하고 있다(Second Restatement of Contract §235(1)). 채무의 이행은 채무자가 하여야 하는 것이 일반적이다. 그러나 채무자가 아닌 제3자가 채무자의 채무를 이행할 수도 있다. 즉 채권자가 그 사실을 알고 그 이행을 수령하였다면, 제3자에 의한 이행도 채무의 소멸사유이다.

2. 대물변제

213 채무자는 대물변제의 합의(accord) 및 그 이행(satisfaction)에 의하여 면책될 수 있다. 미국법에 있어서 우리 민법상의 대물변제에 해당하는 개념은 'accord and satisfaction'인데, 이는 말 그대로 'accord'와 'satisfaction'의 두 가지 요소로 구성된다. 'accord'란 기존의 의무를 새로운 의무로 대체시키는 합의를 말한다. 1000 달러를 지급하는 대신 카메라를 인도하기로 하는 합의가 이에 해당한다. 그런데 'accord'만으로는 기존의 의무를 소멸시키지 못하고, 단지 그 이행을 정지시키는 역할을 할 뿐이다. 기존의 의무를 완전히 소멸시키기 위해서는 이행(satisfaction)이 있어야 한다.

대물변제의 합의(accord)란 기존의 계약상의 의무를 면제하는 내용의 계약이다. 그러므로 대물변제의 합의는 약인을 요건으로 한다. 새로이 제공되는 약인이 원래의 거래에서 거래된 약인보다 그 가치가 낮다 하더라도 무방하다.[110] 새로운 약인이 원래의 약인과는 전혀 다른 종류라든가[111] 약인이 제3자에게 제공되는 것을 내용으로 하는 합의도 대물변제의 합의로서 유효하다. 하나의 예를 들어 보자. A는 B에게 기존의 계약에 따라 700 달러의 빚을 지고 있다. A는 B에게 기존의무의 이행 대신에 500 달러 상당의 TV를 인도할 것을 청약하였고 B는 이를 승낙하였다. 이 새로운 약인은 유효한 대물변제의 합의로서 충분하다. 그러나 700 달러를 단순히 500 달러로 감액하여 받기로 하는 합의는 특별한 사정이 없는 한 약인요건이 결여된 것으로, 강제력이 없는 계약이다.

대물변제의 합의는 있었으나 그 합의에 따라 발생한 새로운 의무의 이행이 없고 계약당사자 일방이 대물변제의 합의를 위반하는 때에는 어떻게 다루어야 하는가? 700 달러의 금전채무 대신에 1주일 후에 TV를 주기로 약속한 경우에, 1주일이 지나기 전까지는 원래 의무인 700 달러의 지급을 요구하지 못한다. 그러나 1주일이 지나도록 새로운 채무를 이행하지 않는 경우(즉 새로운 의무를 위반한 경우)에는 정지되었던 기존의 의무가 되살아난다. 따라서 채권자는 700 달러의 지급 또는 TV의 제공 중 하나를 선택하여 청구할 수 있다. 즉 채무자에 의한 계약위반이 있는 경우, 채권자는 본래의 계약 혹은 대물변제의 계약에 기하여 소를 제기할 수 있다.

한편, 채권자가 대물변제의 계약을 위반한 경우(예: 원계약상의 책임을 물어 소를 제기하는 경우)의 법률관계는 어떠한가? 예를 들어 보자. A는 B에게 700 달러의 금전채무를 지고 있다. 그런데 후에 A와 B는, A가 B에게 500 달러 가치의 TV를 인도하기로 하고 그 대신 700 달러의 이행의무를 면제시키기로 하는 대물변제의 합의를 하였다. 그런데 TV의 이행기가 도래하기도 전에 B가 원래의 계약상의 의무인 700 달러의 지급을 구하고 있다. 이 경우에 A는 대물변제의 합의를 원용하여 B의 청구에 대항할 수 있겠는가? A는 대물변제의 합의를 B의 청구에 대한 항변사유로 삼을 수 없다. 그러므로 사안의 경우에 A는 B에게 700 달러를 지급하여야 하며, 다만 B에 대하여 대

110) 예: 1000 달러 지급의무를 900 달러 지급의무로 대체시키는 내용의 합의.

111) 예: 1000 달러를 지급하는 대신 카메라를 인도하기로 하는 내용의 합의.

물변제 합의의 위반을 이유로 소를 제기하여 200 달러의 손해배상을 받을 수 있다.

거래실제에 있어서 자주 발생하는 'accord and satisfaction'의 예로 'payment in full'을 들 수 있다. 채무액에 관해 분쟁이 있는 채무를 해결하려는 목적으로 채무자가 일정금액의 수표를 채권자에게 보내면서 'payment in full'이란 문구를 수표상에 명기한 경우에, 만일 채권자가 특별한 이의를 제기함이 없이 그 수표를 현금화(cashing)했다면 이는 일반적으로 'accord and satisfaction'으로 간주되어 나중에 다시 추가금액을 요구할 수 없다.

Ⅱ. 채권자의 만족과 무관한 면책사유

1. 해제조건의 성취

214 해제조건이 성취되면 채무자는 채무로부터 면책된다. 앞에서 본 바와 같이[112] 보통 '조건'이라고 하면 정지조건을 가리키며, 해제조건은 이행의무의 면책사유의 하나로 다루어지는 것이 일반적이다.

2. 불 법 성

215 계약상의 주요 내용이 새로운 입법에 의하여 사후에 불법적인 것으로 된 때에는 채무자는 채무로부터 면책된다. 이를 흔히 'supervening illegality'라고 한다.

3. 대체계약

216 채무자가 원래 부담하고 있던 채무와 다른 채무를 이행할 것에 대하여 채권자에게 약속을 하고 채권자가 이러한 약속에 동의하게 되면 대체계약(substituted contract)이 성립한다(Second Restatement of Contract §279(1)). 대체계약이 성립하게 되면 이전의 채무는 소멸한다. 그러므로 이전의 채무를

112) 이 책 196 참조.

기준으로 할 때 대체계약은 면책사유가 되는 것이다. 채무자가 대체된 계약을 위반한다 하더라도 본래의 채무는 부활하지 않는다(Second Restatement of Contract §279(2)).

대체계약에는 명시적으로 구계약을 해제하는 내용이 포함되어 있어야 한다. 이런 의미에서 많은 법원들이 대체계약을 '묵시적 해제(implied rescission)'라고 일컫는다. 새로운 계약으로 인하여 구계약상의 채무로부터 면책되기 위해서는 새로운 계약이 유효한 것이어야 한다.

4. 경　　개

217 경개(novation)란 본래의 계약당사자가 아닌 사람이 당사자의 지위를 가지게 되는 대체계약(substituted contract)이다(Second Restatement of Contract §280). 경개로 인하여 구계약상의 채무는 소멸한다. 경개의 개념과 관련하여 유의하여야 할 사항이 있다. 우리나라에서 경개라 함은 계약당사자가 계약의 당사자 또는 채무의 내용을 변경시키는 계약이다(한국민법 제500조 참조). 그러나 미국 계약법에 있어서는 대체계약 중에서 당사자의 변경을 내용으로 하는 것을 특히 경개라고 파악한다. 결국, 미국 계약법에 있어서 대체계약은 경개의 상위개념인 셈이다.

경개가 유효하기 위해서는 다음의 요건을 구비하여야 한다: ① 구계약이 유효한 것이어야 한다; ② 새로운 계약은 구계약의 당사자와 새로이 당사자가 되는 자 사이의 3면계약으로 이루어져야 한다; ③ 구계약상의 당사자 사이에 존재하는 의무가 소멸하여야 한다; ④ 새로운 계약은 유효한 것이며 강제가능한(enforceable) 것이어야 한다.

예를 들어 보자. A는 그의 집을 B에게 100000 달러에 팔기로 하는 계약을 체결하였다. 채무의 이행기가 도래하기 전에 A·B·C 세 사람은 새로운 계약을 체결하여 B가 가지고 있는 모든 계약상의 권리와 의무를 C에게 이전시키기로 합의하였다. 이 경우, A와 B는 경개로 인하여 구계약상의 채무로부터 면책된다.

5. 해 제

218 해제(rescission)로 인하여 채무자는 계약상의 의무로부터 면책된다. 계약의 해제는 합의에 의해서도 가능하고 일방적으로도 가능하다. 다음에서는 상호합의에 의한 해제(mutual rescission)와 일방적 해제(unilateral rescission)로 구분하여 살피기로 한다.

먼저, 상호합의에 의한 해제에 대하여 보기로 한다(Second Restatement of Contract §283 참조). 합의해제는 그 자체가 약인을 요소로 하는 구속력 있는 계약이다. 각 당사자가 상대방으로부터 이행을 받을 수 있는 권리를 포기하는 것이 약인의 내용이다. 합의해제의 성립요건과 관련하여 다음 사항에 유의하여야 한다. 첫째, 계약의무가 합의해제에 의하여 면제되려면 양당사자의 의무가 아직 이행되지 않았어야 한다. 둘째, 합의해제는 구두로도 가능하다. 그러나 여기에는 예외가 있다. 우선, 계약의 목적물이 사기방지법의 적용범위에 속하는 경우이다. 계약의 목적물이 사기방지법의 적용을 받는 경우(예: 토지의 이전), 해제계약은 일반적으로 문서에 의하여야 한다. 셋째, 제3자를 위한 계약에 있어서 제3수익자의 권리가 확정된 후에는 상호합의에 의하여 계약을 해제할 수 없다.[113]

다음으로, 일방적 해제에 대하여 보기로 한다. 일방적 해제가 유효하기 위하여는 해제를 원하는 당사자가 충분한 법적 근거를 가지고 있어야 한다. 가장 원칙적인 해제사유는 중대한(material) 부분에 대한 계약위반이다.

6. 권리의 포기

219 권리의 포기 또는 제소권 포기계약은 계약상의 의무를 면제시킨다. 일반적으로 이러한 포기는 서면에 의하여야 하고, 새로운 약인 내지는 금반언 요소를 갖추어야 한다(Second Restatement of Contract §273).

---

113) 제3자를 위한 계약에 대해서는 이 책 278 이하 참조.

7. 증서의 말소·손괴 또는 반환

220 채권자의 명백한 채무면제의 의사로써, 관습상 그의 권리의 징표 또는 증거로 인정되는 증서를 말소·손괴하거나 채무자에게 반환하는 때에는 약인이 없다 하더라도 채무자는 면책된다(Second Restatement of Contract §274).

8. 예견불가사건(豫見不可事件)의 발생

(1) 계약책임법상의 원칙

221 코먼로에 있어서 계약상의 의무는 절대적인 것으로서 면책사유(예: 실행곤란, 계약목적좌절)가 없는 한, 계약성립 후의 어떠한 사정에 의해서 이행책임이 면제되지 않으며 만약 그 계약이 이행될 수 없게 된 경우에는 손해배상의 책임이 발생한다.[114] 즉 코먼로의 경우에 계약위반으로 인한 손해배상청구권의 성립에 있어서 채무자에게 그 계약위반과 관련하여 과실이 있는가 여부는 영향을 미치지 않는다. 이러한 코먼로의 태도는 우리나라의 민법을 포함한 대륙법계의 계약법과 큰 차이가 있다. 우리 민법에 있어서는 채무자가 자신의 과실에 기하지 않고 채무를 이행할 수 없게 된 때에는 채무는 소멸하고 손해배상책임도 발생하지 않는다(한국민법 제390조).[115] 이러한 관념은 독일의 법학자 예링(Rudolf v. Jhering)의 다음과 같은 표현에 잘 나타나 있다: "손해배상의무를 발생시키는 것은 손해가 아니라 유책성[116]이다. 이 명제는 빛이 타는 것이 아니고 공기 중의 산소가 탄다는 화학자의 명제처럼 간단한 것이다." 과실책임주의를 정당화하는 논거로서 우리나라에서는 다음과 같이 말하고 있다: "채무자가 채무를 이행하지 못하게 된 것이 그의 귀책사유에 의하지 않는 경우에 대해서까지 채무자에게 책임을 묻는

---

114) 코먼로의 계약책임에 관한 특성은, 특별한 면책사유가 있는 경우에만 면책된다는 의미에서 '면책주의', 과실이 없는 경우에도 책임을 진다는 의미에서 '엄격책임(strict liability)'이라는 용어를 사용한다.

115) 이러한 입법주의를 '귀책주의' 또는 '과실책임주의'라고 하여 코먼로에서의 '면책주의'와 대비시킨다.

116) 여기에서 말하는 '유책성'이란 고의 또는 과실과 같은 귀책사유를 의미하는 것이다.

다는 것은 근대법의 기본원리인 자기책임의 원칙에 부합하지 않는다."

계약상의 의무에 대한 엄격책임의 관념은 코먼로에 있어서 매우 특징적인 것인데, 이에 관한 리딩 케이스는 1647년 영국의 Paradine v. Jane 사안이다.[117] 이 사건에서 농지임대인이 임차인에게 차임의 지급을 청구하자, 임차인은 외국 군대의 침입으로 인하여 2년 가까이 농장으로부터 축출당하여 수익을 얻는 것이 중단되어 있었다고 항변하였다. 법원은 임차인이 침탈기간 중에도 임대차계약에 따라 차임을 지급할 의무가 있다고 판결하면서, 그 이유로서 다음과 같이 설시하였다: "법률이 의무를 부과하고 당사자가 이를 과실 없이 이행하지 못한 경우에는 법은 그를 면책시킬 것이다. 그러나 당사자가 스스로 체결한 계약에 의하여 의무를 부담하거나 스스로 부담을 진 경우에는 불가피한 어떤 사건이 일어난다 해도 이를 실현할 의무가 있다. 왜냐하면 그는 계약으로써 그것에 대비해서 특약조항을 둘 수 있었을 것이기 때문이다."[118] Restatement의 다음과 같은 설명은 미국법의 사정도 동일함을 잘 보여주고 있다: "계약책임은 엄격책임이다. 계약이 지켜져야 한다는 것은 공리이다. 따라서 채무자에게 과실이 없거나 상황이 기대했던 것에 비해(Second Restatement of Contract Chapter 11 서론) 더 많은 부담이 된다 하더라도 그는 계약위반에 대하여 손해배상책임이 있다."

앞에서 본 바와 같이, 계약위반에 대한 법규범을 지배하는 것은 엄격책임의 원리이다. 그러나 이 원칙은 중대한 예외를 포함하고 있다는 사실에 유의하여야 한다. 계약을 체결할 당시에 예상하지 못했던 사건이 발생하여 채무를 이행하는 것이 불가능 또는 곤란하게 되거나('실행곤란': impracticability of performance), 계약의 목적을 달성할 수 없게 되는 경우('계약목적좌절': frustration of purpose)가 그것이다. 미국의 계약법에 있어서 실행곤란 또는 계약목적좌절이 채무자의 과실(fault) 없이 발생하였다면 채무자는 자신

117) 이 사안에 대하여 좀 더 자세한 설명은 이아람, 『계약위반으로 인한 손해배상에 있어서 과실과 면책사유 - 한국법과 코먼로의 유사성 논증을 위한 비교법적 탐색 -』, 고려대학교 석사학위논문, 고려대학교 대학원, 2007, 6면 이하 참조.

118) 면책에 관하여 특약조항을 둘 수 있었음에도 불구하고 그러한 특약을 하지 않았으므로 책임을 져야 한다는 의미이다.

의 채무로부터 면책된다. 계약의 성립 후에 채무자의 과실에 기하지 않은 실행곤란 또는 계약목적좌절의 사정이 발생하였다면 채무자는 자신의 채무로부터 면책되고 타방 당사자는 손해배상을 청구하지도 못한다. 이러한 해결책은 엄격책임의 원칙에 대한 중대한 예외이다. 그리고 이 예외로 인하여 코먼로의 면책주의는 대륙법의 과실책임주의와 그 결과에 있어서 큰 차이가 없게 된다.

다음에서는 면책사유로서 '실행곤란'과 '계약목적좌절'에 대하여 차례로 살피고자 한다. 이 논의에 앞서 용어 내지 개념을 정리해 보기로 한다. 코먼로에서 면책사유로 언급되는 것으로는 이행불능(impossibility), 실행곤란(impracticability), 계약목적좌절(frustration of purpose)이 있다. 그런데 코먼로의 문헌에 따라 이들 개념의 체계가 일정하지 않다. 가령 영국에서는 'frustration'이라는 개념으로 모든 면책사유를 포섭하기도 한다. 미국에서는 '실행곤란'을 '이행불능'까지 포함하는 용어로 사용하는 경우가 많다(UCC §2-615, Second Restatement of Contract §261).[119] 다음에서는 이와 같은 태도에 따라 '실행곤란'과 '계약목적좌절'로 나누어 논의하기로 한다.

(2) 실행곤란

1) 개 념

222 실행곤란(impracticability)은 이행불능(impossibility)을 포함하는 개념이라는 전제 아래에서 살펴본다.

'이행불능'이란 채무의 이행이 불가능하게 된 것을 말한다. 이행채무의

119) 계약당사자로서는 계약의 이행과정에서 나타날 수 있는 위험을 분배하여야 할 경제상의 필요성을 가지게 마련이다. 물론 계약당사자가 면책사유에 대하여 특별히 약정을 하지 않았다 하더라도 코먼로상의 면책사유(예: 이행불능, 실행곤란, 계약목적좌절)에 해당하여 손해배상책임으로부터 벗어날 수는 있다. 그러나 코먼로에 있어서 면책사유에 관한 체계가 안정적이라고 할 수 없고 면책사유로 인정되기 위한 기준이 명확하지도 않다. 이와 같은 이유에서 계약 체결시에 불가항력조항(force majeure clause)을 삽입하는 경우가 많다(예: "전쟁, 폭동 및 기타 이와 유사한 사유로 인하여 계약을 이행하지 못하는 때에는 아무런 책임을 부담하지 않는다."). 불가항력의 개념은 대륙법계에서의 전형적인 면책사유인데 코먼로 법계에서 이 관념을 수입하여 사용하고 있는 것이다.

면책사유인 이행불능은 객관적인 것이어야 한다. 즉 그 누구라도 이행할 수 없는 경우라야 한다. 주관적 불능, 즉 다른 사람에 의해서는 이행될 수 있으나 약속자만이 이행할 수 없는 경우에는 이행이 면제되지 않는다. 불능사유는 계약성립 후에 발생하여야 한다(후발적 불능). 계약성립시에 이미 불능사유가 존재한 경우라면 이는 '계약상 의무의 면책'의 문제가 아니라 계약성립의 문제로서 착오를 이유로 계약을 취소할 수 있느냐 하는 것이 문제될 뿐이다. '실행곤란'이란 계약체결 이후에 발생한 사건으로 인하여 이행이 불가능하게 된 정도는 아니지만 실질적으로 지나치게 곤란하게 된 경우를 가리킨다. 미국에 있어서는 '이행불능'의 개념이 점차 확대되어 '실행곤란'이라는 개념으로 발전했다고 말할 수 있다.

실행곤란이 면책사유로 되기 위한 요건에 관한 Restatement의 규율내용은 다음과 같다(Second Restatement of Contract §261): ① 채무이행의 실행이 곤란하게 되었을 것; ② 그 사건의 불발생이 계약체결 당시 기초적 전제(basic assumption)일 것; ③ 채무자의 과실이 없을 것.

첫째, ①의 요건에 대하여 보기로 한다. 채무이행의 실행이 곤란하게 된다는 것은 채무를 이행하는 것이 실제로 불가능하게 되었다는 것을 말한다. 채무의 이행에 필요한 특정물에 대한 물리적인 파괴·멸실이 대표적인 것이나, 공권력의 행사(예: 공용수용, 몰수) 등에 의해서 소멸되는 경우를 포함한다. 단순히 이행비용이 증대한 것만으로는 이행의 실행이 곤란하게 되었다고 할 수는 없다. UCC의 적용을 받는 물품매매계약에 있어서도 실행곤란으로 인하여 매도인이 면책될 수 있다. UCC 아래에서 '상업적 실행곤란(commercial impraticability)'으로 들 수 있는 전형적인 예로는 선박의 억류, 흉년, 화폐의 평가절하, 전쟁, 노동쟁의, 또는 실질적인 비용증가를 수반하는 유사한 경우 등이다(UCC §2-615).

둘째, ②의 요건을 보기로 한다. 계약성립 후 법률의 변경이나 정부·법원의 명령에 의하여 채무의 이행이 금지되거나, 일신전속적 의무를 내용으로 하는 계약에서 그 자가 사망하거나 또는 능력을 상실하거나 혹은 채무의 이행에 필요한 특정물이 파괴·멸실되는 등의 사태에 의해서 당사자가 계약체결 당시에 예견한 상황과 다른 사태에 직면하여야 한다.

셋째, ③의 요건을 보기로 한다. 실행곤란에 대하여 채무자의 과실이 없어야 한다.

2) 계약의 기초적 전제의 유형

223 실행곤란이 채무자의 면책사유가 되기 위한 요건 중에 "그 사건의 불발생이 계약체결 당시 기초적 전제(basic assumption)일 것"이라는 요건이 있음을 보았다. 다음에서는 기초적 전제에 해당하는 대표적인 유형을 보기로 한다.

(가) 채무이행에 필요한 사람의 사망 또는 능력상실

224 채무의 이행을 위하여 있어야 할 사람의 사망 또는 능력상실은 계약체결시의 기초적 전제가 된 사건이다(Second Restatement of Contract §262).

계약당사자의 사망 또는 능력상실이 면책사유가 되기 위해서는 채무의 내용이 일신적인 서비스에 대한 것이어야 한다. 서비스가 '일신적'인 것이 아니라면 그러한 서비스 제공의무는 이전(delegate)될 수 있으므로[120] 채무는 이행 당사자의 사망이나 능력상실로 인해 면제되지 아니한다. 예를 들어 보자. A는 B에게 라틴어를 가르쳐주는 계약을 체결하였는데, 후에 A가 사망하거나 능력을 상실하게 되면 A는 계약채무로부터 면책된다. 또한 B의 사망이나 능력상실도 면책사유이다.

(나) 정부의 법규나 명령에 의한 금지

225 정부의 법규나 명령에 의한 금지도 계약체결시의 기초적 전제가 된 사건이다(Second Restatement of Contract §264). 계약성립 후 법률의 변경이나 정부·법원의 명령에 의해서 채무의 이행이 금지되면 채무자는 면책된다. 이러한 경우를 'supervening illegality'라고 한다. 예컨대, 고철업자가 외국기업에게 구리를 매각하기로 하는 계약을 체결했지만 이행기에 이르러 정부가 그 나라에 동을 매각하는 것을 금지한 경우가 그러하다.

120) 이에 대해서는 채무의 이전(delegation of duties)에 관한 이 책 307 이하 참조.

(다) 대상목적물의 멸실 내지는 이행수단의 파괴

226 채무이행에 필요한 특정물의 파괴 또는 멸실도 계약체결시의 기초적 전제가 된 사건이다(Second Restatement of Contract §263). 이에 대해서는 원칙과 예외로 구분하여 살피기로 한다.

가) 원 칙

227 계약의 목적물이 멸실되거나 이행의 수단이 파괴된 경우에 채무자는 계약상의 의무로부터 면책된다. 목적물의 멸실 또는 이행수단의 파괴가 면책사유가 되기 위해서는 채무자에게 귀책사유(fault)가 없어야 함은 물론이다. 목적물이 심하게 손상된 경우에도 법원은 이를 멸실된 때와 마찬가지로 다룬다.

이에 관한 리딩 케이스는 영국의 1863년 'Taylor v. Caldwell' 사안이다. 이 사안의 내용은 다음과 같다. 원고는 콘서트를 개최할 목적으로 피고 소유의 연주회장을 4일간 사용하고 각 날짜의 공연이 끝날 때마다 연주회장 사용료로 100 파운드를 지급하기로 하는 계약을 체결하였다. 그러나 콘서트가 개최되기 며칠 전에 우발적인 화재사고로 인하여 연주회장이 있는 건물이 소실되었고, 이로 인하여 콘서트를 개최하는 것이 불가능하게 되었다. 따라서 원고는 그 콘서트의 준비를 위해 지출한 비용에 대한 배상을 청구하였다. 이에 대한 법원의 판결요지는 다음과 같다. 당사자가 계약 체결시부터 계약을 이행할 때에 '특정한 물건'이 존재하지 않으면 계약이 이행될 수 없다는 것을 알았으며, 계약체결 당시 양 당사자가 그 '특정한 물건'의 존재를 채무이행에 대한 기초로 생각했음이 틀림없는 경우에 있어서, 양 당사자에게는 채무자의 책임에 의하지 않고 그 물건이 멸실됨으로써 당해 계약이 이행불능이 되면 면책된다고 하는 묵시적인 조건(implied term)에 따르겠다는 의사가 있었던 것으로 해석하여야 한다. 이 사건 계약에 있어서 당사자는 콘서트가 개최될 때까지 연주회장이 계속 존재하고 있을 것을 전제로 하여 계약을 체결하였다는 점이 인정된다. 왜냐하면 그것이 계약의 이행에 있어서 불가결한 것이기 때문이다. 이 사건에 있어서 연주회장은 양당사자의 책임에 의하지 않고 멸실되었다. 따라서 양 당사자는 각각의 채무로부터 면책된다. 'Taylor v. Caldwell' 사안은 엄격책임의 원칙을 설시하고 있는 'Paradine v. Jane' 사안[121]에 대한 예외에 해당한다. 즉 "계약의 이행은 특정된 사람이나 물건의 계속적인 존속에 의존한다."라는 묵시적 조건(implied term)이론을 도입하여 사람이나 물건의 멸실로 인해 발생하는 이행불능을 면책사유로 본 것이다.

다른 예를 들어보자. A는 B에게 자동차를 팔기로 하는 계약을 체결하였는데, 후에 그 자동차가 화재로 타버렸다. 이 때 A에게 귀책사유가 없다면 A는 자동차 인도채무로부터 면책된다. 특정물의 멸실로 인한 면책을 판단함에 있어서 특정(identified)의 문제에 유의하여야 한다. 이 사례에서는 이행불능으로 인한 면책을 주장할 수 있다. 그러나 매도인이 자동차딜러인 경우라면 상황이 다르다. 자동차딜러로부터 자동차를 매수하는 경우에는 특정된 자동차란 것이 있을 수 없으므로 자동차딜러는 동종의 다른 자동차로 인도하여야 하기 때문이다.

또 다른 예를 들어 보자. A는 B에게 X광산에서 생산되는 철광석 100톤을 팔기로 하는 계약을 체결하였다. 그런데 홍수가 나서 X광산이 매몰되었다. 이 때 A는 자신의 채무로부터 면책된다. 그러나 A가 면책되기 위해서는 이 사례에서와 같이 "반드시 X광산에서 생산되는 철광석이어야 한다."라는 특약이 있어야 한다. 이러한 특약이 없이 단순히 철광석 100톤을 팔기로 하는 계약이었다면, 설령 A가 X광산에서 생산된 철광석을 팔려는 의도를 가진 경우였다 하더라도 그는 채무로부터 면책되지 않고 여전히 계약에 의하여 구속된다. 물론 물건의 원천(source) 자체가 멸실된 때에는 면책된다.

나) 예 외

228 계약의 목적물이 멸실되거나 이행의 수단이 파괴되었다 하더라도 채무자가 면책되지 않는 경우가 있다. 건축계약(contract to build)의 경우와 위험부담이 이미 매수인에게 이전된 경우가 그 예이다. 이들에 대하여 차례로

---

121) 이 책 221 참조.

보기로 한다.

첫째, 건축계약의 경우이다. 수급인의 건물 건축의무는 진행중인 건물이 멸실되는 경우라 할지라도 면제되지 않는다. 왜냐하면 이는 건축이 불가능하게 된 경우가 아니며, 수급인은 다시 건물을 지을 수 있기 때문이다. 그러나 그 멸실이 수급인의 귀책사유에 의한 것이 아니라면 대부분의 법원은 수급인에게 이행지체의 책임을 묻지는 않는다.

둘째, 위험부담이 이미 매수인에게 이전한 경우이다. 목적물의 멸실로 인한 면책에 관련된 원칙은 위험부담(risk of loss)이 이미 매수인에게 이전한 경우에는 적용되지 아니한다. 왜냐하면 이미 매수인에게 멸실의 위험부담이 넘어간 경우에는 오히려 매수인이 멸실된 물품에 대한 대금을 지급하여야 하기 때문이다.

3) 효 과

229 실행곤란으로 인하여 채무자가 면책되면 타방 당사자의 미이행채무 역시 면제된다. 쌍방계약에 있어서 약속자의 이행의무는 상대방의 이행의무의 정지조건으로 작용하기 때문이다.

계약의 어떤 당사자라도 상대방이 계약의 불능에 대하여 책임이 있는 때에는 그 책임을 물을 수 있으며, 이미 이행된 부분에 대하여는 그 반환을 청구할 수 있다. 따라서 계약당사자 일방이 상대방의 채무이행을 믿고 자기의 채무이행을 위하여 지출한 비용에 관해서는 자신이 부담하여야 한다. 이행불능이 되기 전에 일부의 이행이 있었던 경우에 일부를 이행한 당사자는 이득반환배상(restitution damages)[122]에 따라 손해를 전보받을 수 있다.

(3) 계약목적좌절

1) 개 념

230 예상하지 못했던 계약목적좌절(frustration of purpose)도 면책사유로 될 수 있다(Second Restatement of Contract §265). 이는 현실적으로 계약을 이행

---

122) 이득반환배상에 대해서는 이 책 256 및 274 참조.

할 수 있는가 하는 문제와 상관없이, 당사자가 계약을 체결한 목적이 상실되어 계약의 이행을 강제하는 것이 너무 가혹한 경우에 고려된다. 채무자의 귀책사유 없이 계약체결 후에 발생한 사유에 의하여 계약의 목적이 가치가 없게 된 경우를 가리켜 계약의 목적이 좌절되었다고 한다. 이 경우에 대하여 대부분의 법원들은 현실적으로 의무이행이 가능한가 여부와 관계없이 면책사유로 본다. 코먼로의 계약목적좌절의 원칙(doctrine of frustration of contract)은 우리나라의 사정변경의 원칙에 상응하는 것으로 볼 수 있다. 계약목적좌절에 대하여 Restatement는 다음과 같이 정하고 있다(Second Restatement of Contract §265): "계약체결 후 일방 당사자의 주된 목적이 어느 사정의 발생으로 인하여 과실없이 실질적으로 달성될 수 없게 되고, 그 사건의 불발생이 계약체결의 기초적 전제로서 되어 있는 경우 잔존의 이행의무는 면책된다. 그러나 계약의 문언 또는 정황으로 보아 반대의 취지가 나타나 있는 경우에는 그러하지 아니하다." UCC도 계약목적좌절을 실행곤란과 동일하게 다루고 있다(UCC §2-615).

계약목적좌절과 실행곤란 사이에는 어떠한 차이가 있는가? 실행곤란은 채무의 이행이 불가능 또는 곤란한 경우이다. 이와 달리, 계약목적좌절은 채무의 이행이 불가능하게 된 것은 아니지만 채권자가 당해 계약으로부터 기대했던 계약의 목적을 달성할 수 없는 경우이다.

2) 요 건

231 계약의 목적이 좌절되었다고 하기 위해서는 다음의 요건들이 필요하다: ① 계약체결 후에 계약목적의 좌절을 초래하는 사건이 발생하여야 한다; ② 계약체결시에 당사자가 예상하지 못한 사건이어야 한다; ③ 위의 사건의 발생으로 인하여 계약의 목적이 완전히 또는 거의 훼손되어야 한다; ④ 계약체결시에 계약의 양 당사자가 모두 계약의 목적을 이해하고 있어야 한다.

하나의 예를 들어 보자. A회사는 8월 1일 B시에서 열리는 복싱게임을 위하여 경기장을 빌려주기로 하는 계약을 체결하였다. 그런데 7월 31일, 갑

작스런 폭풍으로 인하여 B시는 거대한 손해를 입게 되었고, 재난지역으로 선포되었다. 이 경우에 A회사의 경기장 임대의무는 목적의 좌절로 인하여 소멸되는 것으로 보아야 한다. 폭풍은 당사자가 예상치 못한 사건이었으며 폭풍은 계약의 가치를 완전히 훼손시켰기 때문이다.

계약목적좌절에 관한 리딩 케이스는 1903년의 '대관식'(Krell v. Henry) 사안이다.[123] 사안의 사실관계는 이러하다. 1902년 6월 26일과 27일에 에드워드 7세의 대관식의 행렬이 벌어질 예정이었다. 그 행렬을 보기 위하여 길가에 있는 건물의 방실을 임대하고자 하는 다수의 임대차계약이 체결되었다. 그러나 6월 24일 국왕의 병세로 인하여 대관식과 행렬이 연기될 것이라는 발표가 있었다. 이로 인하여 임료의 일부를 사전에 지불받은 임대인은 나머지 임료를 임차인에게 구하기 위하여, 그리고 임차인은 임대인에게 사전에 지급한 임료 일부를 반환받기 위하여 많은 소송이 제기되었다. 이에 대하여 법원은 다음과 같은 취지의 판결을 하였다: "에드워드 7세의 대관식 행렬이 행해지는 것은 계약의 기초적 전제인데 그것이 취소됨으로 인하여 계약의 목적을 달성할 수 없게 되었다; 그러므로 후발적 실행곤란의 경우에서와 같이 각 채무자는 자신의 채무로부터 면책된다."

3) 효 과

232 계약목적좌절에 대한 법률효과는 계약관계의 비소급적 소멸이다. 즉 계약목적좌절이라고 판단되는 사유가 발생하면 계약관계가 장래에 향하여 소멸한다. 그리고 이때의 계약관계의 소멸은 당연소멸로서 계약당사자의 의사표시 또는 법원의 판결을 요하지 않는다.

또한, 계약목적좌절로 인한 계약관계의 소멸의 경우에는 손해배상의 문제도 발생하지 않는다.

---

123) 이 사안에 대하여 좀 더 자세한 설명은 이아람, 앞의 논문 『계약위반으로 인한 손해배상에 있어서 과실과 면책사유 - 한국법과 코먼로의 유사성 논증을 위한 비교법적 탐색 -』, 84면 이하 참조.

제 4 절 위험부담

Ⅰ. 서 설

233 위험부담(risk of loss)이란 계약체결 후에 당사자 누구에게도 책임없는 사유로 인하여 계약의 목적물이 멸실되거나 훼손된 경우, 그 손실을 누구의 부담으로 할 것인가 하는 문제이다. 이 문제에 있어서 중심적인 과제는 원래 매도인에게 있던 위험이 언제 매수인에게 이전하느냐 하는 것이다. 만일 위험부담이 이미 매수인에게 이전되었다면 매수인은 멸실되거나 훼손된 물품에 대하여 완전한 대금을 지급하여야 한다. UCC가 제정되기 전에 미국계약법은 당사자의 귀책사유 없이 물품이 파괴·멸실된 경우에 있어서 소유자부담주의를 채택하고 있었다. 그러므로 물품의 권원(title)이 매도인으로부터 매수인에게 이전되는 시점이 언제인가 하는 것이 중요한 문제였다. 그런데 권원의 이전시점을 명확하게 판단하는 것이 곤란한 경우가 많았고, 그 결과 공평하지 않은 상황이 빈발하였다. 그리하여 UCC는 물품매매에 있어서의 위험부담에 대하여 자세하게 규율하게 되었다. 위험부담의 문제가 특히 문제되는 것이 물품매매라는 점에서 볼 때, UCC의 규정이 가지는 의미는 매우 큰 것이다.

위험부담에 관하여 당사자간에 약정이 있는 때에는 그에 의한다. 그러나 합의가 없는 때에는 UCC의 규정에 따라 해결된다. 다음에서는 UCC의 규정 내용을 중심으로 3경우로 구분하여 위험부담의 문제를 검토하기로 한다: ① 계약위반이 없었던 경우; ② 일방에 의한 계약위반이 있었던 경우; ③ 승인부매매(sale on approval)의 경우. 이 중에서 ①의 경우에 대한 UCC의 규율태도는 위험부담에 관한 종래의 법원칙을 전면적으로 수정한 것이다.

다음에서는 각 경우에 있어서의 위험부담에 관한 UCC의 규율내용을 살피기로 한다. 그런데 그 전에 매도인의 채무이행의 장소(내지 방법)에 대하여 간단히 살피고자 한다. 왜냐하면 위험부담의 문제는 계약이행의 장소(내지 방법)의 문제와 밀접하게 연관된 것이기 때문이다.

Ⅱ. 매도인의 채무이행의 방법

234 당사자 사이에 특별한 합의가 없는 한, 물품매매계약에 있어서 물품에 대한 인도(delivery)의 장소는 매도인의 영업소(place of business)이다.

한편, 거래상황에 비추어 또는 당사자의 합의에 따라 물품을 선박·철도 등의 운송수단(common carrier)에 의하여 매수인에게 인도하도록 하는 경우가 있는데, 여기에는 'shipment contract'와 'destination contract'가 있다. 'shipment contract'란 당사자간에 특정 목적지까지 운송해 준다는 특별한 합의가 없는 경우에, 매도인이 운송업자에게 물건을 인도하는 등 적절한 운송이 이루어지도록 조치한 다음, 이와 같은 사실을 구매자에게 통보하기만 하면 인도의무가 이행되는 계약을 말한다. 'destination contract'란 당사자간의 합의로 특정 목적지에서 매수인에게 물품이 현실적으로 인도되어야만 인도의무가 이행되는 계약을 말한다. 어떤 계약이 'shipment contract'인가 아니면 'destination contract'인가 하는 것이 불분명한 때에는 'shipment contract'인 것으로 추정된다.

Ⅲ. 계약위반이 없는 경우의 위험부담

235 UCC는 계약위반이 없는 경우에 있어서 위험부담에 관한 종래의 법원칙을 근본적으로 개정하였다. 즉 UCC §2-509는, 물품매매계약을 세 경우로 나누어 위험부담의 문제를 규율하고 있다: ① 매도인이 목적물을 발송할 의무 또는 권한을 가지고 있는 경우(UCC §2-509(1)); ② 물품이 창고 등에 이

미 보관되어 있는 경우(UCC §2-509(2)); ③ 기타의 경우(UCC §2-509(3)).

1) 첫째, 매도인이 목적물을 발송할 의무 또는 권한을 가지고 있는 경우를 보자. 이 경우는 다시 두 가지로 구분하여 보아야 한다. 'Shipment Contract'의 경우에는 물품이 운송인에게 인도되는 순간에 위험부담이 매수인에게 이전된다. 'Destination Contract'의 경우에는 목적지에서 현실적으로 매수인에게 물품이 인도되어야만 위험부담이 매수인에게 이전한다.

2) 둘째, 물품이 창고 등에 이미 보관되어 있는 경우를 보자. 이 때에는 물품을 보관하고 있는 자가 매수인의 권리에 관한 통지(즉 매수인이 물품을 매수하였고 그에 따라 그 물품에 대하여 점유할 권리가 있다는 뜻의 통지)를 받은 때에 매도인으로부터 매수인에게 위험이 이전한다. 따라서 이 시점부터 물품의 보관자는 매수인을 위한 수탁자가 되는 것이다.

3) 셋째, 기타의 경우를 보자. 이 경우에는 매도인이 상인인지 여부에 따라 위험부담의 이전시점이 달라진다. 매도인이 상인인 때에는 매수인이 현실적으로 물품을 점유한 때에 위험부담이 매수인에게 이전한다. 그러므로 물품매매계약을 체결한 다음날 물품이 상점의 화재로 멸실되었다면, 매수인은 매매대금을 지급할 필요가 없다. 매도인이 상인이 아닌 때에는 매도인이 그 물품을 제공하는(tender) 시점에서 위험부담이 매수인에게 이전한다. 여기에서 '제공하는(tender)' 시점이라는 것은 매수인이 언제든지 물건을 가져갈 수 있게 되는 시점을 말한다. 예를 들어 보자. 서로 친구인 A와 B가 중고자동차매매계약을 체결하면서 언제든지 B가 원하는 때에 그 자동차를 몰고 갈 수 있는 것으로 하였다면 계약체결 시점에서 위험부담이 B에게 이전되고, 따라서 자동차를 몰고 가기 전에 A의 집에 화재가 발생하여 자동차가 멸실되었다면 B는 A에게 매매대금을 지급하여야 한다.

Ⅳ. 계약위반이 있는 경우의 위험부담

1. 매도인이 계약을 위반한 경우

236 UCC는 두 가지 경우로 구분하여 규율하고 있다: ① 매도인이 불완전한 이행을 하였고 매수인이 수령을 거절한 경우; ② 매수인이 일단 수령을 하였지만 그 후 정당한 사유에 기하여 그 수령을 철회한 경우.

우선, 매도인이 불완전한 이행을 하고 매수인이 수령을 거절한 경우를 보자. 물품의 제공이 계약조건에 적합하지 않아 그 결과 매수인이 수령을 거절할 수 있는 경우에 그 훼손·멸실의 위험부담은 매도인이 그 불일치를 치유하거나 매수인이 그 불일치를 상관하지 않고 물품을 수령할 때까지 매도인이 부담한다(UCC §2-510(1)).

다음으로, 매수인이 일단 수령을 하였지만 그 후 정당한 사유에 기하여 그 수령을 철회한 경우를 보자. 다음과 같은 예를 생각해 보자: 매매목적물에 대하여 매수인이 이미 보험에 가입했다; 매수인은 계약에 적합하다고 생각하여 그 물품을 일단 수령했지만 실제로는 매수인이 가입한 보험에 의하여 커버되는 금액보다 고액인 물품이었으며, 계약에서 정한 목적물도 아니었다; 이 경우에 매수인이 그 수령을 철회할 수 있다. 이 때에 매수인은 그 부족분에 관한 위험이 처음부터 매도인으로부터 매수인 자신에게 이전되지 않았다고 주장할 수 있다(UCC §2-510(2)). 예컨대, 매수인이 매도인으로부터 물품을 수령한 후 불가항력에 의하여 물건이 멸실되고 매수인이 가입한 보험이 실제로 커버할 수 있는 금액이 실제손해의 3/4밖에 미치지 못하는 경우에 나머지 손실액인 1/4은 매도인이 부담하게 된다.

2. 매수인이 계약을 위반한 경우

237 계약조건에 적합한 물품이 그 계약에 의해서 이미 특정되고, 또한 매수인에게 위험부담이 이전되기 전에 매수인이 계약의 이행을 거절하여 계약

위반을 한 경우에 있어서, 매도인이 자신의 물품에 관하여 가입한 보험에 의해서 실제로 커버되고 있는 금액이 그 물품의 가치보다 부족한 경우 그 부족분에 관한 위험부담은 합리적인 기간 내에는 매수인에게 있다(§2-510(3)). 예컨대 매수인에게 제공된 물품이 매수인에 의해서 거절되고 매도인이 그 물품을 가지고 돌아와서 창고에 보관하던 중에 천재지변에 의해서 그 물품이 훼손되고 매도인이 가입한 보험이 실제로 그 손해액의 3/4밖에 커버할 수 없었다면 그 남은 1/4의 손해액은 매수인의 부담으로 된다. 그러나 이것은 손해가 거래통념상 합리적인 기간 내에 발생한 경우에 한한다.

Ⅴ. 승인부매매에서의 위험부담

238 '승인부매매(sale of approval)'란 매수인의 승인을 조건으로 물품이 판매되어 매수인이 자신의 마음에 들지 않으면 일정기간 내에 물품을 반환(return)할 수 있는 형태의 매매이다. 이 때에는, 비록 매수인이 물품을 가지고 있다 하더라도 승인하기 전까지는 위험부담이 매수인에게 이전하지 않는다. 다만, 일정기간 내에 물품을 반환하지 않으면 자동적으로 승인이 이루어진 것으로 해석되어 매수인이 위험을 부담하게 된다.

05 계약위반과 그 구제방법

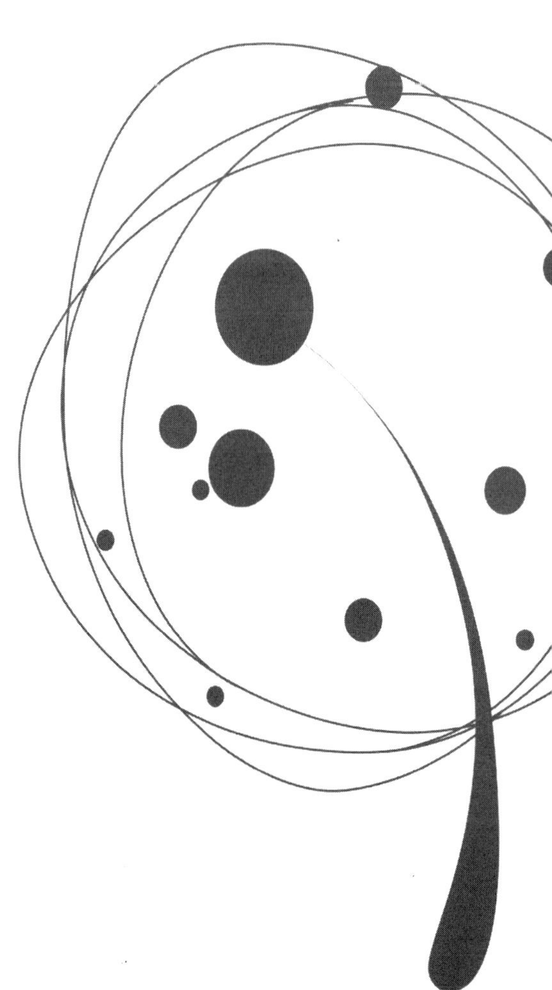

제1절 계약위반의 의의

Ⅰ. 계약위반의 개념

239 '계약위반(breach of contract)'이란 계약상의 이행의무를 지는 계약당사자가 이행을 하지 않고 있는 상태를 말한다. 우리나라의 민법에서 계약위반에 대한 제재(예: 손해배상, 해제)를 하기 위해서는 계약위반이 채무자를 비난할 수 있는 사유(즉 귀책사유)에 의하여 발생한 것이어야 한다. 여기에서 '귀책사유'라 함은 "채무자의 고의·과실 또는 신의칙상 이와 동시되는 사유"를 의미하는 것으로 해석한다. 그러나 코먼로에 있어서 채무자는 계약에 의하여 약속한 결과를 보증하여야 하는 지위에 있다. 코먼로에서 계약위반이라는 것은 약속을 했음에도 불구하고 약속을 지키지 않았다는 것이며, 약속한 결과를 보증하지 않았다는 사실만으로 손해배상책임을 부담하여야 한다. 그러므로 코먼로의 경우에는 채무불이행법(한국민법 제390조 이하 참조)과 별개로 담보책임법(한국민법 제570조 이하 참조)을 갖추고 있어야 할 필요가 없다. 담보책임이란 유상계약에 있어서 급부 사이의 등가성을 유지시켜주기 위하여 마련된 것으로서 반대급부의 한도 내에서 자신의 급부물의 품질 및 권리의 완전성에 대하여 특별히 무과실책임을 부과하는 것이다. 채무불이행법에서 과실책임주의를 견지한다면 그와 별도로 무과실의 담보책임제도를 두어야 할 필요가 있다. 그러나 코먼로에 있어서는 채무불이행책임과 담보책임제도를 이원적으로 병립시켜야 할 체계상의 필요성이 없다. 왜냐하면 코먼로에 있어서 계약위반에 대한 책임의 본질은 보증위반으로 인한 책임이기 때문이다.

그렇다면 코먼로에 있어서는 채무이행에 장애가 발생한 경우에 채무자가 언제나 그에 대하여 책임을 져야 하는가? 그렇지는 않다. 즉 코먼로에 있어서도 일정한 사유가 있는 때에는 채무자가 채무를 이행하지 않고도 채무로부터 면책되는 경우도 있다. 우리 민법에서 채무자가 면책되는 근거는 채무불이행에 대하여 채무자에게 귀책사유가 없다는 것이다. 그러나 코먼로에 있어서 채무불이행에도 불구하고 채무자가 면책되는 경우에 면책의 근거는, 채무자가 약속한 결과에 대한 보증을 하였다고 볼 수 없다는 점에 있다. 앞의 'Taylor v. Caldwell' 사안에서 살펴본 바와 같이, 채무자가 약속한 결과를 보증하지 않았다고 볼 수 있는 사정이 있는 경우에 그 사정을 묵시적 조건(implied term)으로 보아 채무자를 면책시키는 것이다. 채무자가 자신의 이행의무(duty to perform)로부터 면책되는(discharge)[124] 사정이 있는 때에는 계약위반이 없는 것이다. 또한 조건(condition)의 작용으로 인하여 계약을 이행하여야 하는 의무가 아직 발생하지 않아 계약위반이 문제되지 않는 경우[125]도 있다. 약속자에게 이행의무가 발생하였고, 그 이행의무에 대한 면책사유가 없음에도 불구하고 약속자가 계약의 내용에 따른 이행의무를 이행하지 아니한 때에 '계약위반'이 있게 된다.

Ⅱ. 계약위반의 중대성

1. 계약위반의 중대성의 의미

240 계약위반 사실이 존재한다 하더라도 계약위반의 구체적인 내용을 검토할 필요가 있다. 왜냐하면 계약위반의 내용에 따라 법률효과에 차이가 발생할 수 있기 때문이다. 이와 관련하여 특히 중요하게 다루어지는 것이 계약위반의 중대성(materiality) 문제이다. 왜냐하면 계약위반이 중대한가(material) 아니면 사소한가(minor)에 따라 법률효과에 있어서 큰 차이가 있기 때문이다.

124) 이에 대해서는 이 책 211 이하 참조.
125) 이에 대해서는 이 책 203 이하 참조.

중대한 계약위반(material breach)이란 채무자의 불이행(failure to perform) 또는 하자있는 이행(defective performance)으로 인하여 채권자가 당해 거래에서 추구하였던 본질적 이익(substantial benefit)을 취하지 못한 경우를 말한다. 사소한 계약위반(minor breach)이란 채무자의 하자있는 이행에도 불구하고 채권자가 당해 거래에서 추구하였던 본질적 이익을 취득한 경우를 말한다. 이행을 약간 지체한 경우, 이행의 양이나 질에 약간의 하자가 있으나 비난할 수는 없는 정도인 경우가 사소한 계약위반의 예에 해당한다.

계약당사자 일방이 중대한 계약위반을 한 경우에 상대방은 자기의 채무를 유보 또는 중단(도급계약에서 대금의 지급이 공사의 완공정도에 상응하여 이루어지는 경우)하거나 위반 당사자에게 그 위반을 치유하기 위한 유예기간을 주고, 그래도 그 위반사실을 치유하지 않는 경우에는 계약을 해제할 수 있다. 계약을 해제하게 되면 해제한 당사자는 상대방의 계약위반을 '전체적 계약위반(total breach)'으로 보면서 상대방에 대하여 '전체적 계약위반'에 대한 손해배상청구권을 갖는다. 이 때 손해배상액은 계약위반에 의해서 입은 손해액으로부터 자신이 채무를 면함으로써 회피한 이행비용과 같은 항목을 공제한 금액이다. 계약위반이 사소한 때에는, 타방 당사자가 계약을 해제할 수 없는 것이 원칙이다. 즉 계약위반이 중대하지 않거나 혹은 계약위반이 중대하기는 하나 상대방이 계약의 해제를 구하지 않은 경우, 그 상대방은 계약위반 당사자의 계약위반을 '부분적 계약위반(partial breach)'으로 다루어 '부분적 계약위반'에 대한 손해배상청구권을 가질 뿐 양 당사자의 계약채무는 그대로 존속한다. 그러나 계약위반 당사자가 잔여의 채무를 이행하지 않겠다고 적극적인 사전이행거절(anticipatory repudiation)[126]을 한 때에는 계약을 해제할 수 있다.

2. 계약위반의 중대성의 판단기준

241 위에서 살펴본 바와 같이, 중대한 계약위반이 있는지 여부는 계약당사

---

126) 사전이행거절에 대해서는 이 책 206 참조.

자의 법률관계에 있어서 중요한 문제이다. 계약위반의 중대성을 판단함에 있어서는 채무의 내용, 계약당사자의 의사 등 제반사정을 신중하게 고려하여야 한다. 이에 관한 Restatement의 규정을 보기로 한다(Second Restatement of Contract §241).

"이행 또는 이행의 제공에 대한 불이행이 중대한 것인지 여부를 결정함에 있어서 다음과 같은 사항이 주요한 사항이다:

(a) 불이행에 의하여 피해를 입은 당사자가 합리적으로 기대하고 있었던 이익이 상실된 정도;

(b) 불이행에 의하여 피해를 입은 당사자가 상실된 이익에 관하여 적절한 구제를 받을 수 있는 정도;

(c) 이행 또는 이행의 제공을 하지 않은 당사자가 상실할 신뢰이익의 정도;

(d) 이행 또는 이행의 제공을 하지 않은 당사자가 자신의 불이행을 치유할 가능성;

(e) 이행 또는 이행의 제공을 하지 않은 당사자의 행위가 신의성실 또는 공정거래의 기준을 준수한 정도."[127)]

제 2 절 계약위반에 대한 구제수단

242 일단 원고가 채무자의 계약위반과 자기 자신에게는 중대한 계약위반의 사실이 없다는 것을 증명하면, 그 후 계약위반에 대한 구제수단을 택할 수 있다. 원고가 취할 수 있는 구제수단은 다양하며 일정한 사안에서 어떠한

127) 계약위반의 중대성을 판단하는 요소는 위의 사항에 그치는 것이 아니다. 예를 들어, 계약위반자의 고의(willful) 또는 과실(negligent)의 정도라든가 이행완료의 가능성(계약위반자가 계약의 남은 부분을 이행할 가능성이 클수록 계약위반의 중대성은 감소된다)도 계약위반의 중대성을 판단하는 요소가 될 수 있다.

구제수단이 가능한가 하는 것은 문제된 사실관계와 그에 적용되는 법리에 따라 달라진다. 계약위반에 대한 구제방법은 크게 다음과 같은 두 부류로 구분된다: ① 코먼로상의 구제수단(common law remedies); ② 형평법상의 구제수단(equitable remedies). ①은 통상적인 구제수단으로 금전적 손해배상(money damages)[128]을 말하며, ②는 특별한 경우에 행해지는 구제수단으로 강제이행(specific performance)을 가리킨다.

다음에서는 이들 양사에 대하여 자례대로 살피기로 한다.

Ⅰ. 코먼로상의 구제수단: 손해배상

243 계약위반에 대한 구제는 금전적 손해배상에 의하는 것이 원칙이다. 손해배상은 계약위반으로 인하여 피해를 입은 당사자에게 채권의 원래 내용이 아니라 그것에 대신하는 금전으로 손해를 전보시켜 주는 것이다.

1. 손해배상의 종류

(1) 재산전보손해배상

244 재산전보손해배상(compensatory damages)이란 재산상의 손해를 입은 당사자에게 금전으로 그 손해를 보상해 주는 것을 목적으로 한다. 계약해제가 인정되지 않는 사소한(minor) 계약위반의 경우에는 전보적 손해배상만으로 충분히 이행의 하자를 치유하는 것으로 인정된다. 소송에서 피고가 된 채무자는 채권자측의 이행을 청구하는 반소를 제기할 수 있다. 채권자 또한 이행을 제공할 의무를 부담하기 때문이다.

손해의 전보를 목적으로 하는 손해배상의 유형은 다음의 세 가지이다: ① 기대이익배상(expectation damages); ② 신뢰이익배상(reliance damages); ③ 이득반환배상(restitution damages). 채권자는 이 세 가지 형태의 손해배상

---

128) 손해배상이라고 하면 금전적 손해배상(money damages)을 의미하며, 일반적으로는 단순히 'damages'로 표현한다.

중에서 자신에게 가장 유리한 것을 선택하여 청구할 수 있다.

다음에서는 이들 세 유형의 손해배상에 대하여 보다 구체적으로 살피고자 한다.

1) 기대이익배상

(가) 개 념

245 경제학적 관점에서 볼 때, 계약당사자가 계약을 체결하는 것은 자기 나름대로의 합리적 판단에 기초한 주관적 계획의 표현행위이다. 경제계획은 미래를 대비한 현재시점에서의 준비(provision)이다. 그러므로 그 계획에는 사행성 내지 위험요소가 포함되어 있는 것이 보통이다. 결국, 어떤 사람이 계약을 체결한다는 것은 계약관계가 자신이 예상한 대로 실행되는 경우에 얻게 될 이익을 위하여 일정한 위험을 감수하는 것이다. 이러한 사정에 유의한다면, 계약법에서의 중심적인 관념이 계약당사자의 합리적인 기대를 보호하는 데에 있다는 점을 쉽게 이해할 수 있다. 계약위반의 경우에 있어서 이러한 계약법의 중심관념은, 합리적인 기대를 가지고 있는 계약상대방에게 약속이 이행된 것과 같은 상태에 있도록 해주는 방향으로 작용하게 된다. '기대이익배상(expectation damage)'이란 계약이 이행된 것과 같은 상태로 만들어 주기 위한 배상을 말한다. 계약위반으로 인하여 피해를 입은 당사자는 기대이익배상에 의하여 당해 계약이 정상적으로 청산되었더라면 얻을 수 있었을 이익상태를 실현할 수 있게 된다.

기대이익의 개념을 사례를 들어 설명하기로 한다. 건축업자 A가 50000 달러를 받고 B에게 건물을 지어주기로 약속하였다. A · B간의 약정에 따르면, 공사의 절반을 완료한 후에 공사비의 절반인 25000 달러를 B가 A에게 지급하기로 되어 있었다. 공사의 절반을 완료한 후 A가 B에게 25000 달러를 지급할 것을 요구하였으나, B는 이에 응하지 않았다. A가 앞으로 남은 절반의 공사를 진행하여 건물을 완성하기 위하여 10000 달러가 더 소요된다고 가정할 때, B의 계약위반에 대하여 A가 요구할 수 있는 기대이익배상액을 알아보자. A가 주장할 수 있는 기대이익배상액은 "B가 정상적으로 계약을 이행했더라면 A가 얻을 수 있었을 금액(즉 50000 달러)"에서 "A가 더 이상 공사를 진행하지 않음으로써 지출을 면하게 된 금액(즉 10000 달러)"을 뺀 액수이다.[129] 즉 A가 B에게 청구할 수 있는 기대이익배상액은 40000 달러이다.

간단히 말하자면, 기대이익배상이란 계약위반 사실이 없이 계약이 정상적으로 이행되었더라면 원고가 취득할 수 있었을 이익에 해당하는 금액을 배상하도록 하는 것이다. 이러한 점에서 원고를 계약이 체결되지 않았더라면 있었을 상태에 놓고자 하는 신뢰이익배상(reliance damages) 또는 이득반환배상(restitution damages)과 구별된다. 미국 계약법상의 기대이익배상의 개념은 우리 민법상의 개념 중 이행이익에 상응하는 것이라고 할 수 있다. 우리 민법상의 손해배상의 종류에 있어서 이행이익이 가장 통상적인 것과 마찬가지로 미국 계약법에 있어서 가장 통상적인 손해배상은 기대이익배상이다.

(나) 손해배상의 범위 및 배상액 산정

246 여기에서는 손해배상의 범위 및 손해액의 산정에 관하여 설명하고자 한다. 이에 관해서는 원칙적인 경우와 특별한 경우로 구분하여 살피고자 한다.

가) 원칙론

(A) 예견가능성

247 손해배상의 범위를 판단함에 있어서 가장 핵심이 되는 개념은 예견가능성(foreseeability)이다. 즉 원고가 배상받을 수 있는 손해는 계약체결 당시의 시점에서 볼 때 계약위반으로 인하여 통상적으로 발생할 수밖에 없거나 또는 채무자가 예견할 수 있었던 범위에 있는 것이어야 한다.

이에 관한 리딩 케이스는 1854년 영국의 판결인 Hadley v. Baxendale 사안이다. 사안의 내용은 다음과 같다: 제분업자인 원고 A는 그의 제분소에

---

129) 손해배상액의 산정에 관한 원칙적인 방법에 대해서는 Second Restatement of Contract §347 참조.

있는 제분기의 크랭크축이 부러져 조업을 중지하였다; A는 새로운 크랭크축을 만들기 위하여 견본으로 부러진 크랭크축을 다른 도시에 있는 크랭크축 제조업자에게 전달하기 위하여 운송업자인 피고 B와 운송계약을 체결하였다; A는 부러진 크랭크축을 B에게 보내고 운송료도 지급하였다; 그런데 B는 자신의 과실로 인하여 새로운 크랭크축을 약속한 날짜보다 5일 늦게 제조업자에게 인도하였다; 이로 말미암아 공장의 조업정지기간이 연장되었고, 에에 대하여 A는 그 기간 동안 자신이 얻을 수 있었던 이익에 관하여 손해배상을 구하는 소송을 제기하였다.

이에 대한 법원의 판단은 대체로 다음과 같은 것이었다: "계약위반으로 인하여 손해를 입은 당사자가 주장할 수 있는 손해배상은 ① 그 계약위반 자체로부터 당연히, 즉 사물의 통상적인 과정에 따라서 발생할 것으로 생각되는 공정하고 합리적인 손해이든가 혹은, ② 계약체결시에 양당사자가 불이행의 개연적인 결과라고 예상할 수 있었던 합리적인 손해이어야 한다... 이 사안에서 계약체결 당시에 B가 알고 있었던 사항은 운송물이 부러진 크랭크축이라는 것과, A가 제분소를 경영하고 있다는 사실 정도에 불과하다. 그런데 이러한 사정만으로는 크랭크축의 인도가 늦어짐으로 인하여 A의 제분소의 수익이 상실되었다는 사실을 이끌어낼 수는 없다. 왜냐하면 공장에는 예비용 크랭크축이 있을지도 모르고, 단순히 부러진 크랭크축을 제조업자에게 돌려주기 위하여 운송계약을 체결하였을 수도 있으며, 제분소의 조업정지는 크랭크축이 아닌 다른 부분의 기계고장에 의한 것일 수도 있기 때문이다."

미국 계약법상 손해배상의 범위 설정과 관련하여 핵심개념에 해당하는 '예견가능성'의 개념은 우리 민법상의 손해배상의 범위에 관한 규범내용과 매우 유사하다. 우리 민법 제393조는 다음과 같이 규정하고 있다: "① 채무불이행으로 인한 손해배상은 통상의 손해를 그 한도로 한다. ② 특별한 사정으로 인한 손해는 채무자가 그 사정을 알았거나 알 수 있었을 때에 한하여 배상의 책임이 있다." 우리나라의 학설은 제1항이 규율하는 손해를 '통상

손해'라 부르고, 제2항이 규율하는 손해를 '특별손해'라고 일컫는다. 통상손해라 함은, 사회일반의 관념에 입각하여 판단해 볼 때 계약위반의 결과로서 통상적으로 발생하는 손해(즉 계약위반과 상당인과관계에 있는 손해)를 말한다. 이에 대해 특별손해라 함은, 계약위반과 상당인과관계가 없다 하더라도 채무자가 사정을 알았거나 알 수 있었을 손해를 말한다. 얼핏 보면, 미국 계약법에서 말하는 '예견가능성'의 개념은 우리 민법 제393조 제1항과는 무관하고, 제2항과 관련을 가지는 것으로 생각할 수도 있다. 그러나 미국 계약법에서 말하는 '예견가능성'의 개념은 우리 민법 제393조 제1항과 제2항의 규범내용을 모두 포괄하는 것이라는 사실에 유의하여야 한다. 즉 계약위반 사실로 인하여 통상적으로 발생하는 손해(직접적 손해: direct damages; 한국 민법학의 용어로 '통상손해')는 그 자체로 '예견가능성'의 기준이 충족되어 당연히 배상범위에 있는 손해이고, 원고측의 특수하고 개별적인 사정으로 인하여 야기된 손해(간접적 손해: indirect damages; 한국 민법학의 용어로 '특별손해')는 그러한 사정을 피고가 알 수 있었던 경우에 한하여 '예견가능성'의 기준이 충족되는 것이다.[130] 손해배상의 범위에 관한 규범에 있어서 우리나라의 법과 미국법 사이의 유사성은 Hadley v. Baxendale 사안의 판례이론을 일본민법전이 계수하고, 우리 민법전이 이를 다시 계수하였다는 사실에 기인한다. 양 민법 사이의 이와 같은 유사성에도 불구하고 법운용상 간과할 수 없는 차이점도 발견된다. 특히 '예견의 기준시점'의 문제가 그러하다. 미국법에서는 예견의 기준시점을 '계약체결시'로 보고 있음에 반해, 우리나라의 통설과 판례는 '계약위반시'로 보고 있다. 생각건대, '계약체결시'를 기준시점으로 보는 것이 타당하다고 생각한다. 왜냐하면 당사자간의 이해관계가

---

130) '예견불가능성 및 손해배상범위의 제한'이라는 표제의 Restatement §351은 다음과 같이 규정하고 있다:

(1) 계약체결시 위반당사자가 계약위반의 개연적인 결과라고 예견하지 못한 손해에 관해서는 손해배상을 받을 수 없다.

(2) 손해는 다음과 같은 경우에 있어서 계약위반의 개연적인 결과로서 예견될 수 있다:

(a) 손해가 계약위반 사실의 통상적인 과정으로부터 발생하는 경우 또는

(b) 손해가 계약위반 사실의 통상적인 과정을 초과하는 특별한 사정으로부터 발생하였다는 것을 계약위반 당사자가 알 수 있었던 경우.

조정되는 시점은 어디까지나 계약의 성립시로 보아야 할 것이고, 계약성립 후의 사정은 각 당사자가 개별적으로 책임을 져야 할 영역이기 때문이다. 또한 계약위반을 규율하는 법은 계약을 위반한 당사자를 처벌하는 것이 아니라 계약위반으로 인하여 피해를 입은 당사자가 당해 계약을 체결할 당시에 그 계약을 통하여 기대하였던 이익을 보호하는 것을 목적으로 한다는 것도 유의할 필요가 있다.

직접적 손해(direct damages)와 달리, 채권자의 개별적인 특별한 사정에 의하여 야기된 간접적 손해(indirect damages) 또는 부수적 손해(consequential damages)는 채무자가 이를 예견할 수 있었던 경우에 한하여 손해배상이 인정된다는 것을 앞에서 설명하였다. 이해를 돕기 위하여 사례를 제시하기로 한다. 제분업자 A와 제과업자 B 사이에 밀가루 1톤을 1000 달러에 공급하기로 하는 계약이 체결되었다. 이 매매대금 1000 달러는 시중가격보다 200 달러 저렴한 것이었다. 만일 A가 계약을 위반하였다면, B는 시중가격으로 밀가루를 구입하여야 하므로 A에게 200 달러(1200 달러-1000 달러)의 손해배상을 청구할 수 있다. 그리고 이 200 달러의 손실은 직접적 손해이다. 그러므로 A가 그 사실을 예견할 수 있었는가와 무관하게 손해배상액으로 인정된다. 그렇다면 밀가루의 공급부족으로 인하여 시중가격이 1톤당 1200 달러에서 100 달러가 인상되어 1300 달러로 된 경우라면 B가 300 달러의 손해배상을 청구할 수 있겠는가? 공급부족으로 인한 100 달러의 인상분은 간접적·부수적 손해이다. 그러므로 A가 공급부족 상황을 예견할 수 있었던 때에 한하여 손해배상의 범위에 들어갈 수 있다.

(B) 확실성

248 손해배상이 인정되기 위해서는 손해액이 합리적인 정도로 확실하게 존재한다는 사실이 증명되어야 하는데, 이를 확실성의 원칙(certainty rule)이라고 한다. 이 원칙에는 2가지 문제가 포함되어 있다. 하나는, 일정한 손해가 계약위반에 의하여 발생한 것이 확실하다는 점에 대한 증명이다. 그리고 다른 하나는, 구체적인 손해금액에 대한 증명이다. 전자에 대하여 법원은 높은

정도의 증명을 요구하고 있고, 후자에 대해서는 상당한 정도의 확실성에 대한 증명으로 충분하다고 한다. Restatement §852도 '손해배상의 제한으로서의 불확실성'이라는 표제하에 다음과 같이 규정하고 있다: "증거에 의해서 상당한 확실성을 가지고 증명될 수 있는 금액을 초과하는 손해에 관하여는 손해배상을 받을 수 없다."

사례를 들어 확실성의 원칙에 대하여 좀 더 알아보기로 한다. 제분업자 A는 제과업자 B와 밀가루 1톤을 1000 달러에 공급하기로 계약을 체결하였는데, A가 계약을 위반하였다. 만일 B가 그동안 제과점을 운영하면서 밀가루 1톤당 100 달러의 이익을 얻어왔다면 B는 A에게 100 달러의 손해배상을 하여야 한다. 손해액이 합리적으로 명확하게 산정(reasonable certainty of computation)될 수 있기 때문이다. 그러나 B가 신규로 제과업을 운영하기 위하여 A와 동일한 내용의 계약을 체결하였다면 사정은 달라진다. 신규사업(new business)의 경우에는 B의 손실액을 합리적으로 명확하게 산정할 수 있는 기준이 없기 때문이다. 그러므로 이 경우에 A는 B에게 기대이익배상을 하지 않아도 된다.[131] 그런데 신규사업이라는 이유만으로 기대이익배상이 부정되는 것은 아니라는 점에 유의하여야 한다. 신규사업이라 하더라도 손실액을 합리적으로 명확하게 산정할 수 있다면 기대이익배상이 인정된다.

나) 특별한 경우

249 앞에서 손해배상의 범위 및 손해액의 산정에 관한 일반론을 살펴보았다. 그러나 그것은 그야말로 일반원칙일 뿐이며, 구체적인 계약관계의 모습에 따라 손해배상의 내용도 달라질 수 있다. 특히 계약당사자 일방의 채무가 일정한 노력을 제공하는 것을 내용으로 하는 경우에 그러하다. 이러한 관념을 토대로 다음에서는 물품매매계약, 고용계약 및 건설계약을 들어 설명하기로 한다.

(A) 물품매매계약

250 UCC는 물품매매계약의 당사자인 매도인 또는 매수인에 의한 계약위반

---

131) 이것을 '신규사업의 원칙(new business rule)'이라고 한다.

이 있는 경우에 손해배상의 범위에 대하여 상당히 세세한 규정을 두고 있다. 다음에서는 그 내용을 살펴보기로 한다.

A) 매도인이 요구하는 손해배상의 범위

251 우선, 매도인이 손해배상청구권자인 경우를 보기로 한다. 매수인이 매매목적물을 수령하지 않는 것과 같은 방법으로 계약위반행위를 하는 경우에 매도인은 거래관행상 합당한 방법으로 당해 물품을 다른 사람에게 전매할 수 있는 권리를 가진다. 매도인이 다른 사람에게 물품을 전매한 경우, 매도인은 원래의 계약가격과 새로운 계약가격 사이의 차액을 손해배상으로 청구할 수 있다(UCC §2-706). 그러나 매도인이 다른 사람에게 물품을 원래의 계약가격보다 더 비싼 가격에 판매하였다 하더라도 그 이익을 매수인에게 반환할 필요는 없다.

한편, 매도인이 다른 사람에게 물품을 전매하지 않은 경우에 그가 청구할 수 있는 손해배상액은 이행기의 시장가격(market value)과 계약가격(contract price) 사이의 차액이다(UCC §2-708(1)). 그리고 시장가격과 계약가격 사이의 차액으로 하는 손해배상에도 불구하고 매도인의 이익상태가 매수인에 의한 이행이 있었던 것과 동일하게 되지 않는 경우에는, 손해배상액의 산정기준은 매수인이 완전하게 이행했더라면 매도인이 얻을 수 있었을 이익액이다(UCC §2-708(2)).

B) 매수인이 요구하는 손해배상의 범위

252 매수인은 계약의 해제의 여부와 상관없이 자신이 매도인에게 지급한 금전의 반환과 아울러 손해배상을 청구할 수 있다(UCC §2-711(1)). 매도인이 계약을 위반한 경우에 매수인이 다른 사람으로부터 대체물을 매수한 경우, 매수인은 원래의 계약가격과 대체물의 구입에 소요된 비용 사이의 차액을 손해배상으로 매도인에게 청구할 수 있다(UCC §2-712(2)). 매수인이 대체물을 매수할 수 없었거나 그것을 원하지 않아 대체물을 매수하지 않은 경우, 매수인은 계약가격과 매수인이 매도인의 계약위반 사실을 알았던 때의 시장가격 사이의 차액에 대하여 배상청구를 할 수 있다(UCC §2-713(1)).

(B) 고용계약

253 고용계약(employment contracts)에서 손해배상의 내용은 계약을 위반한 사람이 사용자인가 아니면 근로자인가에 따라 다르다.

우선, 계약을 위반한 사람이 사용자인 경우를 보기로 한다. 이 때에는 계약위반이 발생한 시점이 언제인가를 불문하고(즉 근로자가 자신의 이행의무를 완료하기 전이든 후이든 관계없이) 근로자는 전체 계약가격(full contract price)을 기준으로 하여 손해배상을 청구할 수 있다.

다음으로, 계약을 위반한 사람이 근로자인 경우를 보기로 한다. 이 때에는 계약위반이 근로자의 의사에 의한 것인지, 여부에 따라 구별해야 한다. 위반이 근로자의 의사에 의한 것일 경우, 사용자가 청구할 수 있는 손해는 근로자를 대체하는 데에 소요되는 비용과 근로자가 계약을 위반하지 않고 일을 끝냈더라면 사용자가 근로자에게 지급하였을 비용 사이의 차액을 기준으로 하여 산정한다. 계약위반이 근로자의 의사에 의한 것이 아닌 경우(예: 계약위반이 근로자의 질병에 의한 경우)에는 어떠한가? 이 경우에 있어서도 손해배상액의 산정기준은 근로자의 의사에 의한 계약위반의 경우와 동일한 것이 원칙이나, 근로자는 준계약(Quasi-Contract)의 법리에 따라 일을 한 기간 동안의 급여를 청구할 수 있다는 점에서 차이가 있다.

(C) 건설계약

254 건설계약(construction contracts)에서 손해배상의 내용은 계약을 위반한 사람이 건물의 건축주(owner)인가 아니면 건설업자(builder)인가에 따라 차이가 있다.

우선, 계약을 위반한 사람이 건축주인 경우를 보기로 한다. 건축주에 의한 계약위반의 경우에는 그 위반의 시점이 언제인가를 구별하여 검토하여야 한다. 첫째, 계약위반의 시점이 건설에 착수하기 전이라면 건설업자는 그가 계약으로부터 취득하였을 이익(즉 계약가액: contract price)을 손해배상으로 청구할 수 있다. 둘째, 계약위반의 시점이 건설공사의 진행 중인 경우, 건설업자는 계약가액(contract price)뿐만 아니라 건설을 중단한 때까지 소요된 비용에 대하여도 배상을 청구할 수 있다. 셋째, 계약을 위반한 시점이 건설을 완료한 후인 때에는, 계약가액과 소요비용 및 계약가액에 대한 이자에 대해서도 배상청구를 할 수 있다.

다음으로, 계약을 위반한 사람이 건설업자인 경우를 보기로 한다. 건설업자에 의한 계약위반의 경우에도 계약위반의 시점에 따라 검토하여야 한다. 첫째, 계약위반이 건설공사에 착수하기 전인 경우, 건축주는 건설완성에 소요되는 비용(건설완성비용: cost of completion)과 아울러 이행지체로 인한 손해의 배상을 청구할 수 있다. 둘째, 건설도중의 계약위반인 경우, 건축주는 건설완성비용(cost of completion)과 이행지체로 인한 배상을 청구할 수 있다. 이 경우에 다수의 법원은 건설업자가 건설을 중단한 때까지 지출한 비용의 공제를 인정함으로써 건축주의 부당이득을 방지하고 있다. 셋째, 건설업자가 건설을 완성하기는 하였으나 그 완성시기가 이행기 이후인 경우이다. 이 경우에 건축주는 이행기부터 건물이 실제로 완성된 때까지 그 건물을 사용하지 못함으로써 발생한 손해(예: 이행기에 완성되었더라면 임대하여 받을 수 있었던 임대료)를 청구할 수 있을 것인가? 그런데 이러한 손해는 계약 성립시에 예견할 수 없었던 것이 대부분일 것이어서 이에 대한 손해배상을 받는 것은 드문 일일 것이며, 대부분의 경우에 있어서 건축주는 건물의 가액에 대한 이자만을 청구할 수 있을 뿐이다.

2) 신뢰이익배상

255 신뢰이익배상(reliance damages)은 다음과 같은 두 가지 경우에 사용되는 손해배상의 형태이다. 첫째는, 피고의 계약위반으로 인한 원고의 상실이익(lost profits)이 너무나 불확실하거나(too uncertain) 명확하게 산정하기 어려워서 기대이익배상(expectation damages)이 적절하지 않은 경우이다.[132] 둘째는, 계약이 유효하게 성립하지 않아 계약위반의 문제가 발생할 수도 없어 기대이익배상의 여지가 없기는 하지만, 약속에 의한 금반언의 원칙에 비

132) 이러한 면에서 볼 때, 신뢰이익배상은 기대이익배상이 적절하지 않은 경우에 그에 대한 대안으로서의 의미를 가지는 것이다(Second Restatement of Contract §349 참조).

추어 볼 때 원고에게 손해의 전보를 인정하는 것이 공평의 관념에 합치한다고 판단되는 경우이다. 신뢰이익배상은 만일 원고가 계약을 체결하지 않았더라면 있었어야 할 상태로의 회복을 목적으로 하는 손해배상이다.

사례를 들어 보자. A는 B에게 1년 동안 A가 생산한 물품을 일정지역에서 독점적으로 판매할 수 있는 독점적 거래권을 부여하였다. 이행제공의 준비과정에서 B는 광고, 판매원 고용, 다른 용도로는 사용이 불가능한 점포 등을 구입하는 네에 비용을 투자하였다. 그런데 이행에 착수하기 전에 A가 계약을 위반하였다. 이 경우에 B가 예상할 수 있는 손해, 즉 A가 계약을 이행하였더라면 B가 취득할 수 있었던 이익이 무엇인가를 확실하게 산정하는 것은 매우 곤란하다. 그러므로 B는 신뢰이익배상에 기하여 그 자신이 이행준비과정에서 지출한 비용에 대한 손해를 배상받을 수 있다.

신뢰이익배상은 그 본질상의 이유로 배상액이 제한되는 것으로 보는 것이 다수 법원의 입장이다. 신뢰이익배상액의 제한(limits on amount of reliance recovery)의 내용으로 주요한 것은 다음과 같다: ① 신뢰이익배상액은 원고가 그 계약을 신뢰하여 실제로 지출한 비용을 초과할 수 없다; ② 신뢰이익배상액은 피고가 부담하고 있었던 계약가액(contract price)을 초과할 수 없다; ③ 신뢰이익배상액은 기대이익배상액을 초과할 수 없다.

신뢰이익배상액의 제한에 대한 이해의 편의를 위하여 사례를 하나 들어보기로 한다. 컴퓨터 판매업자 A는 시가 1000 달러의 PC를 B에게 500 달러에 매도하는 계약을 체결하였다. 즉 A는 손해를 감수하는 계약(losing contract)을 체결하였다. A가 그러한 가격으로 매도하게 된 것은 B에게 그 모델의 PC를 광고하기 위함이었다. A는 B에게 채무를 이행하기 위하여 C로부터 1000 달러의 가격으로 PC를 구입하여 B에게 인도하였다. 그런데 매수인 B가 채무를 이행하지 않았다. 이 경우에 신뢰이익배상액은 1000 달러이고 기대이익배상액은 500 달러이다. A에게 자유로운 선택권이 인정된다면 A는 기대이익배상액보다 다액인 신뢰이익배상액을 선택하고자 할 것이다. 그러나 신뢰이익배상액은 기대이익배상액을 초과할 수 없으므로 A에게 인정되는 손해배상액은 500 달러이다.

신뢰이익배상과 기대이익배상을 동시에 청구할 수 있겠는가? 기대이익배상은 계약위반의 피해자인 채권자를 계약이 정상적으로 이행되었더라면 점하였을 것으로 예상되는 이익상태에 놓는 것을 본질로 한다. 이에 반해 신뢰이익배상은 채권자의 지위를 계약체결 이전의 상태로 회복시키는 것을 본질로 한다. 이러한 둘 사이의 본질적인 차이로 인하여 신뢰이익배상과 기대이익배상을 동시에 청구하는 것은 허용되지 않는다.

3) 이득반환배상

256 이득반환배상(restitution damages)은 원고의 이행행위로 인하여 피고에게 이전된 이익을 다시 원고에게 회복시켜주는 것을 말한다. 이득반환배상이 문제되는 경우는 두 가지이다: ① 계약이 유효하게 성립하여 그 이행행위를 하였으나, 계약의 목적을 달성하지 못하여 이득의 반환이 문제되는 경우[133]; ② 계약이 유효하게 성립하지 않았음에도 불구하고 계약의무 이행의 명목으로 일정한 급부를 행하여 그 이득의 반환이 문제되는 경우[134]. 이득반환배상이 성립할 수 있는 ①과 ②의 상황은 우리 민법학의 시각으로 보자면 부당이득반환이 문제되는 경우이다. 미국 계약법에서도 이득반환배상의 본질은 부당이득(unjust enrichment)의 방지에 있다. 이러한 의미에서 이득반환배상을 '준계약배상(quasi-contract damages)'[135]이라고도 한다.

사례를 들어 이득반환배상의 개념에 대하여 부연하기로 한다. B는 A의 돌담을 1000 달러에 건축해 주기로 약속하였다. A는 착수금으로서 B에게 100 달러를 지급하고 나머지 900 달러는 B가 돌담을 완공하게 되면 지급하기로 약정하는 한편, 건축재료는 A가 B에게 제공하는 석재를 사용하기로 하였다. A는 S로부터 50 달러에 석재를 구입하여 B에게 제공하였다. 그런 상태에서 B가 계약상의 채무이행을 하지 않을 것이 확실하게 되었다. 이 경우에 A가 착수금으로서 B에게 지급한 100 달러가 이득반환배상액에 해당

---

133) 이에 대해서는 이 책 274 참조.
134) 이에 대해서는 이 책 275 참조.
135) 이에 대해서는 이 책 273 이하 참조.

된다. 이득반환배상액은 신뢰이익배상액보다 적은 것이 보통이다. 앞의 사례에서 A가 착수금으로서 지불한 100 달러와 A가 S로부터 석재를 구입하기 위하여 지출한 비용인 50 달러를 합한 150 달러가 신뢰이익에 해당하는데, 이득반환배상액은 타방 당사자에게 인도하지 않은 이익부분(즉 A가 S로부터 석재를 구입하기 위하여 지출한 비용인 50 달러)을 포함하지 않기 때문이다.

이득반환배상은 계약당사자의 재산상태를 계약이 체결되지 않았던 것과 같은 상태로 회복시키는 것을 목적으로 한다는 점에서 신뢰이익배상과 공통된다. 그러므로 이득반환배상은 신뢰이익배상과 동시에 청구할 수 있다. 그러나 신뢰이익배상과 기대이익배상을 병립시킬 수 없는 것과 같은 이유로[136] 이득반환배상과 동시에 기대이익배상을 청구하는 것은 허용되지 않는다.

(2) 정신상 손해에 대한 배상

257 채무자의 계약위반으로 인하여 채권자가 정신적 충격(emotional distress)을 받은 경우, 그에 대한 손해배상을 청구할 수 있을 것인가? 불법행위로 인한 손해배상(torts)의 경우와 달리 미국에 있어서 계약위반의 경우에는 정신상의 손해배상을 인정하지 않는 것을 원칙으로 하고 있다. 불법행위에 있어서는 피해자가 입은 손실은 예기치 않은 것이어서, 정신상의 손해배상을 인정할 여지가 있다. 그러나 계약관계에 있어서 일방은 타방이 계약을 위반할 수도 있다는 사실을 염두에 두고 이를 고려하여 계약관계를 설정한 것이다. 그러므로 계약위반으로 인하여 피해자에게 정신상의 고통이 있다 하더라도 이것은 그가 감수하여야 할 영역으로 보아야 한다.

그러나 다음과 같은 경우에는 예외적으로 계약위반으로 인한 정신적 충격에 대하여 손해배상청구권이 인정된다: ① 계약위반으로 인하여 채권자에게 정신적 충격은 물론 육체적 상해도 함께 발생하는 경우; ② 계약의 내용이 금전적인(financial) 것이 아니라 인적요소(personal)를 포함하는 경우.[137]

---

136) 이에 대해서는 이 책 255 참조.

137) 예: 사자(死者)의 화장을 위하여 장의업자와 계약을 체결하였는데, 장의업자가 인도한 유골함에는 유골이 없이 텅 비어 있었던 경우에, 장의업자와 계약을 체결한 유족은 정신상의 손

(3) 징벌적 손해배상

258 징벌적 손해배상(punitive damages)이라 함은 가해자가 당해 가해행위를 하게 된 사정을 고려하여 일정한 경우에 실제로 발생한 손해의 정도를 넘어 가해자에 대한 징벌의 의미로 부과되는 손해배상이다. 징벌적 손해배상의 목적은 다원적이라고 할 수 있는데, 주요한 것은 다음과 같다: ① 가해자를 처벌하기 위하여; ② 피고가 앞으로 다시 유사한 가해행위를 하지 못하도록 교육하기 위하여; ③ 피고가 행한 가해행위와 유사한 행위를 하지 않도록 일반인을 교육하기 위하여; ④ 피해자가 입게 된 감정상의 피해 또는 법적으로 구제되지 않는 손해(예: 변호사비용)를 전보하기 위하여. 징벌적 손해배상은 주로 불법행위소송에서 인정되고 있으며, 계약위반의 경우에는 인정되지 않는 것이 원칙이다. 미국 계약법은 계약을 위반한 채무자에 대한 처벌의 관념을 가지고 있지 않기 때문이다.

그러나 고의에 의한 계약위반행위는 계약위반임과 동시에 고의적인 불법행위(intentional torts)를 구성할 수도 있다. 이와 같은 고의적 계약위반(intentional breach)의 경우에는 징벌적 손해배상이 부과될 수 있다. 또한 혼인계약, 고용계약, 보험계약 등에서 신의칙에 위반하는 계약위반이 있는 경우에 예외적으로 징벌적 손해배상이 인정될 수 있다.

(4) 명목상의 손해배상

259 미국 계약법에서는 명목상의 손해배상(nominal damages)이라고 하는 것이 인정되고 있다. 명목상의 손해배상이란 손해발생 사실과 무관하게 인정된다는 점이 특징적이다. 계약위반으로 인한 소송에 있어서 명목상의 손해배상은 주로 다음과 같은 두 가지 경우에 인정된다: ① 계속적 계약관계에서 일정한 사실로써 계약위반의 선례로서 삼기 위한 경우; ② 일방 당사자가 계약위반 사실은 입증하였으나, 실제적 손해의 발생을 입증하지 못한 경우.

해에 대하여 배상청구를 할 수 있다.

계약위반이 있었다는 사실은 분명한데, 피해자인 원고가 실제로 발생한 손해를 증명하지 못하는 경우를 생각해 보자. 구체적인 손해를 증명하지 못하였다는 이유만으로 원고의 청구를 기각한다면 이는 매우 불공정한 결과에 이를 수도 있다(예: 소송비용의 부담자가 원고로 됨). 이러한 경우에 법원은 원고에게 손해가 발생하였는가 혹은 손해액이 증명되었는가 여부와 상관없이 1 달러 정도의 명목상의 손해배상을 인정하는 방식으로 원고 승소판결을 함으로써 불공평한 결과를 회피할 수 있다.

2. 손해배상액의 예정

260 손해배상액의 예정(liquidated damages)이라 함은 계약위반의 경우에 계약위반자가 그 상대방에게 지급하여야 할 손해배상액을 미리 약정하는 내용의 양 당사자간의 합의를 말한다.

우리 민법도 손해배상액의 예정에 관한 규정을 두고 있다(한국민법 제398조 참조). 우리 민법은 계약위반 상황을 염두에 두고, 그에 대비하여 계약당사자가 합의한 모든 약정을 총칭하는 것으로 '위약금'이라는 개념을 상정하고, 위약금의 하부개념으로 '손해배상액의 예정'과 '위약벌'을 위치시키고 있다(한국민법 제398조 제4항 참조). 손해배상액의 예정은 계약위반으로 인한 손해배상의 기능을 하는 것으로, 계약위반으로 인하여 발생한 실제손해가 예정배상액보다 많다 하더라도 실손해에 대한 추가적인 배상을 요구할 수 없다. 이에 반해 위약벌은 계약위반 자체에 대한 벌금으로서의 성질을 가지는 것으로서 손해배상과는 무관한 것이다. 그러므로 위약금약정이 위약벌의 기능을 하는 경우라면 위약벌과 별도로 실제손해를 증명하여 손해배상을 청구할 수 있는 것이다.

미국 계약법은 우리나라의 관념과 차이를 보인다. 우리나라와 달리 미국에서는, 'liquidated damages'에 관하여 계약당사자간에 합의를 하였다 하더라도 이 합의를 당연히 유효한 것으로 인정하지 않는다. 약정손해배상액이 처벌의(penalty) 성격을 지니고 있지 않은 경우에만 유효성이 인정되어 그 약정이 강제력을 가진다. 우리 민법상의 위약벌은 미국법에서는 인정되지 않는다. 미국 계약법상 계약위반에 대한 구제는 계약을 위반한 당사자를 벌하는 문제와 완전히 절연되어 있을 뿐만 아니라, 나아가 계약위반 당사자를 벌하는 내용의 합의는 공공질서(public policy)에 위반되는 것으로 여겨지고 있다(Second Restatement of Contract §356(1) 참조). 약정손해배상에 관한 합의가 유효하기 위한 요건은 무엇인가? 다음의 두 요건을 구비하여야 한다: ① 계약 위반시의 손해액은 계약 성립시에 정확히 확정짓거나 측정할 수 없는 것이어야 한다; ② 미리 정한 손해배상액은 계약 위반시의 배상액으로서 합리적인 것으로 예견할 수 있는 것이어야 한다. 합리성은 계약 성립 당시에 예견할 수 있었던 손해액과 약정한 손해액의 비교를 통하여 판단한다. 약정한 손해액이 지나치게 과도하여 합리성을 잃은 것이라 한다면 법원은 이를 처벌적인 것으로 해석하여 그 실현에 협력하지 않는다. 반면에, 위의 두 요건이 충족되면 원고는 약정된 배상액을 청구할 수 있는데, 이 때 실제로 발생한 손해가 얼마인지는 상관이 없다.

'liquidated damages'에 대한 앞에서의 설명내용과 달리, UCC는 상당히 유연한 태도를 보이고 있다. 즉 다른 적절한 구제를 받을 수 없는 불편함 또는 실현의 곤란이 있는 경우에도 손해배상액의 예정이 허용된다(UCC §2-718(1)). 이 규정의 구체적인 내용은 다음과 같다: "양 당사자의 계약위반에 대한 손해배상은, 그 위반에 의하여 현실적으로 발생한 손해, 예측된 손해액, 손해액의 증명의 곤란성 또는 다른 적절한 구제를 받을 수 없는 불편성에 비추어 합리적인 금액인 경우에는 손해배상액의 예정으로 할 수 있다. 불합리하게 다액의 손해배상액을 예정하는 것은 위약벌(penalty)로서 무효이다."

3. 손해경감의무

(1) 개 념

261 상대방의 계약위반에 대하여 책임을 묻는 당사자는 자신이 상당한 노력(reasonable efforts)을 들였더라면 일정한 항목의 손해를 회피할 수 있었음

에도 불구하고 그러한 노력을 기울이지 않아 발생하게 된 손해에 대해서는 배상을 받을 수 없다. 이를 '손해경감의무(duty to mitigate damages)'라고 한다. 예를 들어 보자. A가 과일 두 상자를 B에게 매도하기로 하는 계약을 체결하였는데, B가 계약의 이행을 거부하였다. 이 때 A로서는 그 과일을 가능하면 다른 사람에게 처분한 후에 그 가격의 차액을 손해배상으로 B에게 청구하여야 한다. 그러하지 않고 과일이 썩도록 그대로 방치한 후 과일 두 상자 값을 손해배상으로 요구하는 것은 형평에 어긋난다고 보는 것이다. 손해경감의무는 손해를 경감시키기 위하여 원고가 상당성(reasonableness) 있는 노력을 할 것을 요구할 뿐이다. 손해를 경감시키기 위해서 원고가 특별한 비용을 지출하여야 한다든지 인적·물적 불편을 겪어야 하는 경우에는 손해경감의무를 부과할 수 없다.

손해경감의무는 '회피가능한 손해의 원칙(avoidable consequence rule)'이라고도 하는데, 이는 두 가지 내용을 포괄하고 있다. 첫째는, 합리적으로 회피할 수 있는 손해에 관해서는 손해배상이 인정되지 않고 피해당사자 자신의 손해로서 귀속되어야 한다는 것이다. 둘째는, 합리적인 방법으로 손해를 회피하고자 하는 노력이 행해졌다면 비록 그 노력이 성공적인 결과에 이르지 못했다 하더라도 그 손해는 계약을 위반한 당사자에게 귀속되어야 한다는 것이다.

Restatement도 '손해배상의 제한으로서의 회피가능성'이라는 표제하에 손해경감의무를 규정하고 있다(Second Restatement of Contract §350): "① 제②항에서 정하고 있는 경우를 제외하고, 계약위반을 당한 당사자가 과도한 위험, 부담 또는 굴욕 없이 회피할 수 있었던 손실에 대해서는 손해배상을 인정할 수 없다. ② 계약위반을 당한 당사자가 손실을 회피하기 위하여 합리적인 노력을 하였으나 성공하지 못한 경우에도 그것이 합리적인 노력이었다면 제①항의 규정에 의하여 배상을 배제당하지 않는다."

(2) 개별계약에서의 적용

262 손해경감의무와 관련하여 다음과 같은 구체적 상황에 유의하여야 한다.

1) 고용계약

263 고용계약(employment contract)에 있어서 사용자가 계약을 위반한 경우(예: 위법한 해고), 근로자는 동일지역에서 동일직종, 동일지위, 동일등급의 직업을 구하기 위하여 상당성 있는 노력을 기울여야 한다. 그러나 근로자가 그러한 직업을 구할 수 있었다는 사실에 대한 증명책임은 사용자에게 있다.

사례를 들어 설명하기로 한다. 고용계약의 당사자 일방인 사용자 A는 타방 당사자인 근로자 B를 부당하게 해고하였다. 이로 인하여 B는 10000 달러를 벌 수 있는 기회를 상실하였다. 이 때 B는 다른 직장을 찾기 위하여 노력하여야 한다. B가 상당한 노력을 기울였다면 다른 직장에서 5000 달러를 벌었을 것으로 가정해 보자. 만일 B가 다른 직장을 구하기 위한 노력을 기울이지 않았다면 그가 받을 수 있는 손해배상액은, B가 A의 계약위반으로 상실한 이익(즉 10000 달러)에서 만일 그가 상당한 노력을 기울였다면 다른 직장에서 벌었을 것으로 여겨지는 금액(즉 5000 달러)을 뺀 액수가 된다.

2) 제작물공급계약

264 제작물공급계약(manufacturing contract)에 있어서 제작물의 주문자가 계약을 위반한 경우, 제작자는 자신이 수행하던 작업을 중지함으로써 손해를 경감시킬 의무를 진다.

그러나 구체적인 사정에 따라서는 작업을 계속하여 제작물을 완성하는 것이 손해를 경감시키는 방법이 될 때도 있다. 이와 같은 경우에는 제작자는 작업을 계속 수행하여 제조물을 완성하여야 한다. 예를 들어 보자. 완성되지 않은 제품은 팔 수 없기 때문에 전혀 가치가 없다고 한다면 제품을 완성시키는 것이 오히려 손해를 경감시키는 것이 되므로 제조자는 제조를 완료하고 제조의 완료에 지출된 비용을 손해배상으로 청구할 수 있다.

3) 건설계약

265 건설계약(construction contract)에 따라 건설공사가 진행되는 도중에 건

축주가 부당하게 계약을 해지하는 방식으로 계약위반을 하는 경우, 건설업자는 작업을 중지함으로써 손해를 경감시킬 의무를 부담한다. 그런데 이 경우에도 건설의 완공이 손해를 경감시킬 수 있는 것이라면 작업을 계속하여야 한다. 그러나 건설업자는 남은 계약기간 동안 다른 일을 확보하여야 할 의무를 부담하지는 않는다. 만일 건설업자에게 그러한 의무를 부과하게 된다면, 건설업자에게 다른 건설사업에 대한 위험까지 감수할 것을 요구하는 결과가 되기 때문이다. 이러한 해결책은 미국의 다수의 법원이 채택하고 있는 것으로 건설계약의 특성(사업의 성공 여부에 대한 불확실성)을 고려한 것이다. 결국, 건설업자가 남은 계약기간 동안 다른 건설작업을 구하여 이익을 얻었다 하더라도 이는 건설업자의 건축주에 대한 손해배상청구에는 아무런 영향을 미치지 않는다.

4) 물품매매계약

266 UCC는 물품매매계약에 있어서 매수인 또는 매도인의 손해경감의무를 규정하고 있다.

우선, 매수인에 의한 계약위반의 경우를 보자. 매수인이 계약을 위반한 경우(예: 정당한 이유 없이 물품의 수령을 거절함), 매도인은 불필요한 행위를 함으로써 손해액을 상승시키지(run up) 말아야 할 의무를 진다.

다음으로, 매도인에 의한 계약위반의 경우를 보자. 매도인이 계약을 위반하여 매수인이 물품의 수령을 거절한 경우, 매수인은 다른 사람으로부터 합리적인 가격으로 대체물을 구매하여야 한다. 매수인이 대체물을 구매하지 않았다면 어떻게 되는가? 그러한 경우에는, 만일 매수인이 대체물을 구입했더라면 피할 수 있었을 비용부분에 대해서는 손해배상을 받을 수 없다(UCC §2-715(2)(a)). 매수인이 다른 사람으로부터 대체물을 매수한 경우, 매수인은 계약가격과 대체물의 구입에 소요된 비용 사이의 차액을 손해배상으로 매도인에게 청구할 수 있다. 이것이 바로 UCC가 규정하고 있는 'cover'의 개념이다.

Ⅱ. 형평법상의 구제수단

1. 의 의

267 비교법적으로 볼 때 계약위반에 대한 구제방법은 매우 다양하게 나타난다. 그 중 대표적인 것이 손해배상과 강제이행이다. 손해배상이 계약위반으로 인하여 피해자가 입은 손해를 전보하는 것을 내용으로 하는 것임에 반해, 강제이행은 채무자로 하여금 계약에서 원래 약정된 내용대로 이행하도록 명령하는 것이다.

미국 계약법상 계약위반에 대한 원칙적인 구제방법은 손해배상이고, 손해배상의 방법으로는 원상회복주의가 아닌 금전배상주의를 채택하고 있음을 앞에서 살펴보았다. 이러한 미국법의 태도는 손해배상제도와 강제이행제도 양자를 모두 계약위반에 대한 원칙적 구제수단으로 인정하고 있는 우리나라 계약법의 태도와 상당한 차이가 있다(한국민법 제389조 참조). 계약위반에 관한 규범의 제1차적 목적은 계약위반으로 피해를 입은 당사자를 구제하는 것이다. 그러나 계약위반에 관한 규범내용에는 일정한 한계를 설정하여야 할 필요가 있다. 그 한계요소는 채무자의 인격적 자유의 보호이다. 즉 채무자의 계약위반으로 인하여 피해를 당한 채권자를 구제하는 것도 중요하지만, 어떠한 구제방법의 구체적인 내용이 채무자의 인격적 자유를 본질적으로 침해하는 것이라면 그러한 구제방법은 허용될 수 없다고 보아야 한다. 계약위반에 관한 규범내용에 관한 이러한 한계요소는 "누구든지 어떠한 행위를 하도록 강제당하지 않는다(Nemo praecise cogi potest ad fac-tum)."라는 관념으로 표현되기도 한다. 미국법은 이 원칙을 엄격하게 고수하고 있는 법제로 평가할 수 있다.

계약위반에 대한 코먼로의 구제수단은 손해배상이다. 그러나 형평법(equity)에서는 강제이행이 인정되고 있다. 다음에서는 강제이행에 대하여 좀 더 구체적으로 살피기로 한다.

2. 구제방법의 유형

268 대표적인 구제방법은 강제이행(specific performance)과 금지명령(injunction)이다. 이들 양자는 개인의 자유에 대한 침해의 정도가 크기 때문에, 원칙적으로 금전적 손해배상(pecuniary damages)이 부적합한 경우에 한하여 사용된다.

(1) 강제이행

269 강제이행은 형평법상의(equitable) 제도이다. 강제이행(specific performance)이란 법원이 계약을 위반한 당사자에게 원래의 계약내용을 그대로 이행하라고 명령하는 것이다. 강제이행은 손해를 충분히 확실하게 산정할 수 없거나(with sufficient certainty) 계약의 목적물이 '희소하거나 독특하여(rare or unique)' 금전을 가지고 대체물을 구입할 수 없는 경우 또는 파산(또는 파산가능성)으로 인하여 금전적 손해배상이 불가능한 경우와 같이 코먼로상의 손해배상이 적절한 구제수단이 될 수 없는 경우에 인정된다. 다음에서는 강제이행이 인정되는 경우를 유형화하여 살피기로 한다.

첫째, 손해를 충분히 확실하게 산정하는 것이 곤란한 경우이다. 손해배상이 인정되기 위해서는 손해액이 합리적인 정도로 확실히 존재한다는 것이 증명되어야 한다. 만일 그러한 증명을 하지 못한다면 명목상의 손해배상만 인정될 뿐이다. 그리고 물건에 따라서는 그 성질상 금전에 의한 평가가 곤란한 것도 있다(예: 집안에서 대대로 전해 내려온 골동품). 이러한 경우에는 손해배상이 아닌 형평법상의 강제이행이 인정된다.

둘째, 대체적 이행이 불가능한 경우이다. 원래 계약에서 정한 목적물을 대체할 수 있는 가능성이 있다면 계약위반의 피해자는 계약의 내용에 집착할 필요가 없이 새로운 사람과 계약을 체결하여 대체물을 취득하고 추가로 발생한 비용에 대해서는 이를 계약위반자에게 손해배상으로 청구하여 문제를 정리할 수 있다. 그러나 계약의 목적물을 대체할 수 있는 방법이 없다면 계약위반자로 하여금 계약의 내용대로 이행할 것을 요구할 수밖에 없다. 토지매매계약(contract for land)에 있어서 매도인이 계약을 이행하지 않는 경우에 매수인을 위한 구제수단으로서 강제이행이 일반적이다. 계약의 목적물인 토지는 독특한(unique) 성질을 보유하고 있을 뿐만 아니라, 명확한 시장가격이 없어 금전배상에 의한 구제가 원천적으로 적당하지 않기 때문이다. 물품매매계약에 관하여 UCC에서는, 코먼로상의 구제가 적절하지 않은 경우에 한하여 형평법상의 구제를 인정하는 원칙을 유지하면서도 강제이행이 인정되는 범위를 확대하였다. UCC는 '물건이 독특한(unique) 것'인 경우에는 강제이행에 의한 구제를 인정하는 한편, '또는 기타 적절한 사정을 기초로'라는 표지를 부가하여 강제이행이 인정되는 범위를 확대하고 있다(UCC §2-716).[138)]

셋째, 손해배상액의 회수가능성이 없는 경우이다. 손해배상청구소송에서 승소판결을 얻었다 하더라도 그것이 유효하게 집행될 가능성이 없다면 그 승소판결은 피해자에게 충분한 구제수단이 될 수 없다. 이러한 경우에도 강제이행이 인정된다.

서비스계약의 경우에는 서비스 그 자체가 독특한(unique) 성질을 가진다 하더라도 강제이행을 청구할 수 없다. 왜냐하면 강제이행을 명한다 하더라도 법원이 이를 감독하기가 매우 곤란하여 그 실현가능성이 매우 희박하며, 또한 서비스계약의 경우에 강제이행을 허용하게 되면 개인의 인격적 자유를 심하게 해하는 결과가 되기 때문이다. 이러한 관념은 우리 민법의 경우에도 마찬가지이다(한국민법 제389조 제1항 단서 참조).

(2) 금지명령

270 금지명령(injunction) 또한 형평법상의 구제방법으로 강제이행의 한 형

138) UCC는 물품매매계약의 특성에 착안하여 몇 가지 특수한 구제수단을 규율하고 있다. 그 중의 하나가 바로 'reclamation'이다. 물품매매계약에 있어서 매도인은, 매수인이 물품을 수령할 당시 지급불능상태에 있음을 발견했을 때에는 매수인이 물품을 수령한 시점으로부터 10일 내에 그 물건의 반환을 요청할 수 있는데, 이를 'reclamation'이라고 한다(UCC §2-702 참조).

태라고 할 수 있다. 금지명령은 약속위반의 행위가 행해지지 않도록 위반당사자인 피고에게 명령하는 것이다. 예컨대, 이웃하는 두 토지의 소유자 사이에 경계선 쪽으로는 어떠한 건축물도 건설하지 않기로 하는 계약이 체결되었음에도 불구하고 그 합의에 위반해서 일방이 건축물을 건설하려 하는 경우에는 그 건설행위를 금지할 수 있다.

금지명령이 적용되는 전형적인 예로 '경업금지(covenant not to compete)'를 들 수 있다. 근로자와 고용계약을 체결하면서 고용계약이 종료된다 하더라도 사용자와 동일사업에서 경쟁하지 않기로 하는 내용을 합의하는 경우를 생각해 보자. 일반적으로 이러한 합의에 대하여는 그 경쟁제한의 시간적·장소적 범위가 합리적인 경우에 한하여 법원이 그 실현에 조력한다. 따라서 평생 동안 미국 전역에서 경쟁할 수 없다고 하는 것과 같은 합의를 위반하였다는 이유로 금지명령을 청구한다 하더라도 법원은 금지명령을 부여하지 않는다.

3. 형평법상의 항변사유

271 형평법상의 구제수단은 그것을 허용해 주는 것이 형평의 관념에 합치하는 경우에만 인정된다. 그러므로 원고가 형평법상의 구제수단을 청구한 경우에 피고는 원고에게 그러한 구제수단을 허용하는 것이 형평에 맞지 않는다는 항변사유를 들어 대항할 수 있다. 즉 원고가 형평법상의 구제수단을 들어 피고를 공격하는 경우에 피고는 코먼로에서는 인정되지 않는 형평법상의 항변사유를 주장할 수 있다.

형평법상의 항변사유(equitable defense)로서 대표적인 것은 다음과 같다.

첫째, 'clean hands'의 항변이다. 이것은, 형평법상의 구제를 주장하기 위해서는 그에게도 잘못이 없어야 한다는 것이다. 예컨대, 강제이행을 청구하는 당사자가 소의 대상이 된 거래와 관련하여 불법을 저지른 경우(예: 원고의 거짓말에 기해 피고가 계약을 체결한 경우)에 피고는 'clean hands'의 항변을 할 수 있다.

둘째, '소제기지연(laches)'이다. 원고가 형평법상의 구제를 주장할 수 있었음에도 불구하고 소제기를 지연하여 피고에게 불리한 결과를 초래하는 경우(예: 소제기를 지연함으로 인하여 피고의 이행비용이 실질적으로 증가한 경우)에는 '소제기지연'을 들어 항변할 수 있다.

셋째, 'estoppel'이다. 이는 상대방의 말이나 행동을 믿고 자신의 지위를 변경한 사람의 신뢰를 보호하여야 한다는 것이다. 즉 원고의 말이나 행동을 신뢰하여 피고가 자신의 지위를 변경한 후에는, 원고는 그러한 신뢰조성 원인과 모순되는 권리주장을 할 수 없다.

넷째, 'hardship'이다. 이것은, 원고에게 형평법상의 구제수단을 인정함으로써 원고에게 부여될 이익보다 피고에게 발생할 어려움이 크다는 항변이다.

Ⅲ. 준계약에 의한 구제

1. 준계약의 개념

272 준계약(quasicontract)이란 피고가 원고의 손해로 부당하게 이익을 취득하는 것을 방지하기 위해 도입한 개념이다. 그러므로 준계약은 당사자 상호간의 합의를 요소로 하는 계약과는 본질을 달리한다. 준계약은 우리 민법상의 부당이득반환제도 및 사무관리제도를 포괄하는 것으로 볼 수 있다.

준계약과 관련하여 자주 언급되는 사안은 1961년 미시건州 최고법원이 판결한 'Crisan case'이다. 사안의 내용은 다음과 같다: Crisan 부인은 일가친척이 없는 87세의 노인이었다; 그녀는 가게에서 물건을 구입하던 중 넘어져 디트로이트시 경찰의 구급병원에 수용되었다가, 그 후 디트로이트시(市)와 계약관계에 있는 종합병원에 이송되어 입원치료를 받았으나 한 번도 의식을 회복하지 못하고 사망하였다; 사망 후 디트로이트시가 그녀의 자산상태를 조사한 결과 그녀는 충분한 자산을 가지고 있는 환자로 인정되어 의무적 진료대상으로부터 제외되었다; 이에 Crisan 부인의 사망 후 디트로이트시는 그녀의 유산에 대해서 입원치료비를 청구하였다. 이 사안에 대하여 미시건州 최고법원은 다음과 같은 취지의 판결을 하였다: "법은 병원이 의식이 없는 환자에 대해서 실시한 구급진료행위에 대해서는 그 치료비 및 기타 비용에 대한 환자의 지급약속을 의제하고 있다."

상대방이 사정을 모르고 있거나 또는 동의를 하지 않은 상태에서의 행동이라 하여도, 그 상대방에게 서비스를 제공한 사람은 일정한 요건 아래 준계약을 근거로 자신이 제공한 서비스에 대한 대가의 반환을 구할 수 있다. Restatement도 준계약에 관한 규율을 구체화하고 있다(Second Restatement of Restitution §113-§117 참조).

2. 준계약에 의한 구제의 유형

273 준계약에 의한 구제의 유형은 다음과 같이 크게 두 가지로 구분할 수 있다: ① 계약이 성립하였으나 계약의 목적을 달성하지 못한 경우; ② 계약이 성립하지 않았던 경우. 다음에서는 이 두 가지 경우에 대하여 좀 더 구체적으로 살피기로 한다.

(1) 계약의 목적을 달성하지 못한 경우

274 준계약 관계가 문제되고 있는 당사자들 사이에서 계약이 성립하기는 하였으나 계약의 목적이 달성되지 못한 경우[139]에 준계약상의 구제가 인정될 수 있다. 이와 같은 경우에 준계약에 기하여 반환의무가 인정되기 위하여 필요한 요건으로는, 계약의 일방 당사자가 계약목적의 부도달로 인하여 부당하게 이득을 취득하는 것으로 족하다.

하나의 사례를 들어보기로 한다. A는 B가 며칠 후에 A의 서점에서 1000 달러에 팬 사인회를 해주는 계약을 체결하였고, 계약체결시에 1000 달러 중 500 달러를 선금으로 지급하였다; 그런데 B가 사망하였고 이에 따라 B는 이행의무로부터 면책되었다; 이 경우에 A는 준계약에 기하여 500 달러의 반환을 청구할 수 있다.

139) 이에 대해서는 이 책 **256**의 설명내용과 밀접하게 연관지어 이해할 것.

(2) 계약이 체결되지 않았던 경우

275 당사자간에 계약이 체결되지 않았던 경우[140)]에도 준계약 관계가 인정될 수 있다. 이와 같은 경우에 준계약상의 구제수단이 인정되기 위해서는 다음의 요건들을 갖추어야 한다: ① 일방 당사자가 상대방에게 서비스를 제공하거나 비용을 지출함으로써 그 상대방에게 이익을 부여하여야 한다; ② 그 당사자는 배상에 대한 합리적인 기대를 하고 있어야 한다; ③ 이익의 부여는 상대방의 명시적 혹은 묵시적인 요구에 의한 것이어야 한다[141)]; ④ 피고가 원고에게 정당한 배상을 하지 않고 이익을 보유하는 것을 허용하면 이는 피고에게 부당한 이득이 되는 경우이어야 한다.

앞에서 본 'Crisan case'가 전형적인 예이다. 또 하나의 사례를 들어보기로 한다. 의사 A는 자동차사고 현장을 목격하게 되었다; A는 의식 없이 쓰러져 있는 B에게 적절한 의료업무를 시행하였다; A는 B에 대하여 B가 얻은 이득(즉 A의 치료행위에 대한 대가와 약품비 등)에 상당하는 가치를 준계약에 기해서 청구할 수 있다.

3. 준계약상의 배상액 산정기준

276 준계약상의 배상액은 원고의 행위에 의하여 피고가 얻게 된 이익을 기준으로 하여 산정하는 것이 원칙이다. 그러나 현재 미국 다수 법원의 입장에 따르면, 피고가 얻은 이익을 산정하는 것이 곤란하거나 피고의 이익을 기준으로 배상액을 산정하는 것이 불합리한 결과를 초래하는 경우에는 원고가 입은 손해를 기준으로 배상액을 산정할 수도 있다고 한다. 사례를 들어 보기로 한다. A는 B의 집에 페인트 칠을 해주기로 약정하였다. A는 비용을 상환받을 수 있으리라 예상하고 작업에 필요한 도구를 구입하는 데에 1000 달러의 비용을 지출하였다. 그런데 A가 이행을 하기 전에 B가 그 집을 제3자에게 매도하고 소유권을 이전해 주었다. 이 경우에 B는 아무런 이익도 취득하지 못했다. 그러나 A는 준계약에 기하여 B로부터 1000 달러를

---

140) 이에 대해서는 이 책 256의 설명내용과 밀접하게 연관지어 이해할 것.
141) 즉 이익을 부여하는 당사자의 자발적인 의사에 기한 것이 아니어야 한다.

반환받을 수 있다.

준계약에 기한 배상액이 계약가액(contract price)을 초과할 수 있을까? 대다수의 법원은 준계약에 기한 배상액을 계약가격에 한정시키고 있다. 그러나 일부 법원의 견해에 따르면, 원고가 계약을 위반하지 않은 경우에 한하여 계약가격을 초과하는 손해에 대하여도 준계약에 기한 배상을 허용하고 있다. 만일 이러한 입장에 따른다면 계약법상의 통상적인 구제수단에 의하는 것보다, 준계약을 원용하는 것이 원고에게 더 유리할 것이다.

06 제3자를 위한 계약과 계약관계의 인적 변동

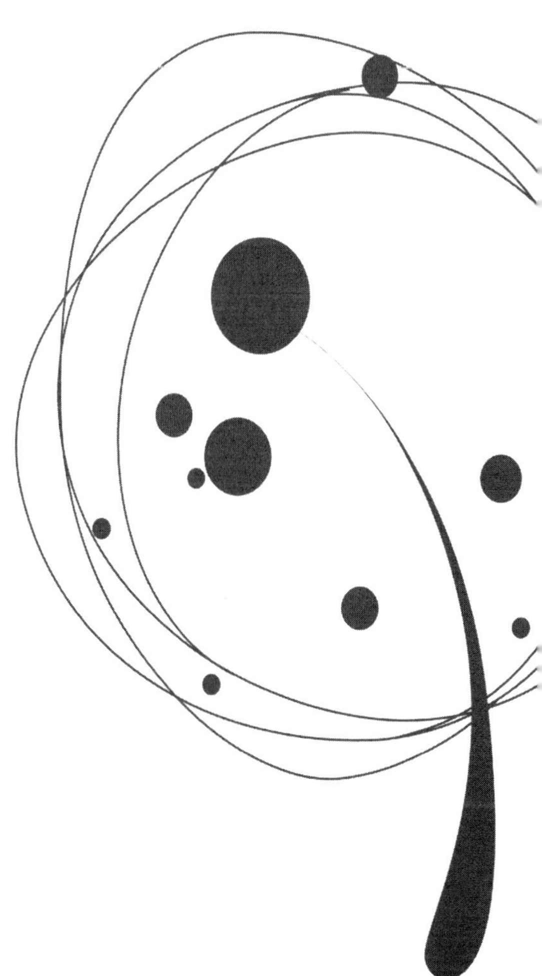

제1절 서 설

277 계약관계의 가장 단순하고 전형적인 형태는 다음과 같은 것이다: ① 계약의 효과는 당해 계약을 체결한 계약체결당사자에 한정되며, 제3자는 어떤 식으로든 계약의 영향을 받지 않는다; ② 계약의 성립시점으로부터 그것이 이행되기까지의 모든 과정 동안 계약당사자가 아무런 변경 없이 그대로 유지된다. 그러나 이러한 계약의 단순한 모습은 거래상의 필요성에 의하여 변화를 보이게 된다. 그리하여 제3자를 수익자로 하여 계약을 체결한다든가(제3자를 위한 계약)[142] 혹은 계약당사자와 제3자의 계약을 통해 계약상의 권리 또는 의무의 귀속주체가 변경되는 경우가 나타나게 된다(채권의 양도, 채무의 이전)[143].

다음에서는 이들 문제를 차례로 살피기로 한다.

제2절 제3자를 위한 계약

Ⅰ. 의 의

278 계약에 의하여 계약의 당사자 이외의 제3자에게 권리를 부여하거나 의무를 부담시키는 것은 허용되지 않는다. 이는 "누구도 타인을 위하여 계약을 할 수 없다(alteri stipulari nemo potest)."라는 일반원칙의 반영이다. 제3자

142) 이것은 ①의 측면에서의 변화이다.
143) 이것은 ②의 측면에서의 변화이다.

를 위한 계약은 이와 같은 일반원칙에 대한 예외에 해당하는 것으로 볼 수 있다. 제3자를 위한 계약이라 함은 계약으로부터 발생하는 권리를 계약당사자 이외의 제3자에게 귀속시키는 약정('제3자약관')을 포함하는 계약을 말한다.

제3자를 위한 계약의 기본구조는 다음과 같다: A는 B와의 약정에 의하여 B가 C에 대하여 이행을 하도록 하는 유효한 계약을 체결한다. 여기에서 문제되는 것은 주로 다음의 세 가지이다.

① C는 수익자(beneficiary)가 되는 제3자(third-party)인가?

② A와 B는 계약을 변경하여 C의 권리를 박탈할 수 있는가? 만일 이를 인정한다면 C의 권리는 언제 확정되는 것으로 보는가?

③ A와 C가 B에 대하여 가지는 권리는 무엇인가? C가 A에 대하여 가지는 권리는 무엇인가?

계약의 주된 목적이 계약체결 당사자가 아닌 제3자의 이익을 위한 것일 경우에 이를 제3자를 위한 계약이라고 하며, 그러한 이익을 받는 제3자를 '제3수익자(third party beneficiary)'라고 한다. 다음과 같은 예를 생각해 보자. A가 꽃가게 주인인 B에게 돈을 주고 C에게 꽃을 배달하도록 하는 경우에 제3자를 위한 계약이 성립하며, 이 때 C가 제3수익자가 된다. 계약당사자가 사망한 후 수익자로 지정된 사람이 보험금을 지급받는 생명보험계약도 제3자를 위한 계약의 일종이다. 이와 같은 계약에 있어서 제3자에게 이익을 주기로 약속하는 계약당사자를 '약속자(promisor)'라고 하는데, 앞의 예에서 B나 보험회사가 이에 해당한다. 이에 반해, '약속자'의 계약상대방이 되는 자를 '수약자(promisee)'라고 한다.

초기의 코먼로는, 이러한 계약의 수익자에게 약인도 없을 뿐만 아니라 약속자와 직접적 관계도 없는 제3자의 약속자에 대한 이행청구를 허용함에 따른 이론적 난점으로 인하여 제3자를 위한 계약을 인정하는 것에 대하여 소극적이었다. 그러나 First Restatement of Contract는 "약속자의 목적이 수익자에게 증여하기 위한 것이거나 약속자에 대한 어떤 이행청구권을 주기 위한 것"이라고 한다면 제3자는 이행청구권을 가지는 것으로 보고, 제3자를 위한 계약의 유효성을 인정하였다. Second Restatement of Contract는 제3자를 위한 계약에 대하여 상당히 자세한 규정을 두고 있다(Second Restatement of Contract §302 이하 참조).

Ⅱ. 수익자의 법적 지위

1. 수익자의 종류

279 여기에서 살피고자 하는 것은 수익자의 범주이다. 수익자에 대한 분류에 있어서 중요한 것은 의도된 수익자와 우연적 이익을 취득하는 것에 불과한 수익자의 구별이다. 의도된 수익자는 다시 'creditor beneficiary'와 'donee beneficiary'로 세분된다. 다음에서는 이와 같은 분류에 대하여 보다 구체적으로 살피고자 한다.

(1) 의도된 수익자와 우연적 수익자

280 특정 계약으로 인하여 제3자가 이익을 받는다고 하여 모두 제3자를 위한 계약으로 되는 것은 아니다. 예를 들어 보자. A가 B의 토지 위에 휴양시설을 지어주기로 하는 경우, 이로 인하여 인접한 C소유의 토지가액이 상승한다 하더라도 C는 제3수익자(third party beneficiary)가 아니다. 이 경우에 있어서의 C는 계약당사자에 의하여 의도된 수익자가 아니라 반사적 이익을 얻는데 불과하기 때문이다. 이와 같은 경우에 C를 '우연적 수익자(incidental beneficiary)'라고 한다. Restatement는 '의도된 수익자(intended beneficiary)'와 우연적 수익자(incidental beneficiary)를 구별하고 있다(Second Restatement of Contract §302). 의도된 수익자와 달리 반사적 이익을 취득하는데 불과한 우연적 수익자는 약속자가 채무를 이행하지 않는다 하더라도 손해배상을 청구할 수 있는 지위에 있지 않다.

'의도된 수익자'와 '우연적 수익자'를 구별하는 가장 좋은 판단 기준은 다음의 사항을 검토해 보는 것이다: 채권자의 주된 의도가 자신의 이익을 위한 것인가 아니면 다른 이에게 직접 권리를 부여하기 위한 것인가. 다음과 같은 예를 생각해 보자. A가 B에게 자동차를 사주기로 한 약속을 위반했다 하여 자동차회사가 A에게 손해배상을 청구할 수는 없다.

결국, 제3자가 '의도된 수익자'인가 아니면 '우연적 수익자'인가에 대한 판단에 있어서 결정적인 기준이 되는 것은 수약자(promisee)의 의도라고 할 수 있다. 수약자의 의도가 무엇인가 하는 문제를 판단하기 위하여 법원은 일반적으로 다음과 같은 요소를 검토한다.

① "계약상 제3자가 분명하게 명시되어 있는가?": 만약 그렇다면 이는 제3자를 위한 계약일 가능성이 높다.

② "이행이 직접적으로 제3자에게 행해지도록 되어 있는가?": 만약 그렇다면 이는 제3자를 위한 계약일 가능성이 높다.

③ "제3자는 계약상의 권리를 지니고 있는가?"(예: 이행이 언제, 어디서 행해져야 하는지를 지명할 수 있는 권리): 만약 그렇다면 이는 제3자를 위한 계약일 가능성이 높다.

④ "제3자와 수약자 사이에 수약자가 제3자를 위한 계약을 체결하기를 원했을 것이라고 추론할 만한 관계가 있는가?": 만약 그렇다면 이는 제3자를 위한 계약일 가능성이 높다.

(2) 의도된 수익자의 세분: 'creditor beneficiary'와 'donee beneficiary'

281 약속자가 계약을 위반하는 경우에 손해배상청구의 소를 제기할 수 있는 지위에 있는 '의도된 수익자'는 다시 'creditor beneficiary'와 'donee beneficiary'로 구분된다. 이는 수약자와 약속자 사이에서 체결되는 제3자를 위한 계약의 목적이 무엇인가에 따른 구별이다.

우선, 'creditor beneficiary'에 대하여 보자. 수약자의 제3자에 대한 채무를 약속자가 이행하기로 약속한 경우에 그 제3자를 'creditor beneficiary'라

한다. 예를 들어 보자. A가 C에게 100 달러의 빚을 지고 있으며, A가 B에게 100 달러를 빌려주고 B가 일주일 후에 그 100 달러를 C에게 직접 갚기로 한 경우에 있어서 C는 'creditor beneficiary'이다. 즉 약속자와 수약자간의 계약의 목적이 수약자의 제3자에 대한 채무변제에 있는 경우이다.

다음으로, 'donee beneficiary'에 대하여 보자. 'donee beneficiary'의 경우, 제3자를 위한 계약을 체결하는 이유는 단순히 제3자의 이익을 위한 것이다. 수약자와 수익자의 내부관계가 증여인 경우가 그 대표적인 예이다.[144)]

전통적인 코먼로에서는 'creditor beneficiary'와 'donee beneficiary'를 구별해 왔다. 그러나 Second Restatement에서는 양자를 구별하지 않고 다만 '의도된 수익자'에 대해서만 언급하고 있다.

2. 수익자의 권리 확정

282 의도된 수익자는 자신의 권리가 확정된 이후에는 계약을 강제할 수 있다. 수익자의 권리가 확정된 후에는 제3자를 위한 계약의 당사자인 약속자와 수약자는 수익자의 이익에 영향을 미치는 행위(예: 계약의 해제, 계약의 수정)를 할 수 없다. 이러한 점에서 볼 때 수익자의 권리의 확정시점을 판단하는 일은 매우 중요한 것이다.

일반적으로 다음과 같은 행위가 있으면 수익자의 권리가 확정되는 것으로 본다. 다음의 내용은 'creditor beneficiary'와 'donee beneficiary'에 모두 적용되는 원칙이다: ① 수익자가, 제3자를 위한 계약의 당사자들이 요구한 방법대로 계약에 따른 이익을 받는 것에 대하여 동의를 한 경우; ② 수익자가 계약을 실현시키기 위하여 소를 제기한 경우; ③ 수익자가 계약의 성립을 신뢰하여 자신의 법적 지위를 실질적으로 변경시킨 경우(Second Restatement of Contract §311).

위와 같은 행위가 있은 후에는 제3자를 위한 계약의 당사자는 당해 계약을 해제하거나 계약내용을 변경할 수 없다.

---

144) 수익자가 'donee beneficiary'인 경우라 하더라도 제3자를 위한 계약으로서 유효성이 인정된다. 이 문제는 약인이론과 관련하여 논의의 여지가 있는데, 이에 대해서는 이 책 86 참조.

Ⅲ. 관계 당사자간의 법률관계

1. 수익자 · 약속자 사이의 법률관계

283 수익자인 제3자는 계약에 기하여 약속자를 상대로 소를 제기할 수 있다. 한편, 약속자는 자신이 수약자에 대하여 가지고 있는 항변사유(defense)를 가지고 수익자에게 대항할 수 있다. 수익자의 지위는 수약자의 지위에서 파생된 것이기 때문이다. 이러한 항변사유로서 중요한 것은 다음과 같다: ① 합의의 흠결(lack of assent); ② 약인의 흠결(lack of con-sideration); ③ 불법성(illegality); ④ 이행불능(impossibility); ⑤ 조건의 미성취(failure of c-ondition).

2. 수익자 · 수약자 사이의 법률관계

284 수익자 · 수약자 사이의 법률관계는 수익자가 'creditor beneficiary'인가 아니면 'donee beneficiary'인가에 따라 차이가 있다. 그러므로 양자의 경우로 구분하여 살피기로 한다.

우선, 수익자가 'creditor beneficiary'인 경우를 보기로 한다. creditor beneficiary인 제3자는 자신과 수약자간에 존재하는 의무의 불이행을 이유로 하여 수약자를 상대로 하여 소를 제기할 수 있다. 약속자와 수약자 사이의 계약은 수약자가 수익자에 대하여 부담하는 의무에 영향을 미치지 않는다. 즉 creditor beneficiary인 수익자가 약속자에 대하여 가지는 권리와 수익자가 수약자에 대하여 가지는 권리는 서로 별개의 것이다. 수익자는 제3자를 위한 계약관계에 있어서의 채무자(즉 약속자)와 자신의 채무자(즉 제3자를 위한 계약에서의 수약자)중 하나를 선택해야 할 필요가 없다. 수익자는 양자 모두를 상대로 소를 제기할 수 있다. 그러나 둘 중 한 사람으로부터 이행이 있으면 제3자는 다른 이행을 청구할 수 없다.

다음으로, 수익자가 'donee beneficiary'인 경우를 보기로 한다.

donee beneficiary인 제3자는 수약자를 상대로 소를 제기할 수 없는 것이 원칙이다. 채권자의 행위는 무상으로서 증여와 유사한 것으로 약인이 없기 때문이다. 그러나 제3자가 수약자로부터 제3자를 위한 계약이 성립되었다는 사실을 듣고, 이를 신뢰하여 합리적인 범위 내에서 자신의 손해를 초래하였다면 금반언의 원칙 또는 손해유발 신뢰의 원칙에 기하여 수약자를 상대로 이행청구의 소를 제기할 수 있다.

다음과 같은 예를 생각해 보자. A는 1년 동안 B에게 자신의 집을 임대하는 계약을 체결하였다. 그러나 첫 세 달의 임대료는 A의 딸인 C에게 지급하는 것을 조건으로 하였다. A는 C에게 전화를 하여 B가 첫 세 달의 임대료를 C에게 지급할 것이기 때문에 새 가구를 살 수 있다고 알려주었고, 이를 들은 C는 새 가구를 사버렸다. 그런데 A가 B에게 계약위반을 하였다면 C는 금반언의 원칙 또는 손해유발신뢰를 근거로 A에게 소를 제기할 수 있다.

3. 약속자 · 수약자 사이의 법률관계

285 우선, 수익자가 'donee beneficiary'인 경우를 보기로 한다. donee beneficiary가 개입된 경우, 수약자는 약속자를 상대로 소를 제기할 수 없다고 하는 견해가 있었다. 이 견해에 의하면, donee beneficiary는 수약자를 상대로 하여 소를 제기할 수 없는 것이 원칙이므로 손해가 발생할 여지가 없다고 한다. 그러나 현재의 다수 견해는 수약자에게 소의 원인(cause of action)이 있는 것으로 본다. 수약자에게 실제적인 손해가 초래되지는 않으나 명목상의 손해(nominal damages)는 있다고 보는 것이다. 대부분의 법원은 이 경우에 강제이행(specific performance)[145]을 허용함으로써 문제를 해결한다.

다음으로, 수익자가 'creditor beneficiary'인 경우를 보기로 한다. creditor beneficiary가 개입된 경우, 수약자는 제3자에 대하여 이미 채무를 지고 있으며 수약자는 약속자를 상대로 하여 소를 제기할 수 있다. 수약자가 아직 제3자에 대하여 채무를 이행하지 않고 있는 경우, 수약자는 강제이행의 소

145) 이에 대해서는 이 책 269 참조.

(specific performance action)를 통하여 약속자로 하여금 제3자에게 이행하도록 강제할 수 있다.

제 3 절 채권양도 및 채무이전

Ⅰ. 채권양도

1. 의　　의

286 채권을 그 동일성을 유지한 채 양도인과 양수인 사이의 계약에 의하여 이전하는 것을 채권의 양도(assignment)라고 한다. 채권양도가 있게 되면 양도인의 권리는 소멸하고, 그 권리는 양수인의 재산으로 된다. 예를 들어 보자. 계약당사자는 X와 Y인데, X의 채권자 Y가 자신의 권리를 Z에게 양도하는 경우에 Y는 양도인(assignor), Z는 양수인(assignee), X는 채무자(obligor)가 된다.

채권양도에 있어서의 주요 논점은 다음과 같다: ① 양도할 수 있는 권리는 무엇인가; ② 채권양도의 유효요건은 무엇인가; ③ 채권양도는 철회할 수 있는가; ④ 당사자들의 채권·채무관계는 어떻게 되는가; ⑤ 채권의 이중양도(successive assignment of the same rights)는 어떻게 해결하여야 하는가?

2. 양도의 대상이 되는 권리

287 일반적으로 계약상의 권리(contractual rights)는 모두 양도가 가능한 권리이다. 그러나 이러한 원칙에는 상당한 예외가 존재한다. 다음에서는 이 예외를 유형화하여 살피기로 한다.

(1) 권리의 양도가 채무자의 의무의 중요부분을 변경시키는 경우

288 권리가 양도되면 채무자의 의무내용에 중대한 변화가 생기게 되는 경우에는 채권양도가 허용되지 않는다. 이에 해당하는 것들을 살펴보기로 한다.

1) 개인적인 서비스를 목적으로 하는 계약

289 채권양도로 인하여 채무자가 원래의 채권자가 아닌 다른 사람에게 개인적 서비스(personal service)를 제공해야 하는 결과가 초래된다면, 그러한 채권양도는 무효이다. 그러나 이는 개인적인 서비스가 특수한 경우(변호사, 의사, 작가 등과 관련된 서비스)에만 그러하고, 일상적으로 행해지는 서비스는 그것이 비록 개인적인 성질을 가진다 하더라도 채권양도의 목적이 될 수 있다.

2) 생산전량판매계약과 필요전량구입계약

290 코먼로에 따르면, 생산전량판매계약(output contract)상의 물품매도권리와 필요전량구입계약(requirement contract)상의 물품매수권리는 양도할 수 없다. 왜냐하면 이들 계약에 있어서의 채권양도는 채권의 동일성을 해하는 결과를 가져오기 때문이다. 이와 관련하여 다음과 같은 예를 생각해 보자[146]: 한 마을에 위치한 작은 아이스크림회사인 A사는 B사와 필요전량구입계약을 맺어 B사로부터 A사가 아이스크림을 만드는 데 필요한 모든 얼음을 사기로 하였다; 그런데 A사가 C사에게 팔리게 되었고 필요전량구입계약상의 권리도 C사에게 양도되었다; 이 때, 법원은 C사가 필요로 하는 얼음의 수요가 훨씬 더 많아서 B사의 채무를 변경시킬 수 있기 때문에 필요전량구입계약상의 권리는 양도될 수 없다고 하였다.

그런데 위와 같은 원칙에는 다음과 같은 예외가 있음에 유의하여야 한다. UCC 아래에서 신의칙에 따른 채권양도의 유효성이 그것이다. UCC §2-306은 다음과 같은 취지의 규정이다: 위의 예와 같은 경우, C사가 비합리적이고 부적합하게 수요량을 변경시키지만 않는다면 양도성을 인정할 수도 있다. 즉 UCC는 양수인이 기존의 수량을 부적절하게 변경시키지 않는다

146) Crane Cream Ice Co. vs. Terminal Freezing & Heating Co. (1925)

는 것을 전제로 생산전량판매계약과 필요전량구입계약상의 권리도 역시 양도성을 지니는 것으로 하고 있다. 코먼로가 생산전량판매계약과 필요전량구입계약에 있어서 채권양도를 금지한 취지는 채권의 양도로 인하여 채무자가 부담하는 위험에 변경을 초래할 수 있다는 것이다. 그러므로 UCC의 태도는 이러한 기본취지에 유의하면서 코먼로의 경직성을 완화한 것으로 평가할 수 있다. UCC에 따르면, 수요・공급량은 신의칙(good faith)에 비추어 판단한다. 또한 정해진 기준량이 있는 경우에는 그 기준량에 비추어 볼 때, 그리고 정해진 기준량이 없는 경우에는 기존의 내역에 비추어 볼 때, 그 수요・공급량이 비합리적이고 부적절하다고 보여서는 아니된다고 하여 채무자가 부담하는 위험이 변경되지 않도록 하고 있다. 결국 UCC에 따르면, C사가 A사의 설비를 유지하고자 한다면, B사에 그 설비로써 생산하기에 필요한 모든 얼음을 조달할 것을 강제할 수 있을 것이다.

(2) 양도된 권리가 채무자의 위험을 본질적으로 변경시키는 경우

291 채권이 양도됨으로써 채무자의 위험이 본질적으로(substantially) 변경되는 경우, 그러한 채권양도는 무효이다. 다음과 같은 예를 생각해 보자: J는 별장을 가지고 있고, 그 별장에 대하여 A보험사와 화재보험계약을 체결하였다. J는 별장을 K에게 매도하였고, K는 이 별장을 레스토랑으로 개조하려 한다; 이 때 J는 A사의 동의 없이는 그의 화재보험계약상의 권리까지 K에게 양도할 수는 없다. 왜냐하면 이는 실질적으로 A보험회사의 위험부담을 변경시키는 것이 되기 때문이다.

(3) 장래의 권리에 대한 양도

292 아직 체결되지 않은 고용계약에 기한 장래의 권리의 양도는 권리가 장래에 발생하는 때(즉 고용계약이 실제로 체결되는 때)에 권리를 양도하겠다는 약속(promise)에 불과하다. 이와 달리, 이미 체결된 계약에 기하여 장래 발생될 것이 확정되어 있는 권리(future rights in existing contracts)는 비록 그

권리의 내용이 확정적이지 않다 하더라도 양도할 수 있는 것으로 본다.

(4) 법률의 규정에 의한 채권양도의 제한

293 법률의 규정에 의하여 채권의 양도가 제한된 경우에도 권리를 양도할 수 없다. 이러한 제한은 법령 또는 판례에 의해 구체화된다. 인신손해에 대한 배상청구권의 양도를 금지한다든가 임금채권의 양도를 금지 내지 제한하는 것을 그 예로 들 수 있다.

(5) 당사자간의 양도금지특약

294 당사자간의 양도금지특약이 있는 경우라 하더라도 대부분의 사안에서 이는 일반적 효과를 발하지 못한다. Restatement와 UCC도 이러한 태도를 취하고 있다(Second Restatement of Contract §322; UCC §2-210(3) 참조). 즉 양도금지특약이 있다 하더라도 채권자는 채권을 양도할 수 있으며, 이 특약에 반하여 채권을 양도한 경우에 채무자는 양도인에게 계약위반을 이유로 손해배상을 청구할 수 있을 뿐이다. 이것을 "양도인은 채권을 양도할 수 있는 권리를 보유하고 있지는 못하지만 양도할 수 있는 권한은 보유한다(The assignor has the power but not the right to assign)."라고 표현한다.[147] 그러나 양수인이 악의인 경우(즉 양도 금지의 특약이 있었음을 안 경우)에는 채권양도는 무효이다.

3. 채권양도의 방법

(1) 채권양도의 일반적 유효요건

295 우선, 문서에 관한 요건을 보자. 채권의 양도가 반드시 문서에 의하여 이루어질 필요는 없다. 즉 구두에 의한 채권양도도 가능하다. 그러나 다음의 5가지 경우에 있어서는 서면이 유효한 채권양도의 요건이 된다[148]: ① 임금

147) 여기에서는 'right'와 'power'가 문제된다. 전자는 대내적 관계에서의 개념이며, 후자는 대외적 관계에서의 개념이다.

148) 이하의 사항은 사기방지법이 적용되는 경우이다. 결과적으로, 양도 대상인 권리가 사기

채권의 양도; ② 부동산에 대한 권리의 양도; ③ 가격이 500 달러 이상인 물품매매와 관련된 권리의 양도; ④ 가격이 5000 달러 이상인 동산에 대한 권리의 양도; ⑤ UCC §9 이하에서 규정하는 담보권의 양도.

증권적 권리의 경우에는 권리가 증권에 화체되어 있으며, 그 권리의 성립·존속·양도·행사가 원칙적으로 증권에 의해서 행해진다(예: 약속어음, 수표 등). 이러한 증권적 권리의 양도에 있어서는 증권의 교부가 중요하다. 채무자는 그러한 증권을 가지고 있지 않은 자의 권리행사를 부정할 수 있다.

양도인이 채권양도의 계약을 통해 권리를 즉시·완전하게(immediately and completely) 양수인에게 이전시키겠다는 의도가 명백하게 드러나 있어야 한다. 이러한 의도가 존재하는가 여부는 문언 자체에 의하여 판단한다. 즉 주관적으로 판단하지 아니하고 객관적으로 판단하는 것이다. 반드시 '양도한다(assign)'라는 문구를 사용할 필요는 없고 일반적으로 '이전'의 뜻이 나타나 있는 것으로 충분하다(예: 'convey,' 'sell', 'transfer' 등).

채권양도에 있어서는 약인이 요건으로 되지 않는다. 그러므로 무상의 채권양도도 가능하다. 그러나 다음과 같은 점에 주의하여야 한다: 채권양도에 있어서는 일반적으로 문서나 약인이 요건이 되지는 않으나, 이들의 흠결은 취소의 가능 여부에 영향을 미친다. 이 문제에 대해서는 다음에 다시 보기로 한다.

(2) 채권양도의 취소 가능성

296 채권의 양도가 있는 경우에 양수인의 권리가 확정되면 그 이후로는 채권양도를 취소할 수 없게 된다. 채권양도에 약인이 존재하는 경우에도 채권양도를 취소할 수 없다. 이에 반해, 채권양도에 약인이 존재하지 않는 경우(즉 무상의 채권양도가 이루어진 경우)에는 채권양도를 취소할 수 있다.

위에서 본 바와 같이, 채권양도에 약인이 존재하지 않는 경우에는 취소할 수 있는 것이 원칙이다. 그러나 일정한 경우에는 무상으로(gratuitous) 이

방지법의 적용대상인 때에는 양도행위도 문서로 하여야 한다. 사기방지법에 대해서는 이 책 158 이하 참조.

루어진 채권양도라 하더라도 취소할 수 없다. 다음과 같은 경우가 이에 해당한다: ① 채무자가 양수인에게 이미 이행을 한 경우; ② 양도되는 권리를 표상하는 징표(주권, 통장 등)가 양수인에게 인도된 경우; ③ 권리를 표상하는 어떠한 징표(token)도 없는 단순한 물건에 대한 권리의 양도(대부분의 계약상의 권리가 여기에 해당할 것임)에 있어서 그 권리를 문서에 의하여 양도한 경우; ④ 금반언의 원칙이 적용되는 경우[149].

4. 당사자 사이의 법률관계

(1) 양수인 · 채무자간의 관계

297 양도인과 양수인 사이에 있어서는 의사표시 및 기타 서면에 의해 채권양도가 효력을 발생한다. 그러나 그 효과를 채무자에게 주장하기 위해서는 양도인이 채무자에게 권리양도가 행해진 사실을 통지하여야 한다. 채권양도에 의하여 양수인이 권리의 실질적 당사자가 된다. 즉 양수인은 채무자에 대하여 직접 권리를 행사할 수 있다. 이와 같은 법률관계를 좀 더 구체적으로 살피기로 한다.

1) 채무자의 양수인에 대한 항변

298 제3자를 위한 계약에 있어서 약속자(promisor)는 수약자(promisee)에 대하여 대항할 수 있는 모든 사유로서 제3수익자에게 대항할 수 있다. 채권양도에 있어서도 이와 유사한 원칙이 적용된다. 즉 채무자가 양도인에게 주장할 수 있는 항변사유로서 양수인에게 대항할 수 있다.

이와 같은 원칙에는 다음과 같은 예외가 있다.

① 채권양도 후에 발생한 개인적 항변사유의 경우이다. 채무자의 항변사유가 계약 그 자체와 무관한 것이고 또한 채무자가 양도사실을 통지받은 후에 발생한 것이라면, 채무자는 그와 같은 항변사유를 가지고 양수인에게 대항할 수 없다.

---

149) 무상의 채권양도라 하더라도 금반언의 원칙상 취소할 수 없는 때가 있다. 즉 양수인이 채권양도를 신뢰하여 그의 지위를 변경시켰다는 사실을 양도인이 예견할 수 있고, 실제로 그러한 손해유발신뢰(detrimental reliance)가 발생한 때에는 취소할 수 없다.

② 금반언의 원칙에 의한 예외이다. 즉 원래는 채무자가 주장할 수 있는 항변사유이지만, 금반언의 원칙에 따라 그러한 항변사유를 주장할 수 없는 경우가 있다. 다음과 같은 예를 생각해 보자: A와 B는 계약을 체결하였다; B는 A에 대한 그의 권리를 C에게 양도하였다; A는 C에게 자신이 B에 대하여 어떠한 항변사유도 보유하고 있지 않다고 말하였다; 이 경우에 A는 금반언의 원칙상 그가 종래 B에 대하여 보유하고 있던 항변사유를 가지고 C에게 대항할 수 없다. 이러한 결과는 한국민법 제451조 제1항에서 규정하고 있는 '이의를 보류하지 않은 승낙'의 효력과 유사하다.

2) 계약의 변경

299 채무자가 채권양도의 통지를 받은 후에 채무자와 양도인이 계약을 수정할 수 있는가? 이러한 계약의 변경(modification of the contract)이 양수인의 권리에 영향을 미치는가 하는 것이 문제된다. 원칙적으로, 계약의 수정은 양수인에게 영향을 미치지 않는다. 이는 계약의 수정이 신의칙에 부합하여 이루어진 경우라 하더라도 마찬가지이다.

그러나 UCC에는 이와 다른 규정이 있다. 즉 양수인이 그러한 계약변경을 특별히 금한 경우가 아니라면 양도통지 후라 하더라도 계약의 미이행 부분에 대하여는 양수인에게 계약변경의 효과를 주장할 수 있다. 그러나 이행이 이미 행하여진 부분에 대하여는 계약변경의 효과가 양수인에게 미치지 않는다(UCC §9-318).

3) 양도인의 항변: 주장 불가

300 채무자는 양도인이 양수인에 대하여 가지는 항변사유를 가지고 양수인에게 대항할 수 없다.

(2) 양수인·양도인간의 관계

1) 보증의 추정

301 양도인은 양수인에게 보증을 한 것으로 추정된다. 이에 대한 위반이 있는 경우에 양수인은 양도인에게 소를 제기할 수 있다. 이와 같은 의미의 묵

시적 보증(implied warranties)은 다음과 같은 형태로 나타난다.

첫째, 양도된 권리를 취소하지 않을 것이라는 점에 대한 보증이다. 채권양도가 취소할 수 없는 것일 경우에 양수인은 채무를 강제할 수 있는 권리를 가지며, 만일 양도인이 그의 취소권한(power to revoke)[150]을 부당하게 행사한 때에는 양수인은 양도인을 상대로 소를 제기할 수 있다.

둘째, 권리에 대한 항변사유가 존재하지 않는다는 점에 대한 보증이다. 채무자가 양도인에 대하여 주장할 수 있는 항변사유가 있어 양수인이 채무를 실현시킬 수 없어, 결국 채권양도가 무의미하게 된 경우에 양수인은 양도인을 상대로 하여 소를 제기할 수 있다. 그러나 이는 양수인이 채권양도시에 그러한 항변사유에 대한 통지를 받지 아니한 때에만 그러하다.

채무자가 이행할 능력이 없는 경우(즉 무자력인 경우)에는 양도인은 양수인에 대하여 책임을 지는가? 그러하지 않다. 즉 변제자력에 대하여는 양도인이 이를 보증할 책임이 없다.

2) 전득자의 권리

302 양수인으로부터 다시 권리를 양수한 자, 즉 전득자(sub-assignee)는 원양도인에 대하여 아무런 권리를 가지지 아니한다. 전득자와 원양도인 사이에는 계약관계가 존재하지 않기 때문이다.

5. 이중양도의 문제

303 여기에서 문제되는 상황은 다음과 같다: X는 자신이 S에 대하여 가지고 있는 500 달러의 금전채권을 Y에게 양도하였다; 그런데 후에 동일한 권리를 Z에게도 양도하였다. 이 때 Y와 Z 중 누가 우선하는가?

이에 대한 해결은 경우에 따라 차이가 있다. 다음에서는 각 경우에 따라 이중양도의 문제를 검토하기로 한다.

---

150) 'right to revoke'가 아니라 'power to revoke'라는 점에 유의하여야 한다. 'right'와 'power'의 차이에 대해서는 이 책 294 참조.

(1) 철회할 수 있는 채권양도의 경우

304 제1양도가 철회할 수 있는 것(revocable assignment)인 때에는, 제1양도는 제2양도행위에 의하여 철회된 것으로 해석된다.

(2) 철회할 수 없는 채권양도의 경우

305 제1양도행위가 철회할 수 없는 채권양도(irrevocable assignment)인 때에는 제1양수인이 우선하는 것이 원칙이다.

그러나 이러한 원칙에는 예외가 있다. 즉 다음과 같은 경우에는 선의의 제2양수인이 우선적 지위에 선다.

① 제2양수인이 먼저 채무자에 대한 판결을 받은 경우에는 제2양수인이 우선한다.

② 제2양수인이 양수한 권리에 기하여 먼저 채무자로부터 채무의 이행을 받은 때에는 제2양수인이 우선한다.

③ 제2양수인이 먼저 채무자로부터 권리의 징표(token chose)를 인도받은 경우에는 제2양수인이 우선한다.

④ 채무의 경개가 있는 경우이다.[151] 채무자가 양도인에게 이행하여야 할 채무를 채무자가 양수인에게 이행하여야 할 새로운 채무로 대체시킨 경우에는 제2양수인이 우선한다. 즉 채무자는, 채무의 경개시에는 처음의 채권양도에 대하여 알지 못하는 것으로 추정된다.

⑤ 금반언의 원칙에 의한 예외이다. 제2양수인이 제1양수인에 대하여 금반언의 원칙을 주장할 수 있는 경우에는 제2양수인이 우선한다. 예컨대, 제1양수인이 합리적인 보통사람이라면 양도인이 유일한 권리를 지닌 자라고 오인할 수 있을 만한 문서를 양도인이 보유하도록 한 경우를 들 수 있다. 물론 금반언의 원칙은 처음의 양수인에게 유리하게 작용할 수도 있다. 그러므로 제2양수인이 처음의 양도에 대하여 실제로 인식하고 있었다면 위의 원칙에 의하여 양도된 권리에 대하여 우선권을 지니는 경우라 하더라도, 금반언

---

151) 이 책 217 참조.

의 원칙상 처음의 양수인에 대하여 자신의 권리를 주장할 수 없다.

(3) UCC의 규정

306 UCC에 의하여 규율되는 계약에 있어서는 이중양도의 경우에 누가 우선하느냐에 관한 일반원칙에 상당한 수정이 가해진다. 기본적으로, UCC는 이중양도의 문제에 대하여 누가 소제기의 요건을 먼저 갖추느냐의 문제로 접근한다(UCC §9-302(1)). 이러한 소제기의 규정이 거래에 적용될 수 있다면, 먼저 소를 제기한 양수인이 우선하는 것으로 한다(UCC §9- 312(5)).

Ⅱ. 채무이전

1. 의 의

307 계약의 일방 당사자는 계약의 당사자가 아닌 제3자로 하여금 계약의 일방 당사자에게 속한 계약상의 의무를 이행하도록 할 수 있다. 이와 같이 채무를 그 동일성을 유지한 채 타인에게 이전시키는 것을 채무이전(delegation[152] of duties)이라 한다. 경개(novation)[153]도 제3자가 계약상의 권리를 대신 수행하는 결과를 가져온다는 점에서는 채무이전과 유사하나, 채무이전은 채권자의 동의가 없는 때에도 성립할 수 있다는 점에서 양자는 구별된다. 채무의 이전에 있어서 문제되는 사항은 다음과 같이 정리할 수 있다: ① 이전할 수 있는 의무; ② 채무이전의 유효요건; ③ 유효한 채무이전으로 인한 당사자간의 권리 · 의무관계.

예를 들어 관계 당사자를 정리해 보자. X와 Y는 계약을 체결하였다. Y는 이후 계약상의 의무를 Z에게 이전하였다. 이 때 Y를 '채무자(obligor)'라 한다. Y는 또한 '채무이전자(delegator)'로서의 지위에 서게 된다(Y를

152) 'delegation'이라는 용어는 '委任'이라는 뜻을 가지고 있다. 그러나 'delegation of duties'에서의 'delegation'은 '移轉'의 의미이다.

153) 이에 대해서는 이 책 217 참조.

'delegant'라 부르기도 함). Z는 채무를 이전받는 자로서 '인수인(delegate)'이라 한다. X는 Y나 Z가 의무를 이행하는 상대방으로서 '채권자(obligee)'라 한다.

2. 이전의 대상이 되는 채무

308 원칙적으로, 모든 계약상의 의무는 제3자에게 이전될 수 있다.

그러나 다음과 같은 경우에는 채무의 이전이 허용되지 않는다.

첫째, 개인적 판단능력과 기술을 요하는 의무의 경우이다. 예를 들어 보자. 연예인 기획사는 특정 공연을 위해 연기자를 선발해 줄 채무를 이전시킬 수 없다. 다른 기획사가 평판이 더 좋고 자신보다 더 많은 연기자를 보유하고 있다 해도 마찬가지이다.

둘째, 채무이전자에게 '특별한 신뢰관계(special trust)'가 존재하는 경우에도 그 의무를 이전할 수 없다(예: 변호사와 고객간의 관계, 의사와 환자간의 관계 등).

셋째, 채권자의 기대이익에 변화가 생기는 경우이다. 인수인(delegate)에 의한 채무이행으로 인해 채권자(obligee)의 계약상의 기대이익(expectancy)에 변화가 생기는 경우, 그러한 의무는 이전시킬 수 없다(예: 생산전량판매계약, 필요전량구입계약).

넷째, 채무이전의 제한에 관한 특약이 있는 경우, 그러한 특약은 유효하다.

3. 채무이전의 유효요건

309 일반적으로, 채무이전이 유효하기 위해 갖추어야 할 특별한 형식은 존재하지 않는다. 채무이전은 문서나 구두, 어떤 방식으로든 가능하다. 그러나 이전자가 채무를 이전시킨다는 현재의 의도를 명백하게 표시하는 것은 필수적이다. 그러나 반드시 "이전한다."라는 용어가 사용될 필요는 없고 일반적으로 그러한 뜻으로 사용되는 말이면 충분하다.

4. 당사자의 법적 지위

(1) 채권자

310 채권자(obligee)는 인수자가 인수한 모든 의무의 이행을 수령하여야 한다. 그러나 이전이 허용되지 않는 의무의 이전에 대하여는 그러하지 아니하다.

(2) 채무이전자

311 채무이전자(delegator)는 변함없이 계약상의 책임을 부담한다. 인수인(delegate)이 약인을 제공받고 의무를 부담하는 것이 명백하더라도 마찬가지이다. 그러나 채권자가 명백하게 채무인수에 대한 동의를 표명한 때에는 그러하지 아니하다. 이와 같은 경우는 경개계약(novation)을 위한 청약으로 해석될 수 있을 것이다.

(3) 인수인

312 인수인(delegate)의 책임은 단순한 'delegation'만이 있었는가 아니면 'assumption of duty'까지도 있었는가에 따라 달라진다.

우선, 'delegation'의 경우를 보자. 'delegation'이라 함은 원채무자 아닌 자가 원채무자의 계약상의 의무를 이행할 수 있는 권한(power)[154]을 창설하는 것이다. 이 경우, 채권자는 인수인에게 계약의 이행을 청구할 수 없다. 왜냐하면 인수인이 채권자에 대하여 이행을 약속하지는 않았기 때문이다.

다음으로, 'assumption'의 경우를 보자. 'assumption'이라 함은 인수인이 이전되는 의무를 이행할 것을 약속하고 이에 상응하는 약인의 제공을 약속받은 때에 성립한다. 이 경우에는 제3자를 위한 계약에서와 마찬가지로 채권자가 인수인을 상대로 권리를 주장할 수 있으며, 인수인도 채권자를 상대로 권리를 주장할 수 있다.

---

154) 'right' 가 아닌 'power'라는 용어에 유의할 것.

국문색인

영문색인

[저자 약력]

서울고등학교
고려대학교 법과대학 법학사
고려대학교 대학원 법학석사
프랑스 파리 제1대학교(Université de Paris I, Panthéon-Sorbonne) 법학박사
프랑스 교수자격(Habilitation à Diriger des Recherches)
Erasmus Mundus 초빙교수(프랑스 Université du Havre)
프랑스 교육문화훈장 팔므 아카데믹(Palmes Académiques) 기사장(Chevalier) 수훈
사법시험, 행정고시, 외무고시, 변리사, 감정평가사 등 시험위원
고려대학교 법과대학 조교수, 부교수, 교수(1995~현재)

[주요 논저]

[저서 · 역서]

• 법 학

- *La rupture du contrat pour inexécution fautive en droit coréen et français*, Paris, L.G.D.J., 1996.
- <공저> *Le contrat au début du XXIe Siècle, Études Offertes* à *Jacques Ghestin*, Paris, L.G.D.J., 2001.
- 프랑스민법전 제1권 [人], 법문사, 2000.
- 민법학기초원리, 세창출판사, 2002.
- 프랑스민법전, 법문사, 2004.
- 미국계약법입문, 법문사, 2004.
- <공역> 현대미국신탁법, 법문사, 2005.
- 민법총칙, 법문사, 2005.
- 법경제학, 세창출판사, 2006.
- <공저> 법률가의 회계학, 법문사, 2006.
- <공저> 아듀, 물권행위, 고려대학교출판부, 2006.
- <공저> 세계화지향의 사법: 그 배경과 한국·프랑스의 적응, 세창출판사, 2006.
- 실록 대한민국 민법 1, 법문사, 2008.

• 기 타

- <공저> 실크로드로 가는 길, 세창출판사, 2001.
- <공저> 우리 동거할까요, 도서출판 코드, 2002.
- <공저> 안암동1번지, 세창미디어, 2003.
- <공저> 느티나무를 심으며, 세창미디어, 2006.

[연구논문]

- 이혼청구권이 형성권인가?
- 부동산매매목적물로부터 발생한 과실: 그 수취권의 판단
- 1980년 계엄당국의 강박에 의한 증여계약의 효력과 취소권의 제척기간
- 대차형계약의 쌍무성 · 유상성 판단에 관한 비판적 시각
- 통일후 토지소유권의 재편방향: 소유권회복의 장애
- 안중근과 이토 히로부미의 접점에 대한 법적 평가
- '물권행위'와의 작별을 준비하다
- 아직도 살아있는 법, '조선민사령'
- 1958년 민법 제809조의 歷程
- 서면에 의한 증여와 그 해제 등 다수

E-mail: skmyoung@korea.ac.kr
Home Page: www.mindle.net

미국계약법입문[제2판]

2004년 8월 27일 초판 발행
2008년 9월 5일 제2판 제1쇄발행

편저자 명 순 구
발행인 배 효 선

발행처 도서출판 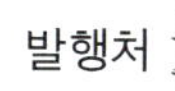 法 文 社

413-832 경기도 파주시 교하읍 문발리 526-3
등 록 1957년 12월 12일 제2-76호(윤)
전 화 031-955-6500~6, 팩 스 031-955-6525
e-mail(영업) : business@bobmunsa.co.kr
(편집) : edit66@bobmunsa.co.kr
홈페이지 http://www.bobmunsa.co.kr

조 판 광 암 문 화 사

정가 20,000원 ISBN 978-89-18-01589-7